La buena ruptura

Ángela Covas Riera
Ángel Luis Sánchez

Think
Greenwich

© Ángela Covas Riera, 2014.
© Ángel Luis Sánchez, 2014.
© Think Greenwich, S.A., 2014.

Corregido por Anna Bramona.
Maquetación y portada por Natalia L. Salas e Irene Orozco, en colaboración con ACoPuO (Agencia de Comunicación y Publicidad Online)

ISBN—978—84—94—25400—0

— Índice—

La buena ruptura

Diferencias entre la mala ruptura y la buena ruptura

Cuando la ruptura es inevitable, cuando te ves sumergido en este *tsunami* de sensaciones, emociones, hechos que te dejan la vida devastada, y el corazón desgarrado, cuando no hay vuelta atrás, cuando la vida se te queda del revés, surge la pregunta en tu mente: ¿Y ahora qué hago?

Este es el momento de sentarse a pensar, y ver realmente a dónde quieres que te lleve lo que está pasando. Tienes dos opciones: actuar según te encuentres en este momento, con odios, rencores, recriminaciones, y todo lo que ello supone; o bien actuar con un objetivo concreto, conforme a tus valores, y siendo consecuente contigo mismo.

La primera opción te llevará a darte cabezazos contra la pared, a hacerte daño a ti mismo, a tus hijos si los tienes, y también a tu expareja. Quizás lo de hacer daño a tu expareja en este momento te parezca buena idea, pero ya iremos viendo que no lo es.

La segunda opción te ahorra sufrimientos innecesarios, a ti y a todos los que te rodean, te permite tomar cierto control de tu vida, y actuar con libertad. Dice Fred Koffman que «la libertad no significa hacer lo que uno quiere, la libertad significa elegir, frente a una situación dada, la respuesta más congruente con los propios valores e intereses». Aquí, añadiríamos también, una respuesta acorde con tus objetivos, y estamos seguros de que una de tus metas en estos momentos es salir lo mejor parado posible de todo lo que te está pasando. También nos atreveríamos a apostar a que otro de tus objetivos es no hacer nada de lo que puedas arrepentirte en el futuro.

La ruptura es un regalo

Te mentiríamos si te dijéramos que con este libro te ahorrarás todo el dolor que conlleva una separación. El dolor forma parte del crecimiento, y las crisis forman parte de la vida, y ante ellas no podemos rendirnos, sino como dice Alex Rovira: «Incorporar lo bueno del pasado, entregarnos al cambio, y desafiar la rutina para empezar a crear y pensar de forma diferente».

La palabra crisis en caligrafía china se escribe con la unión de los símbolos de peligro y oportunidad. Tú decides hacia qué lado de la balanza vas a inclinarte; si vas a quedarte en el lado del peligro, hundido y estancado, o vas a aprovechar la oportunidad que se te ofrece de crear una nueva vida, aprender de lo sucedido, reinventarte, y fortalecer tu capacidad de establecer mejores relaciones basadas en tu aprendizaje y madurez.

También pretendemos mostrarte todo aquello que podrías encontrar en el complicado camino de la ruptura. Quizá leerlo y ser consciente de que no eres el primero ni serás el último en pasar por una experiencia así te ayude a ver tu proceso con más «normalidad». Ahora lo ves todo negro, pero las cosas van a ir, probablemente, muchísimo mejor de lo que tú ahora crees.

La ruptura es un regalo para tu crecimiento personal. Sí, lo afirmamos. Aún a través de toda la cortina de dolor, verás como todo cambia: tus creencias, tus valores, tu nivel de humildad, tu humanidad... Después de este proceso seguro que eres mejor persona, y si no nos crees, en un futuro lo entenderás. Cuanto más dura es la prueba, más beneficios hay al superarla. Incluso puedes hacer de tu ruptura, lo mejor que nunca te ha pasado. El punto de inflexión que te ayude a cambiar tu vida para siempre. Te retamos a que nos lo cuentes muy pronto.

La ruptura es una parte más de la relación

Con esto no estamos defendiendo que todos tengamos que separarnos de nuestras parejas. Creemos en las relaciones sanas y estables, que aporten paz y seguridad, pero a veces, para aprender a tener una relación madura y satisfactoria, pasamos antes por algunas rupturas. No todas las personas atraviesan una separación, pero quizás ese sea tu caso. O puede que lo sea en el futuro.

Una relación madura no excluye la posibilidad de que la relación se rompa. La vida es muy larga y todo puede cambiar. De hecho, alguna forma de ruptura, ahora en sentido amplio, es casi inevitable porque incluso aunque la relación perdure toda la vida, es muy poco habitual que los dos miembros de la pareja fallezcan a la vez. El final es una parte más de la historia de una relación. Todo lo que comienza tiene un final.

¿Y si la ruptura no fuese necesariamente algo a evitar sino una fase más de un ciclo natural que se va repitiendo a lo largo de la vida? La fase final se convertiría al mismo tiempo en la etapa que cierra y a su vez permite el inicio de algo nuevo. Una fase con sentido en sí misma y que se integra a la perfección en un ciclo que, con una mirada más amplia, cumple muy bien sus funciones como herramienta de desarrollo en la vida del ser humano.

No obstante, cada caso, cada persona, cada ruptura, es distinta. Es posible que leer y reflexionar con este libro te ayude a vivir mejor la ruptura si un día llega o si ya está aquí y, al mismo tiempo, te inspire para mantener una relación más satisfactoria antes de que llegue, durante todo el camino, de principio a fin.

Los autores

Este libro está basado en mi experiencia personal (Ángela), en las vivencias de amigos y familiares cercanos, pero sobre todo en mi trabajo como *coach* personal, profesión que ejerzo desde el 2008. A lo largo de estos años han pasado por mi consulta numerosos casos de separación de parejas. Nunca busqué dedicarme al *coaching* de divorcios, simplemente vino a mí; comencé a tener clientes recién divorciados, y el boca a boca hizo el resto. Empecé a escribir este libro, y se lo comenté a Ángel Luis Sánchez, uno de los primeros profesores con los que aprendí *coaching*. A lo largo de los años se ha convertido en un gran amigo. Empezamos a discutir algunos de los capítulos y conceptos. Cuando vi la riqueza de su perspectiva y todo lo que le aportaba al libro, decidí que sería mucho mejor hacerlo de manera conjunta, por lo que le pedí que compartiera este proyecto conmigo. Aceptó de inmediato.

Ángel Luis Sánchez ha añadido su visión particular, conformada desde su amplia trayectoria profesional como especialista en *coaching* sistémico familiar y de pareja. Ha participado con su sensatez, matizando y enriqueciendo los contenidos y también, más allá de la aportación profesional, equilibrando el libro al incluir además una complementaria mirada masculina.

Los capítulos han volado durante muchos meses por encima del Mediterráneo, corrigiendo párrafos, quitando, añadiendo contenido, modificando apartados... Además, estos cambios han venido acompañados de enriquecedoras llamadas telefónicas que me han permitido aprender, aún más si cabe, sobre *coaching*, sobre divorcios, y sobre la vida en general.

Creemos que ampliar la mirada, como hemos hecho nosotros y observar las situaciones desde diferentes puntos de vista, siempre es positivo. De hecho, esa apertura de miras es una habilidad que si la integras en tu vida y en tus presentes y futuras relaciones (quizá también en las pasadas) te va a ahorrar muchos problemas.

Coaching

El *coaching* es una metodología que consiste en definir cuáles son tus objetivos, dónde quieres llegar dentro de unos meses, dentro un año, dentro de dos..., detectar cuáles son las etapas que necesitas cubrir y ayudarte a eliminar las barreras que pueden impedirte llegar hasta ahí.

El *coaching* te proporciona las herramientas para descubrir cuáles son esos pequeños pasos que necesitas dar en el presente, para que te lleven al lugar que quieres estar en el futuro.

Imagínate que nos dices: «Me voy de viaje», y te preguntamos: «¿A dónde?», y tú nos contestas: «No sé, pero quiero salir de aquí», y te decimos: «¿Y dónde estás ahora?», y tú responses: «No sé, pero no me gusta». Si te vas de esta forma, no sabes dónde terminarás.

Por el contrario, un *coach* te ayuda a decidir a dónde quieres ir de viaje, o por qué sitios quieres pasar y por cuáles no, así como aquellos que, aunque te parezca que quieres pasar por ellos, quizás es peligroso y es preferible pensarlo mejor. También te ayuda a clarificar dónde estás ahora y cuál es tu punto de partida. Te proporciona las herramientas adecuadas para saber qué es lo que quieres llevar en la maleta y qué quieres dejar en el camino.

Esta metodología te ayuda a dar los pasitos necesarios, según tu ritmo, según tu esencia, según tus objetivos, según tus valores.

La palabra «coach», que hoy en día, sin ser exacto se podría traducir por «entrenador», procede en su origen del mismo término que dio origen a la palabra «coche». ¿Y no es el coche una manera de ir a donde quieres ir de forma más rápida y sencilla?

Es posible que pienses que puedes hacer el camino tú solo, sin necesidad de ayuda. ¡Por supuesto que sí! Tu *coach* es el primer convencido de lo que eres capaz y de que su ayuda es prescindible. No obstante, suelo preguntar (Ángel) a mis clientes: ¿a qué lugares u objetivos tiene sentido ir tú solo, caminando, y para cuales te ayudarías de un coche?

El *coaching* es aún un gran desconocido. Muchos clientes se sientan al principio delante de nosotros, y nos dicen. «Bueno, ¿qué tengo que hacer?». Y no funciona así; un *coach* no te dirá lo que tienes que hacer, sino que te dará las herramientas necesarias para que tú mismo encuentres lo que quieres hacer, respetando que te sientas cómodo en tu propia piel. De esta manera, cuando dentro de un tiempo eches la vista atrás, te sentirás orgulloso porque creerás en tus propias posibilidades y estarás convencido de que lo hiciste lo mejor posible. Tú puedes crear y moldear tu propia ruptura, no estás a merced de las circunstancias.

Respecto a los objetivos, son distintos para cada persona, porque los defines tú, tu personalidad, tus inquietudes y tus motivaciones. Aún así, está claro que en caso de divorcio, algunos de los objetivos suelen ser comunes para todos, como por ejemplo, el deseo de que pase el huracán lo antes posible y llegar a buen puerto para poder rehacer tu vida cuanto antes.

Este libro

En muchas ocasiones, la música forma parte de nuestra vida y se convierte en un factor clave que nos ayuda a superar situaciones difíciles y a hacer más llevaderos momentos amargos. Tiene un poder evocador tremendo y puede cambiarnos el estado de ánimo en sólo unos compases. Hemos observado como en la fase de ruptura pasamos por una época de reconciliación con la música que pone fondo y compás al cúmulo de sentimientos que nos abordan.

Por estos motivos, acompañamos cada capítulo con la letra de una canción. No siempre la canción tiene que ver del todo con el tema que el capítulo trata, pero nos gusta la idea de aportarte, mientras lees este libro, una personal banda sonora que te acompañe en el momento que estás viviendo.

El libro también está sazonado con historias reales, algunas de clientes, otras de amigos. Por supuesto los nombres han sido cambiados y los hechos han sido ligeramente modificados para que no puedan ser identificados. La confidencialidad absoluta es una de las premisas del código deontológico del *coach* profesional.

Con la intención de facilitar la lectura y de aportar utilidad al libro, en los capítulos que hemos creído oportunos hemos realizado un resumen al final para esquematizar y ayudarte a absorber mejor las ideas clave.

Este es el libro que a mí (Ángela) me hubiese gustado leer, especialmente en una de mis rupturas, la que puso fin a mi anterior matrimonio. Si pudiese volver al pasado y dejarlo encima de mi mesilla de noche, todo hubiese sido más fácil; pero en aquellos tiempos no había muchos libros dedicados a las separaciones. Ahora hay algunos más. De hecho, creo que los he leído prácticamente todos para preparar este libro. Al final podéis encontrar la bibliografía de los ejemplares consultados.

Nombramos varias veces un libro que nos ha gustado especialmente, «Forgiveness», de Lori Rubenstein. «Todo no terminó» de Jorge Bucay, y «Seguir sin ti» de Silvia Salinas, son obras también inspiradoras.

«El arte de amar», de Erich Fromm, es un clásico muy recomendable para reflexionar sobre lo que es el amor y también sobre lo que llamamos amor y no lo es. En ese sentido, un libro que me marcó (Ángel) en el comienzo de mi juventud fue «El libro del no amor», de Hugo Finkelstein. «Si el amor te hace sufrir, no es amor lo que sientes» se ha convertido para mí en un lema que tanto en lo personal como en lo profesional, me sirve de brújula y me ayuda a desvelar y separar lo que sí y lo que no lo es.

Otro libro que nos encanta y que muestra que hay otra forma de vivir es «Coach yourself» de Talane Miedaner, que es más genérico pero también puede venirte bien en esta situación.

Esperamos que este libro, «La buena ruptura», cumpla su cometido, y que después de su lectura hayas podido darte cuenta de que lo que te ha pasado, te está pasando o te puede pasar, hace que hoy sea el momento perfecto para iniciar, si lo deseas, un cambio de enfoque que te permita obtener cada vez más armonía en tus relaciones pasadas, presentes y futuras. Quizá te darás cuenta también de que, te pase lo que te pase, es mucho más normal de lo que creías, y deseamos que saques provecho de todas las cosas que te contaremos a continuación.

Feliz lectura.

CAPITULO I

Cuando la ruptura llega

Los primeros momentos de la ruptura son básicamente de desconcierto, de buscar culpables, explicaciones, de sufrir tentaciones, de intentar volver atrás, de vislumbrar un futuro oscuro y con infinidad de obstáculos...

Vamos a ver algunos aspectos prácticos que te pueden ayudar en estos momentos en que probablemente has perdido tu norte. Aunque en todo el libro iremos repasando diferentes cuestiones que afectan a la ruptura, aquí nos ocupamos de las más inminentes, a tener en cuenta en especial en los días inmediatos a la ruptura.

Cuando pasas por una separación, al día siguiente todo es nuevo. Es como si cada acción la hicieses por primera vez.

Las rutinas cambian de un día para otro, empezando por abrir los ojos y darte cuenta de que estás solo en la cama, continuando por el desayuno, los niños si los tienes, el llegar a casa por la noche... Incluso comprar comida es diferente porque ya no compras lo mismo, ya no cocinas para dos, ya no tienes que tener en cuenta los gustos del otro...

No busques culpables

Queda que poco queda
de nuestro amor apenas queda nada
apenas ni palabras
Quedan...
Queda solo es silencio que hace
estallar la noche fría y larga
la noche que no acaba
Solo eso queda...
Solo quedan las ganas de llorar
al ver que nuestro amor se aleja
Frente a frente bajamos la mirada
pues ya no queda nada de que hablar
nada...
Solo quedan las ganas de llorar
al ver que nuestro amor se aleja
Frente a frente bajamos la mirada
pues ya no queda nada de que hablar
nada...
Queda poca ternura y alguna vez haciendo
una locura un beso y a la fuerza
Queda...
Queda un gesto amable para no hacer la vida
insoportable y así ahogar las penas
Solo eso queda...

«Frente a frente» — Enrique Bunbury

Si te decimos que no existen culpables en las rupturas, seguro que piensas que no es así, pero NO existen. Si en estos momentos crees lo contrario, después de haber leído este capítulo, probablemente, como mínimo, lo pondrás en duda.

Cuando conocemos a alguien y nos enamoramos, nos enamoramos de lo que es esa persona en ese momento, o incluso quizás de lo que creemos que es. Veamos paso por paso cada uno de los conceptos.

Todo cambia, nada permanece.

Cuando nos enamoramos, lo hacemos de lo que es esa persona en ese momento. ¿Y quién es? En esencia, es lo que resulta de combinar su base genética con sus experiencias, todo lo que le ha ido pasando en la vida hasta entonces y que le convierten en lo que es en ese preciso instante.

Pero si tú llevas diez años con tu pareja, ella ya no es la persona de la que te enamoraste, porque lleva diez años más de vivencias, experiencias que con toda probabilidad han afectado a su forma de ser. Discutir aquí el porcentaje de mayor o menor influencia de la genética frente a la de las experiencias no es lo importante, ambas influyen enormemente.

Los años nos transforman, y a menudo nos extreman. Es decir, si una persona es pasiva, o no excesivamente activa, poco social y con pocas inquietudes, y se encuentra en la zona de confort que proporciona una pareja estable, probablemente, con los años, se haya acomodado aún más, acentuando estos rasgos. Por el contrario, si una persona tiene muchas inquietudes, quizás en diez años ha cambiado de profesión, ha logrado un título universitario o ha ascendido en su carrera profesional de forma vertiginosa... Esto cambia aspectos de su forma de ser, y quizá también de las expectativas respecto a su pareja, provocando la modificación de parámetros acordes a su personalidad y expectativas de vida.

Por si fuera poco, las variables de la situación presente en que nos encontramos juegan también un papel crucial en cómo somos y cómo nos comportamos. Por ejemplo, no se procesa igual la realidad ni vemos el mundo de igual manera si estamos estresados que si no lo estamos. No somos los mismos en una ciudad que en otra, en un día soleado o en uno de lluvia, no somos iguales con hijos que sin hijos, cuando nos agobian los apuros económicos o cuando disfrutamos de bonanza económica...

Todos esos factores apuntan a que es imposible seguir siendo las mismas personas que cuando os conocisteis, lo cual no es culpa de nadie, sino el resultado normal de la evolución de la vida. Tal y como apuntó el filósofo griego Heráclito, «Un hombre no puede bañarse dos veces en el mismo río» porque el agua corre por el río al compás del tiempo. El mundo está en constante cambio.

Espejismos

En segundo lugar, nos enamoramos de la persona que nosotros creemos que es, o peor aún, de quien queremos que llegue a ser. En los principios del enamoramiento atribuimos a nuestra pareja, virtudes subjetivas, que a menudo no tiene. Después, poco a poco, se va cayendo el velo de nuestros ojos y lo vamos descubriendo. Por otro lado, consideramos que nosotros seremos capaces de hacer cambiar lo que no nos gusta del otro o añadir las habilidades o costumbres que la otra persona no tiene, hasta que nuestro compañero se convierta en nuestro ideal de pareja. ¿Cuántas veces has oído a alguien comentar que su nueva pareja es de este modo, o de este otro, pero que ya cambiará? Craso error.

La combinación de los dos últimos apartados nos trae a la memoria un popular chiste: «La mujer en una relación espera que él cambie, pero él no cambia. Sin embargo, el hombre lo que espera es que su mujer no cambie, y ella cambia». Otro dicho popular dice que «cuando un hombre se casa con una mujer se casa con cien distintas, en cambio, una mujer se casa con un solo hombre que es igual durante toda su vida».

Más allá de chistes y dichos, lo cierto es, como vimos en el apartado anterior, que cambian los dos, pero no necesariamente en la dirección deseada por el otro.

Todos estos tipos de expectativas hacen que la base de las relaciones sea débil, y con el tiempo no traigan más que frustraciones a nuestra vida.

Hasta que la muerte nos separe

En definitiva, lo que queremos transmitir es que, después de unos años, no vivimos con la persona de la que nos enamoramos, vivimos con una persona totalmente distinta. Por ello, resulta sumamente arriesgada esa promesa de «juntos para siempre». Con el tiempo vamos cambiando de posicionamientos, de deseos, de objetivos, de personalidad (aunque muchos digan que de eso no se cambia); y lo que nos gustaba antes, no tiene por qué gustarnos ahora.

El principal motivo por el que dos personas están juntas es para que sean más felices en compañía que separadas, y si no, a la larga no tiene sentido permanecer el uno al lado del otro. Incluso para los hijos, es más importante tener dos progenitores que sean felices viviendo separados, que dos que estén juntos a cualquier precio.

A pesar de que en la celebración de una boda, los novios se prometen amor eterno, tenemos que ser conscientes de que esa promesa es una ilusión, un deseo lanzado al aire. Realmente no tenemos ni idea de cómo nos cambiará la vida con el tiempo ni qué sentiremos y querremos en el futuro.

En España, según las estadísticas, se separan 7 de cada 10 matrimonios. Es decir, al menos el 70 % de las parejas cambian de opinión respecto a la promesa «para siempre» que hicieron el día de su boda. Por ello, entendemos que lo más sensato que se podría hacer en una ceremonia de boda, más que un juramento, es formular un deseo: «Quiero conseguir amarte el resto de mi vida». Nos preguntamos cómo cambiaría las cosas esa pequeña gran variación. A simple vista, dadas las estadísticas, parece más realista y honesta, pero, sobre todo, quizás ayudaría a recordar que lograrlo no es algo que se consigue prometiéndolo y ya está. Nada más lejos de la realidad. Lo importante es concienciarse y actuar en esa dirección día tras día. Y aún así seguro que no será fácil.

¿Cuántas veces habéis oído recriminar un miembro a otro de la pareja: «No eres la persona de la que me enamoré»? ¡Por supuesto que no es la persona de la que te enamoraste!

Tal como hemos comentado, la persona de la que te enamoraste, en el mejor de los casos, si existió duró solo el tiempo de enamorarte. Después, los años la han convertido en otra persona, y así tiene que ser.

Evolucionamos, cambiamos, el impulso hacia el desarrollo está programado en nuestra esencia como seres vivos. Así, cuando estamos en pareja quizá deberíamos acostumbrarnos a pensar que seguramente no es para siempre. Probablemente eso daría más vida a la relación y nos haría valorar más cada día juntos.

¿Qué pasaría si nos planteáramos la unión como un contrato a renovar periódicamente?, ¿qué pasaría si, al menos una vez al año, nos comprometiéramos a sentarnos el uno frente al otro y preguntarnos con sinceridad a nosotros mismos y a nuestra pareja si las condiciones del acuerdo se siguen cumpliendo?, ¿queremos seguir andando juntos en la misma dirección?, ¿nuestros objetivos, inquietudes y nuestros valores siguen siendo compatibles?

Cuento

MATAR AL AMOR

Hubo una vez en la historia del mundo un día terrible en el que el Odio, que es el rey de los malos sentimientos, los defectos y las malas virtudes, convocó a una reunión urgente a todos los sentimientos negros del mundo y los deseos más perversos del corazón humano.

Cuando estuvieron todos, habló el Odio y dijo: «Les he reunido aquí a todos porque deseo con todas mis fuerzas matar a alguien». Los asistentes no se extrañaron mucho pues el Odio siempre quiere matar a alguien; sin embargo, todos se preguntaban quién sería tan difícil de matar para que el Odio los necesitara a todos.

—«Quiero que maten al Amor», dijo. Muchos sonrieron malévolamente, pues más de uno le tenía ganas.

Inmediatamente, como voluntario para asesinar al Amor, se presentó el Mal Carácter, quien dijo: «Yo iré y les aseguro que en un año el Amor habrá muerto, causaré tal discordia y rabia que no lo soportará».

Después de un año se reunieron otra vez y al escuchar el reporte del Mal Carácter quedaron muy decepcionados: «Lo siento, lo intenté todo pero cada vez que yo sembraba una discordia, el Amor la superaba y salía adelante».

Fue entonces cuando muy diligente se ofreció la Ambición que haciendo alarde de su poder dijo: «En vista de que el Mal Carácter fracasó, iré yo. Desviaré la atención del Amor hacia el deseo por la riqueza y por el poder. Eso nunca lo podrá soportar». Y empezó la Ambición el ataque hacia su víctima quien, efectivamente, cayó malherida. Pero el Amor, luchando por salir adelante, renunció a todo deseo desbordado de poder y triunfó de nuevo.

Furioso el Odio por el fracaso de la Ambición envió a los Celos, quienes burlones y perversos inventaban toda clase de artimañas y situaciones para despistar al Amor y lastimarlo con dudas y sospechas infundadas. Pero el Amor confundido lloró, y pensó que no quería morir y con confianza y fortaleza se impuso sobre ellos y los venció.

Año tras año, el Odio siguió en su lucha enviando a sus más hirientes compañeros: envió a la Frialdad, al Egoísmo, la Indiferencia, la Pobreza, la Enfermedad y a muchos otros que fracasaron siempre porque cada vez que el Amor se sentía desfallecer, en el último extremo tomaba de nuevo fuerzas y todo lo superaba. Así que el Odio convencido de que el Amor era invencible les dijo a los demás: «Me rindo, no hay nada que hacer, el Amor ha soportado todo, llevamos muchos años insistiendo y no lo logramos».

De pronto, de un rincón del salón se levantó un sentimiento poco conocido que vestía todo de gris, con un sombrero gigante cuya sombra apenas dejaba entrever su rostro. Su aspecto era fúnebre como el de la muerte.

—«Yo mataré al Amor», dijo con seguridad.

Todos se preguntaron quién era ese sentimiento que pretendía lograr solo lo que ninguno había conseguido.

El Odio miró al candidato de aspecto vulgar y sin mucha esperanza le dijo: «Ve y hazlo».

Tan solo había pasado algún tiempo cuando el Odio volvió a llamar a todos los malos senti-mientos. El sentimiento del sombrero gris entró: «Ahí les entrego el Amor, totalmente muerto y destrozado» y sin decir más se marchó. Parece ser que después de mucho esperar por fin EL AMOR HABÍA MUERTO. Todos estaban felices pero sorprendidos.

—¡Espera!, dijo el Odio—, en tan poco tiempo lo eliminaste por completo, lo desesperaste y el Amor no hizo el menor esfuerzo por sobrevivir, ¿quién eres?

El sentimiento levantó por primera vez su horrible rostro y con una sonrisa fría, congelada en sus labios, se presentó: «Soy la Rutina».

La rutina

La pareja, hoy en día, ya no es necesariamente para siempre, como nos han vendido en los cuentos de hadas. Es algo transitorio, que puede acabar, y está bien que así lo creamos, así deberíamos creerlo, porque esto hará que cuidemos mejor a nuestras parejas. Siempre se cuida mejor algo si sabes que puedes perderlo.

Un motivo frecuente de ruptura es el aburrimiento. Al principio de la relación las personas se esfuerzan en conquistar al otro. Quieren hacerle ver a su pareja que ellos son la persona que el otro quiere, se esfuerzan en potenciar sus virtudes y hacer desaparecer sus defectos. Sin embargo, con el tiempo y con la seguridad que proporciona el tener al otro conquistado, nos instalamos en la zona de confort, y dejamos de hacer el mismo esfuerzo. Ese cambio de actitud es un argumento más que nos invita a pensar que el otro no es la misma persona de la que en su día nos enamoramos.

Los cuentos de hadas, las canciones de amor, y muchos libros y películas nos venden la relación ideal, donde los amantes lo son para siempre y se siguen amando a lo largo del tiempo con la misma intensidad del primer día. O en ocasiones, nos muestran lo contrario con historias donde el «enamoramiento» es algo que no podemos controlar, sino que va y viene: ahora estamos enamorados, ahora ya no, ahora de éste, ahora de otro, y por supuesto, en todo ello siempre tiene que haber una pasión arrebatadora...

Esto hace que tengamos unas expectativas muy elevadas de lo que hemos de esperar de una relación amorosa y todo lo que la compone. Estos objetivos son imposibles de cumplir, y mucho más de mantener, puesto que no solo nosotros evolucionamos con el tiempo, sino que también las relaciones evolucionan. Al ver que pasa el tiempo, y que la relación no cumple con las expectativas que nos habíamos creado, emergen la desilusión y el resentimiento.

Las necesidades cambian

A la rutina y a todo lo que conlleva el paso del tiempo, debemos unirle los problemas que pudieran haber de base en la relación, como las diferencias de edad, de cultura, de la educación recibida, orígenes familiares dispares, familias políticas que influyen en la pareja... y el resultado es que si no hay una decisión muy sólida, pocas parejas son capaces de resistir el reto del día tras día.

Actualmente, muchas personas han dejado atrás el mito de que se tiene que vivir en pareja, de que el éxito o la felicidad dependen de ello, y prefieren la autonomía personal y vivir a su modo. Los paradigmas están cambiando. Antes se hablaba de encontrar a la «media naranja», mientras que ahora la metáfora se ha transformado en que el ideal es ser ambos «naranjas completas», no depender del otro sino ser personas independientes, y valerse por sí mismas.

Sin embargo, miremos más allá. Las relaciones sociales, de amistad, y también de pareja nos sirven para cubrir diferentes necesidades humanas: sentirnos queridos, obtener afecto, apoyo emocional, seguridad, sexualidad, diversión, evadir la soledad, etc. Necesidades que cuanto más avancemos hacia el paradigma de valerse por uno mismo y no depender de nadie, más conseguiremos acallar, pero, si no necesitamos nada, ¿para qué querríamos una relación de pareja? o incluso ¿para qué querríamos cosa alguna? La tendencia cultural actual nos aleja cada vez más del intercambio y potencia y apuesta más por la propia satisfacción.

Malos tiempos para la pareja salvo que modifiquemos nuestra imagen de naranjas completas y elijamos una metáfora más acorde con el concepto de interdependencia.

Puede valernos más el símbolo del *yin* y cómo se entremezcla y complementa con el *yang*. O pensar en nuestros ojos, y en cómo juntos son capaces de ver no solo más y mejor de lo que vería un único ojo, sino que además, entre los dos son capaces de despertar la magia de ver en tres dimensiones.

Para que la relación de pareja tenga sentido, más que percibir la imagen metafórica de «naranjas completas» deberías perseguir el propósito de que te ayude a cubrir algunas de tus necesidades mejor de lo que lo lograrías tú solo. No es egoísmo, es lógica.

Paradójicamente, según la necesidad que cubra, eso mismo a veces la condena a su final, porque una vez que con el tiempo y los cambios cubramos esa necesidad, podríamos dejar de necesitar la relación.

Si una relación de pareja está basada en el papel de "salvar al otro de sus problemas", frecuentemente como método inconsciente de obtener el amor o la admiración del cónyuge y con ello mejorar también la propia autovaloración, el que vaya de "salvador" necesitará dejar ese rol en el momento en que, por su maduración personal, crezca su autoestima y ame mas a su propia persona. En ese estadio, la relación dejará de cobrar sentido y es probable que llegue a su fin.

¿Quién tiene la culpa aquí? ¿La persona que deja puede cambiar sus deseos de independencia? ¿De verdad sería feliz eligiendo el camino que no desea?

Actúo en cada momento lo mejor que puedo y lo mejor que sé

En las relaciones de pareja no hay buenos ni malos. Entrar a discutir con tu pareja de si la culpa ha sido tuya o ha sido mía, de si tal noche te estuve esperando y no viniste, de si tu madre me dijo tal y tú no me defendiste, de si te quedas demasiadas horas trabajando o si te pasas el día en el sofá viendo la tele... no tiene ningún sentido. Esto es entrar en discusiones interminables, que se repiten una y otra vez, y no te llevan a buen puerto.

Todos nos comportamos, en cada momento, de la mejor manera que somos capaces. Si no lo hemos hecho mejor es porque, por un motivo u otro, en ese momento no hemos podido o sabido cómo hacerlo mejor, o no hemos tenido la fuerza suficiente para actuar diferente. Nadie trata intencionadamente de fracasar en su relación de pareja. Puedes no querer seguir al lado de una persona que se aleja demasiado del tipo de vida que buscas vivir, pero desgastarte echándole la culpa de errores cometidos o de no ser la persona que te gustaría, es entrar en terreno baldío y sólo te llevará a la ira o al resentimiento, los cuales tirarán por tierra los recuerdos de todo lo bueno que una vez hubo.

La responsabilidad es de los dos

— *Si yo te fui infiel fue porque apenas hacíamos el amor..*

— *Si ya no tenía ganas de hacer el amor es porque ya no me veía bonita en tus ojos y no quedaba en ti ya ni una pizca de romanticismo.*

— *¿Cómo voy a verte bonita con lo borde que eres y lo que te has descuidado físicamente?*

— *Si soy borde es porque algo habrás hecho tú para provocarme, ¿no?*

Es cierto. La manera en la que respondemos siempre es consecuencia de cómo actuaron con nosotros, en una cadena interminable de causas y efectos que podrían llevarnos al primer día de la relación o ¿por qué no?, incluso mucho antes, porque la culpa también puede ser de los padres, de cómo nos educaron, de la cultura en la que vivimos, etc.

Todo eso influye, pero ¿de qué nos sirve echar balones fuera? Ahora estamos aquí tú y yo, nadie más, y algo no funciona. ¿Vamos a seguir echándonos la culpa eternamente? Siempre, por muchos estímulos que recibamos en una dirección para que hagamos algo y por difícil que pueda ser a veces no dejarse llevar, como seres humanos que somos, tenemos total libertad de decisión sobre nuestro comportamiento. Dicho de otra forma: somos 100 % responsables de todo lo que hemos hecho y dicho. Con todas sus consecuencias. Y no el 50 % cada uno, sino el 100 % los dos, cada uno de lo suyo. Plenamente responsables. Ambos.

Se podría pensar que hay excepciones a esta afirmación de responsabilidad compartida y plena. Por ejemplo, en los casos de algún tipo de maltrato. Obviamente, nada puede justificar una vejación y por mucho que el motivo sea a veces una falta de control de las emociones y la agresividad, esto no exime a la persona que maltrata de su total responsabilidad en las consecuencias de todos sus actos. Sin embargo, la persona que sufre malos tratos por parte de su pareja debe abandonar, si la tuviera, una postura de víctima y asumir, por su bien, la responsabilidad de enfrentarse a la decisión de no continuar permitiendo esa situación. Es responsable de protegerse y de salvaguardar su futuro.

No es nuestra intención en este libro tratar en profundidad relaciones tóxicas, puesto que requieren de atención y de tratamientos especializados; pero sí creemos necesario comentar que las personas que entran en este tipo de relaciones tienen predisposición a repetir estos patrones, por lo cual es absolutamente necesario que trabajen en solucionar las causas de esta tendencia, para asegurar que en un futuro opten por relaciones más saludables.

Otro caso en que se podría pensar que la responsabilidad en la ruptura está desequilibrada es cuando existen problemas que involucran patologías mentales o drogadicciones, y que, es obvio, pueden influir enormemente en la relación de pareja. Vivir con esquizofrénicos, depresivos, hipocondríacos, celosos patológicos, cocainómanos, alcohólicos..., que no estén tratando adecuadamente su problema o adicción, puede hacer de tu vida un infierno. No obstante, se podría mantener una buena relación de pareja si la persona se hace responsable de su estado y recibe el tratamiento adecuado.

Tu decisión, en una dirección u otra, la tienes que tomar solo tú; pero si no lo tuvieras claro, un *coach* o un terapeuta te pueden ayudar. Los profesionales no decidirán por ti ni dirán qué debes hacer, pero sí te ayudarán a aclarar tus ideas para que tú decidas qué es lo mejor para ti, lo más sensato y lo más acertado.

En cualquier caso, ¿de qué sirve discutir sobre quién tuvo más culpa o menos? La ruptura es el resultado del conjunto de todo lo que cada uno ha hecho y también de lo que podría haber hecho para mejorar la situación y no hizo. La responsabilidad es de acción y también de omisión; todo cuenta.

Seas el que deja o el dejado, la decisión de una ruptura no se toma de la noche a la mañana, sino que suele ser el resultado de un largo periodo de tiempo, donde la relación sobrevive entre intensos sentimientos que van del amor al odio, pasando a menudo por la culpa, hacia uno mismo o hacia el otro.

Si la decisión de ruptura ya está tomada, no hay vuelta atrás. Por eso, ahora la única posición útil que puedes adoptar es la de responsable (entendiendo responsable como «con capacidad de respuesta»). Responsable de la situación que estás viviendo y de minimizar los daños y maximizar los beneficios. Buscar culpables, recriminar cosas a la persona que tanto has querido, no hace mas que perjudicarlo todo, y estamos absolutamente seguros de que ése no es tu objetivo.

Resumen

Después de años de relación, no somos los mismos que al principio. Las experiencias, las vivencias, y el día a día nos transforman. Nadie tiene la culpa de que hayamos cambiado, y de que no queramos las mismas cosas que queríamos, ni nos comportemos de la misma forma.

En una ruptura no existe un único culpable. Cada uno es 100 % responsable de todo lo que ha hecho y dicho. No sirve de nada culpabilizar al otro.

Tómame o déjame

Me fui, pa echarte de menos
me fui, pa volver de nuevo
me fui, pa estar sola
me fui
Porque estaba tan cerca, casi tan cerca
que no puedo ver lo que tengo cerca de mis ojos.
Mis manos, que ya no son manos y pienso en vano
que un día vuelvan a darme la vida.
Me estoy echando contra los ojos de otro muchacho
que al menos cuando me mira me hace reírme un rato,
porque los tuyos están tan lejos de mí
que casi no puedo mirarlos
Mientras... ¿dónde estabas cuando te llamaba?
¿Dónde estabas cuando te llamaba?
¿Dónde estabas cuando mi voz se hacía tan pequeña
que no salía y se ahogaba en una habitación
o dentro de mí?
¿Dónde estabas cuando dormías a mi lado y yo no podía dormir?
¿Dónde estabas cuando te escuchaba palabras que no creías ni tú?
Entre tanta mierda, dime, ¿dónde estabas tú?
¿Dónde estabas cuando te llamaba?
por eso me fui
pa echarte de menos
me fui, pa volver de nuevo
por eso me fui, pa estar sola
me fui, pa volver a hacerlo de nuevo otra vez.

«Me fui» — Bebe

Dejarlo por un tiempo

La situación que debemos afrontar tras una ruptura no es nada fácil. Hay que pasar de una zona de confort, donde controlamos más o menos todos los elementos que componen nuestra vida, aunque no nos gusten, a una zona nueva, desconocida, y en blanco. Y a veces la tentación es nadar y guardar la ropa.

Vicente y Ana

Vicente tiene 45 años, llevaba 15 con su pareja, y tiene dos hijos de nueve y seis años. Su mujer, Ana, le ha dejado por un tiempo. No hay nada grave en la relación, excepto algunas desavenencias típicas de la convivencia después de mucho tiempo: falta de atención del uno al otro, «que si siempre me dices como tengo que hacer las cosas», «que si ya no tengo mariposas en el estómago»…

Ana le dice que no puede asegurarle que su decisión sea definitiva, que ella no sabe si dentro de tres meses le va a echar de menos, por lo cual no puede decir que sea para siempre, pero ya le ha comunicado a todo el mundo que se han separado, y por lo que cuenta Vicente, parece que se encuentra bastante bien.

Dejarlo por un tiempo, ¿cuándo es una solución razonable? Sólo cuando se persiga solucionar los problemas que tienes con tu pareja en ese paréntesis, con el fin de continuar la relación más adelante en mejores condiciones.

Si la intención de hacer una pausa en la relación es ver si una persona es capaz de vivir sin la otra o no, entonces lo mejor es romper definitivamente. Si lo que se pretende es dejar al otro en «espera», para poder volver si uno se arrepiente, entonces dejarlo por un tiempo denota egoísmo. Y esa es en verdad la intención de quien lo deja por un tiempo. Quiere mantenerlo en el banquillo, mientras prueba otro modo de vida, quiere que permanezca a su lado, pendiente de su decisión. Dejar al dejado en situación de expectación es condenarlo a retrasar su duelo, al desconcierto, a no poder hacer planes de vida y mantenerlo en la esperanza de algo, que probablemente no volverá.

«Si me va bien la vida sin ti, me quedo con esa vida, si no, siempre puedo volver atrás, volver a mi zona de confort, y seguir como estábamos, aunque no fuese bueno, porque si he decidido probar otra vida, es que lo que tenía contigo no me gustaba lo suficiente». ¿No te parece una posición muy egoísta? ¿A quién le gusta estar de suplente, en la «reserva» de la vida de nadie? ¿Quién no preferiría ser titular?

Si realmente tienes problemas con tu pareja, si crees que se pueden solucionar, trabajad en ello, o bien proponle acudir juntos a un profesional para arreglar vuestras desavenencias, pero hacedlo juntos. Si los problemas que tenéis no llegan a una solución que convenga a los dos miembros de la pareja, entonces dejadlo, de la mejor forma posible, de la forma menos dañina para los dos.

Es posible que precises estar un tiempo solo si necesitas resolver algún problema personal o de pareja, o simplemente necesitas un poco de aire fresco,. No pasa nada, puedes cogerte unas vacaciones, pero sé sincero y deja clara tu postura para que tu pareja también pueda elegir.

Si no quieres solucionar los problemas que tienes con tu pareja, entonces déjala, pero sé honesto, sin falsas promesas, sin ambigüedades, y permite que continúe con el resto de su vida, empezando por superar su duelo lo antes posible.

En el caso de Ana y Vicente, parece que Ana lo tiene claro, pero es ambigua a la hora de comunicarle su decisión a Vicente. Vicente quiere volver con ella, por lo cual deposita su esperanza en la ambigüedad que manifiesta Ana. Ella le dice que no sabe si dentro de tres meses le echará de menos; para Ana la ruptura es definitiva, pero está dejando a Vicente en el banquillo, sin poner el punto final a la relación. Ana piensa que así le hace bien porque la ruptura es menos drástica, pero de esta forma no permite a Vicente que pueda empezar su duelo.

El comportamiento más honesto sería que Ana le dijese que la relación se ha terminado definitivamente, y si luego se arrepiente que se atenga a las consecuencias. En el caso de que Ana necesitase un tiempo para estar sola, debería explicarle lo que necesita, pero que su intención es volver con él en un periodo de tiempo estipulado.

Dejarlo para siempre

Veamos otro caso.

Silvia y Luis

Silvia viene a la consulta porque está totalmente desconcertada. Luis, su pareja durante 10 años, la ha dejado de la noche a la mañana. Según Silvia no tenían ningún problema como pareja, de hecho, acababan de hacer un viaje juntos, y lo habían pasado más o menos bien.

Dice que se levantaron un sábado por la mañana, y que Luis le dijo que la relación había terminado, que no tenía nada que ver con ella, que era su culpa; recogió alguna de las cosas que tenían en el apartamento que compartían y se fue. Silvia no tuvo ninguna capacidad de reacción, no le dio tiempo a decir «esta boca es mía», ni a preguntarle los motivos, porque se quedó totalmente desconcertada al ver que él recogía sus cosas de forma tan rápida. Es más, sospecha que sin que ella se diese cuenta, ya se había ido mudando poco a poco, y no sabe dónde.

Desde entonces, él no le coge el teléfono, no le devuelve las llamadas, no le contesta a ninguno de los mensajes por los distintos medios que ella ha probado, y la ha eliminado de sus redes sociales.

Para Silvia ha sido un golpe terrible, no se veía venir lo que le ha pasado, y quizá pensáis los que estáis leyendo esto que Luis es un insensible.

Cierto es que Luis debería haber justificado sus hechos, puesto que las explicaciones son necesarias para que la otra persona, en este caso Silvia, pueda procesar lo que ha pasado y seguir con su vida. No saber el motivo por el que alguien rompa contigo puede causar estupor e indefensión, puesto que no entiendes qué has hecho para recibir ese duro golpe. En esta situación, la persona siente que no tiene las riendas de su vida, y esa percepción de ausencia de control puede llevar incluso a la depresión clínica.

Pero por otro lado, Luis ha dejado a Silvia en la posición cero de la ruptura, dispuesta a empezar su fase de duelo. Luis se ha ido, quedando como «el malo» y sin dar falsas esperanzas. Silvia, desde este preciso instante, ya puede empezar a trabajar consigo misma para afrontar lo que está pasando, para recuperar su confianza.

¿Cuál es más dolorosa? ¿La ruptura de Vicente o la de Silvia? Las dos son dolorosas, en el caso de Vicente por la ambigüedad, en el de Silvia, porque además necesita buscar una explicación. La diferencia es que Silvia puede empezar ya con su proceso de duelo, y Vicente aún no ha empezado a asumir el fin de la relación. Ya han pasado seis meses de ruptura, y él aún no ha podido empezar a pensar en sí mismo. Ana hace que el periodo de latencia de la ruptura dure mucho más, seis meses y quizá se siga alargando, mientras que la ruptura de Silvia y Luis ha durado diez minutos, no ha habido dolor antes, y no ha habido esperanzas después.

Entonces ¿cuál es la mejor forma de dejar? Pensamos que la mejor forma de dejar es la que no culpabiliza al otro, la que no hace que se devanee los sesos pensando qué cosas podría arreglar para que la otra persona vuelva. Pensamos que la mejor forma de dejar, es como el título de la película «No sos vos, soy yo». Explícale que aunque le has querido mucho, en este punto de tu vida no quieres estar en pareja, que tú has cambiado, y que necesitas otras cosas. Explícale que él o ella es una persona maravillosa, que encontrará a alguien que le sepa querer como se merece, y a quien querer, y que probablemente será mucho más gratificante de lo que tú puedes ofrecerle en la actualidad. A la vez debes ser tajante y decir que no hay vuelta atrás.

Puede parecer duro, pero cualquier otra opción va a serlo más.

En este capítulo no podemos menos que incluir un fragmento de otra canción:

Tómame o déjame
ni te espío ni te quito libertad
pero si dejas el nido
si me vas a abandonar
hazlo antes de que empiece a clarear.
Tómame o déjame
y si vuelves trae contigo la verdad
trae erguida la mirada

trae contigo mi rival
si es mejor que yo, podré entonces llorar.

«Tómame o déjame» — Mocedades

La decisión está tomada

En la mayoría de las ocasiones, cuando hay dudas en el amor, en el fondo la decisión ya está tomada, lo que falta es la valentía para llevar a cabo una ruptura. Hay miedo a elegir, y que la elección sea peor a la vida actual. Pero no tiene sentido pensar en vidas peores y mejores; una vez que eliges un camino, nunca sabes cómo hubiese sido tu vida si hubieses elegido el otro rumbo, por lo cual nunca podrás comparar. Lo que es evidente es que si tu vida actual no te gusta, tienes que hacer algo para cambiarla.

Resumen

Si piensas que tenéis problemas que se pueden solucionar en la pareja, hacedlo juntos, si no quieres o no puedes solucionarlos, acaba con la relación de forma contundente.

— 3 —
Sin esperas

Esperaré, a que sientas lo mismo que yo.
A que la luna la mires, del mismo color.
Esperaré, que adivines mis versos de amor,
a que en mis brazos encuentres calor.

Esperaré, a que vayas por donde yo voy,
a que tu alma me des, como yo te la doy.

Esperaré, a que aprendas de noche a soñar,
a que de pronto me quieras besar.

Esperaré, que las manos me quieras tomar,
que en tu recuerdo me quieras, por siempre llevar.

Que mi presencia sea el mundo,
que quieras sentir que un día no puedas,
sin mi amor vivir.

«Esperaré» — Celia Cruz

Otra canción que vendría como anillo al dedo a este capítulo es la de *Penélope*, de Joan Manuel Serrat.

Penélope se quedó con su vestido de domingo esperando a que volviese su amante en un banco de la estación durante un montón de años. Cuando un día su amante volvió, y le dijo que él era aquel a quien esperaba, Penélope, anclada en el pasado y en la idealización de su amante, le dijo que se equivocaba. Le dijo que no era así la cara ni la piel de aquel al que esperaba, y se quedó otra vez sentada en el banco, quien sabe hasta cuándo. Es una canción que produce cierto desasosiego. ¿De verdad os parece romántico quedarse a la espera cual Penélope con su bolso de piel marrón?

Cuando las circunstancias nos obligan a salir de nuestra zona de confort, venderíamos nuestra alma al diablo para poder volver a instalarnos en ella lo antes posible, aunque la relación que tuviésemos no fuese exactamente lo que en el fondo habíamos soñado.

Nos da igual si la relación era obsesiva, o no correspondida, o destructiva, o vacía, o fingida o simplemente no nos hacía felices. Tendemos a querer recuperarla. Aún así, debemos ser consecuentes e intentar posicionarnos en un lugar que nos deje pensar con claridad, y entender que si se ha acabado, motivos habrá.

Debemos ser capaces de comprender que es mejor pasar página antes que la ruptura nos haga más daño. Por mucho que pensemos que los problemas entre ambos se podrían haber solucionado y pudiéramos volver atrás, llegado a un determinado punto, debemos afrontar la realidad y coger el toro por los cuernos.

Promesas eternas

Si nos han dejado por «x» motivo, es probable que pienses que si cambias ese «x», podrás volver con tu pareja. «Te prometo que cambio».

¿De verdad puedes mantener los cambios a largo plazo? Si tú eres una persona que no es social, ¿crees sinceramente que puedes comprometerte a ser el rey de la fiesta el resto de tu vida? No puedes dejar de ser quien eres porque te lo pida otro. Los cambios tienen que salir de nosotros mismos, no del requerimiento de los demás. Debes analizar qué cosas puedes y qué cosas no puedes mantener el resto de tu vida.

Analicemos un caso similar pero desde otro prisma. Imaginemos que eres tú el que amenaza con dejar la relación para conseguir que tu pareja reaccione y lograr un cambio en su comportamiento.

Él o ella te promete que cambiará y tú le crees o, más bien, deseas creerle. Esperas a que cumpla sus promesas, a que haga lo que dijo que iba a hacer. Pero esperas y esperas y nunca acaba de llegar ese momento. Es posible que incluso haya avances…, pero no es suficiente. Y van pasando los meses, los años…

¿Qué hacer?

Vicente — Ana

Vicente piensa que, aunque sus hijos están bien, lo mejor para los niños es que crezcan con su papá y su mamá juntos. Vicente dice que necesita saber que hizo todo lo posible por salvar la relación. Quiere que en el futuro sus hijos no puedan acusarle de nada, por lo cual, intenta y se esfuerza en establecer contacto con Ana. Se interesa por ella, le pregunta, la cuida, la invita a cenar…

A pesar de su insistencia, no obtiene una respuesta clara de si existe alguna posibilidad de solucionar su situación actual. No sabe si Ana se decanta más hacia una ruptura definitiva o, por el contrario, le ronda la idea de volver con Vicente.

A él le cuesta conciliar el sueño, y no sabe hacia dónde tirar, si dejarle libertad para que ella encuentre su camino, o si alquilar una calesa con caballos, llenarla de flores y llevarle a dar una vuelta por la ciudad. Se siente desconcertado, no sabe si luchar o dar la relación por terminada y concentrarse en sí mismo. Y esta situación puede prolongarse mucho tiempo.

El caso de Vicente es claro. Por un lado necesita saber que hizo lo posible por salvar la relación, para que su conciencia se quede tranquila, aunque por otro lado necesita dar la relación por terminada y empezar a pensar en sí mismo.

¿Qué debería hacer Vicente, o cualquier persona, en esta situación?

Poner límites para tomar las riendas

Una opción es ponerse una fecha límite, o una acción límite, que una vez realizada le permita declarar, o no, la ruptura como definitiva. De esta manera, se recupera el control de la vida propia.

Vicente ha dejado su vida, su futuro, sus próximas decisiones, sus objetivos en manos de Ana. Ella aprovecha la situación para estar tranquila porque sabe que Vicente está ahí, en caso de que ella llegue a arrepentirse. ¿Hasta cuándo puede seguir Vicente en esta situación? Si él no toma una decisión, se mantendrá en estado de espera hasta que Ana quiera. ¿Es esto justo? No.

Por eso, Vicente tiene que plantearse qué necesita exactamente para que su conciencia se quede tranquila, para sentir que ha hecho todo lo posible para salvar la relación. En este caso se debe trabajar para aclarar qué es «todo lo posible».

En primer lugar, podríamos preguntarle a nuestra pareja qué tendría que pasar o qué deberíamos hacer para que decida volver con nosotros.

En el caso concreto de Vicente, cuando se lo preguntó a Ana no obtuvo ninguna respuesta clara por su parte, sino respuestas ambiguas, «no lo sé», «dejar pasar el tiempo», «ver si me vuelvo a enamorar»…

En el caso de que Ana hubiese respondido con hechos concretos, sería mucho más fácil, porque Vicente ya sabría qué hacer, y podría decidir si puede o no puede mantener esos cambios a largo plazo. Pero no fue el caso.

Por tanto, hay que pensar entonces en qué es lo que necesita Vicente para dar por cerrada esta etapa. Esto se debe acotar en un periodo de tiempo en concreto, por ejemplo, tres meses más. Llevan ya seis meses separados, tres meses más es mucho tiempo, pero es el periodo, dice él, que necesita para seguir «probando» a ver si hay un cambio por parte de Ana.

Vicente decide invitar a cenar a Ana, y se conciencia de que solo puede recuperarla a través del amor, las risas y sin recriminaciones. Sentarte delante de alguien, a quien quieres reconquistar y empezar a reprochar todo lo que se hizo mal no es ninguna solución.

Vicente y Ana se fueron a cenar. La cena fue cordial. Se rieron mucho, compartieron un tiempo agradable..., pero la respuesta de Ana siguió siendo ambigua. Aunque Vicente había acordado consigo mismo un periodo de tres meses, la cena fue para él suficiente para dar por cerrada la situación. Se dio cuenta de que debía coger la responsabilidad de su futuro en sus propias manos, y no dejarlo en manos de Ana.

Ahora Vicente puede iniciar su fase de duelo, dando la relación por terminada definitivamente, y empezar a trabajar en su futuro. También tiene la conciencia tranquila, porque tanto el periodo de tiempo que ha dejado, como las actuaciones que ha realizado, le han demostrado y le han convencido de que ya no puede hacer más por salvar la relación de pareja con la madre de sus hijos.

La postura de Ana no hacía más que prolongar el dolor indefinidamente, y crear esperanzas en Vicente. Como dijimos, si ella ya sabía o intuía que la ruptura iba a ser definitiva, lo mejor para Vicente hubiera sido, sin lugar a dudas, un no rotundo. Una separación tajante, contundente, sin titubeos. «Vale más un pesimista inteligente, que un optimista mal informado» (Riso, 2011)

¿Y tú cómo lo estás haciendo? Es lógico que cuando te deja tu pareja, una de las personas que más quieres en el mundo, no puedas creerte lo que te está pasando. Es natural y comprensible que necesites hacer todo lo que puedas por recuperarla, y especialmente si hay hijos en común. Pero no dejes tu futuro en manos de otra persona. Debes encontrar el equilibrio.

No puedes luchar tú solo por mantener una relación de pareja. El amor es cosa de dos, y los dos debéis tener ganas de salvar la relación. Es imprescindible que ambos queráis luchar y tengáis ganas de evitar la ruptura.

Tenlo en cuenta, y mira a los ojos a la otra persona. ¿La ves con las mismas ganas que tú? ¿O la ves ausente, simplemente pasando el trance? Sé sincero en eso. Si ambos tenéis brillo en los ojos, ganas, pasión..., adelante. Si por el contrario, ves algo parecido a la indiferencia, aquí estás remando tú solo. Abandona el barco. ¿Qué sentido tiene querer estar con alguien que ya no quiere estar contigo? ¿Para qué insistir?

Manual para que no te salgan telas de araña esperando

En resumen, te proponemos los siguientes pasos para que los adaptes a tu situación, te ayuden a recuperar el control de tus decisiones y marques unos límites razonables.

En primer lugar, pregúntale a tu pareja qué puedes hacer para solucionar los problemas.

En caso de que la respuesta sea clara, debéis trabajar juntos en este sentido, corrigiendo los hábitos o actuaciones que os han llevado hasta aquí. Es mejor contar con un profesional para que os ayude a ver las distintas perspectivas. Hacerlo solos es mucho más difícil y tiene menos probabilidades de éxito.

En caso de que la respuesta de tu pareja sea ambigua, establece tu propio límite que puede ser marcado por una acción concreta de tu parte, o por un periodo de tiempo razonable. Piensa que cuanto más tiempo dejes pasar, más se está alargando tu fase de duelo, y por lo tanto tu propio periodo de recuperación. Aplica sobre todo el sentido común. No intentes engañarte a ti mismo alargando esta etapa, o añadiendo más supuestos casos de esos de «si yo hiciese..., entonces mi pareja pensaría...»

Una vez traspasado el límite decidido, pregunta directamente a tu pareja si ha cambiado de opinión. Si la respuesta que recibes sigue ambigua, tú mismo debes pasar página.

Concienciarte de que la relación ha terminado, y de que no debes esperar más de ella. Cierra la puerta.

Una vez que ya has puesto un punto final a la historia, ahora debes empezar a pensar en ti, hacer que tu vida sea lo más agradable posible, superar tu duelo, y un poco más adelante, definir tus propios objetivos a futuro. Abre la ventana.

Resumen

No esperes más de la cuenta. No olvides que los enamorados desean estar el uno con el otro a todas horas... y no sienten ataduras. Cuando tú tienes que animar a alguien a que te quiera, a que vuelva contigo, quizás estés haciendo un trabajo sin mucho sentido. Es un poco como querer vaciar el mar sacando cubos de agua, puesto que por mucho que saques, siempre seguirá quedando mar. Intentar convertir el desamor en amor es una tarea titánica.

— 4 —
Céntrate en ti mismo/a

*Ojalá que las hojas no te toquen el cuerpo cuando caigan
para que no las puedas convertir en cristal.*

Ojalá que la lluvia deje de ser milagro que baja por tu cuerpo.

Ojalá que la luna pueda salir sin ti.

Ojalá que la tierra no te bese los pasos.

*Ojalá se te acabe la mirada constante,
la palabra precisa, la sonrisa perfecta,
ojalá pase algo que te borre de pronto
una luz cegadora, un disparo de nieve,
ojalá por lo menos que me lleve la muerte,
para no verte tanto, para no verte siempre,
en todos los segundos, en todas las visiones.*

Ojalá que no pueda tocarte ni en canciones

«Ojalá» — Silvio Rodríguez

Estás plantado en mi cabeza

Manuel — María

Manuel y María llevaban 16 años juntos y seis, casados. María le ha dejado hace un mes, aunque no es la primera vez.

Manuel, de 32 años, concierta cita conmigo porque no hace más que pensar en volver con ella. Al preguntarle cuáles son los motivos de la ruptura, reconoce que no ha prestado atención a todas las llamadas que le ha hecho María de las cosas que no funcionaban en la pareja. Sin embargo, es consciente de que hubiese podido obrar mejor con ella, y de que ha mantenido comportamientos y actitudes totalmente contrarios a la imagen de pareja que deseaba María.

Ahora, una vez que ve que María se ha ido, y que ya lleva un mes fuera de casa, quiere cambiar todo lo que ha hecho mal. Desea que María le dé otra oportunidad, pero ella se muestra contundente. Según María, Manuel ya ha tenido todas las oportunidades que merecía. Quiere una vida nueva.

Manuel se propone hacerla cambiar de opinión, y realiza acciones continuas al respecto. Le envía WhatsApp constantemente, aparece en los sitios que frecuenta María y todos sus comportamientos giran alrededor de ella con la intención de causar su reacción. Se viste con la ropa que le gusta a ella, se hace el encontradizo con sus amigos simulando pasarlo muy bien para provocarle celos, visita a los padres de María para darles pena y pedirles que le ayuden a volver con ella...

Cada vez que realiza cualquiera de estas acciones, espera ansiosamente la respuesta deseada: que María vuelva, que le llame, que se enfade, que sienta celos... Pero la respuesta no llega, y él se devana los sesos inventando cada vez más formas de interacción.

La actitud de Manuel suele ser muy habitual cuando te obsesionas en recuperar a tu pareja. Pierdes el sentido común y actúas por impulsos de manera irracional para lograr una interacción con la otra persona. Sin embargo, en vez de acercarte a ella, lo único que consigues es elevar, aún más si cabe, el muro que la otra persona está construyendo para protegerse. Cuando tu objetivo se centra en provocar reacciones en alguien, apartas el foco de ti mismo, dejando tu estado de ánimo en manos de la otra persona. Es decir, pierdes el control y te olvidas de ser tú mismo.

Como vemos, Manuel no piensa en ningún momento en qué hacer para mejorar su estado. Centra su vida, única y exclusivamente, en provocar a María. Al no obtener ninguna respuesta, aumenta su estado de ansiedad, y además, también atrasa el duelo.

No puede empezar a pensar en su proceso de duelo ni en reestructurar su vida porque no asume la ruptura. Esto no hace más que agravar el dolor que siente y la sensación de abandono, lo que le lleva en un círculo vicioso a intensificar su comportamiento en busca de una reacción de María. Espera la respuesta ansiosamente en cada una de las acciones, y no se da cuenta de que esperando pierde un tiempo precioso que podría dedicar a ocuparse de él y de su estado anímico.

Además, vive en una montaña rusa emocional causada por él mismo. Imagina y planea la acción que va a realizar, ilusionándose, pensando que esta vez sí va a obtener una respuesta... Después de llevar a cabo la acción y ver que lo único que consigue es el silencio, se desespera, cayendo otra vez en un pozo de desasosiego e impotencia, y minando su autoestima.

Actúa en tu propio beneficio

Si dudas acerca de si has entrado en un círculo vicioso como Manuel, debes pararte a pensar en cada una de las acciones que realizas entorno a tu pareja. Debes ser consciente, cuanto antes, de si tus comportamientos te benefician o, por el contrario, se están volviendo en tu contra.

Enviar un correo electrónico o un WhatsApp, en el caso de Manuel, le causa una espera ansiosa, por lo cual, es aconsejable no hacerlo. De esta forma, tú recuperas el control.

Un consejo: cada vez que desees comunicarte con la que ha sido tu pareja, pregúntate si realmente necesitas transmitirle la información o si, por el contrario, lo haces esperando obtener una respuesta determinada. Si realmente detrás de tu acción ansías una réplica concreta, directamente, ahórratelo.

Cuando se realiza un *Coaching* para rupturas, entre los objetivos se encuentra paliar el dolor, recuperar el control y aumentar la autoestima. Actuar para el otro no solo hace que te alejes de estos tres objetivos, sino que además tiene el efecto contrario.

Incrementa el dolor, puesto que tienes una esperanza depositada en una reacción y cuando ésta no se produce, contradice la idea que te habías formado y te sientes desolado.

Pierdes el control, y lo haces de manera directa. Supeditas tus decisiones y acciones a otro, de modo que cedes tu control dejándolo en manos de otra persona, que además, es quien ha decidido romper la relación. ¿Realmente quieres ceder el control a la persona que te acaba de dejar?

Disminuye tu autoestima porque, entre otros aspectos, se basa en la consecución de objetivos. Si, por ejemplo, tú te propones el objetivo de subir una montaña corriendo y lo consigues, tu autoestima aumenta. Lo mismo ocurre con otros objetivos: si quieres adelgazar y adelgazas aumenta tu autoestima, si no lo haces disminuye, ya que te has puesto una meta que no has sido capaz de conseguir.

Por este motivo, si atraviesas una situación de ruptura, es fundamental que te pongas objetivos que puedas conseguir por tus propios medios para aumentar el concepto que tienes de ti mismo. Pero si tú te propones como objetivo provocar una reacción en tu expareja, y no lo consigues, disminuye tu autoestima. Por ello, es importante que los objetivos estén definidos de forma que sean cosas que tú puedas conseguir y dependan sobre todo de ti. Nunca pretendas conseguir retos que dependan de otros y que, por tanto, estén sometidos a sus juicios.

Además, piensa que no estás siendo libre, puesto que estás esclavizado por tus propios actos. La libertad es un valor fundamental, ¿a quién no le gusta sentirse libre? Si actuamos pensando en el otro, no estamos siendo libres, estamos supeditados a otra persona, que ni siquiera es consciente de ello.

El caso de Vicente, que hemos visto antes, era diferente. Vicente quiere volver con Ana, es decir, quiere causar una reacción, pero lo hace desde y hacia sí mismo, y con acciones concretas y que dependen de él. Vicente quiere tener la conciencia tranquila de que hizo todo lo posible, y lo consigue poniendo límites, con un objetivo claro, y centrado en él mismo y en lo que desea. En cambio, Manuel no pone límites y realiza múltiples acciones que no tienen intención de acabar.

¿La solución? Autocontrol y ser consciente. Antes de actuar, deberías preguntarte: ¿lo hago por mí o por la otra persona? ¿Realmente quiero salir a tomar una copa con mis amigos por la zona que frecuenta mi expareja? ¿O lo hago para encontrarla? ¿Quiero comunicarle algo? ¿O lo hago para causar un sentimiento o reacción en el otro? Trabajando en este sentido, y cuestionándote cada uno de tus actos, poco a poco conseguirás retomar el control, ser tú mismo y recuperar tu libertad.

Su vida sin mí

Después de tanto tiempo con tu pareja, después de que te perteneciese su presente, y también su futuro, esa persona deja de formar parte de tu vida. Además, se crea un vacío en tu tiempo, porque su tiempo también deja de ser tuyo. Antes sabías prácticamente todo lo que hacía en cada momento del día. Su hora del gimnasio, sus rutinas, quienes eran sus amigos, con quien salía, etc.

De repente, ya no sabes nada. Algo que sentías que era de tu posesión deja de ser tuyo. ¿Y ahora qué hacemos?

La tentación es demasiado grande, está allí, al alcance de tu mano. Si eres tú el que se ha ido de casa, en los distintos momentos de recoger tus pertenencias es demasiado fácil abrir su cajón de la cómoda, ver si se ha comprado ropa nueva, si ha cambiado de perfume, si hay cosas que no conoces en la que era tu casa...

La tentación sigue estando en Internet. Redes sociales como Facebook, Twitter, que dependiendo de la configuración permiten saber qué actividades realiza tu expareja, dónde y con quién está, si tiene amistades nuevas... y lo que es aún peor, permite que puedas echar a volar tu imaginación para fantasear más allá de lo que puedes leer.

Siguiendo con la red y aunque sea ilegal, averiguar, si no sabías, su contraseña de email te puede permitir investigar en su pasado, para intentar descubrir en qué momento os perdisteis. O quizás averiguar su contraseña de herramientas de chat para poder revisar el historial de conversaciones que ha mantenido... Continuando con algunos tipos de localizadores para teléfonos móviles, que permiten saber dónde está en cada momento la persona que tanto echas de menos.

Estos recursos están al alcance de cualquiera sin necesidad de tener excesivos conocimientos técnicos. ¿Te imaginas si además eres un experto informático? ¿O trabajas o conoces a algún técnico que trabaje para Facebook, y más ahora que ha comprado Whatsapp....? ¿O para Google? ¿O para Visa?

En la actualidad, incluso sin ser muy activos en las redes sociales, nuestra vida, nuestros gustos, lo que hacemos..., está siempre en algún sistema informático.

Y aquí la pregunta es la de siempre ¿De qué te sirve conocer toda esa información? ¿De qué te sirve saber qué cosas está haciendo a diario tu expareja? Pues básicamente, la respuesta es la misma de siempre. Tan solo para malgastar tu tiempo pensando en la vida del otro, en vez de invertirlo en tu propia vida.

Tan solo para hacerte daño, para torturarte cuando, probablemente, cuanto menos supieses más tranquilo estarías. La relación está rota, esta persona ya no forma parte de tu presente, ni de tu futuro, y deberías estar ocupándote de construir un presente y un futuro nuevo para ti.

¿Cómo vencer la tentación? Pues también, como siempre, parándote a pensar cuáles serán las consecuencias de saber la información que estás buscando.

¿De qué te sirve saber si salió anoche? Si salió te vas a sentir fatal, porque salió sin ti, porque no sabes si conoció a alguien, porque no sabes qué hizo ni a qué hora volvió. ¿Y si no salió? ¿Te quedas más tranquilo? ¿O por el contrario sigues teniendo exactamente el mismo problema que antes de conocer la verdad?

¿De qué te sirve saber si se está viendo con otro o con otra? Pues si está viendo a alguien te vas a sentir otra vez fatal, y si no está saliendo, pues quizá puedas seguir alimentando la esperanza de que todo vuelva a su sitio, y mientras sigues alimentando esa esperanza, van pasando los días y sigues sin recuperar el control de tu propia vida.

Por lo tanto, lo mejor es vencer la tentación, e invertir tus energías en recuperar el control de tu vida y en construir un nuevo futuro.

Resumen

Analiza en cada momento, con sinceridad, la intención que se esconde detrás de tus actos, y procura orientarte hacia tu propio bienestar.

Comportarnos de una manera determinada solo para provocar reacciones concretas en nuestra expareja, reduce nuestra autoestima y nuestra libertad.

Saber lo que está haciendo, cómo es su día a día, hace que apartes el foco de tu vida y de tu bienestar.

— 5 —
Conciliar ruptura y trabajo

Looking so long at these pictures of you
but I never hold on to your heart looking
so long for the words to be true
but always just breaking apart my pictures of you.

There was nothing in the world
that I ever wanted more
than to feel you deep in my heart,
there was nothing in the world
that I ever wanted more,
than to never feel the breaking apart
all my pictures of you

«Pictures of you» — The Cure

La ruptura nos afecta en todos los ámbitos de nuestra vida. Conciliar el trabajo y la separación es otro problema que debemos afrontar. Suele haber dos posiciones claras y diferenciadas: la de no poder concentrarse absolutamente en nada o la de convertirse en un *workaholic* (adicto al trabajo). Incluso, en casos concretos, se pueden ir alternando los dos estados y pasar de una situación a otra.

¿Adicto al trabajo o incapaz de trabajar?

El trabajo, para muchas personas y para la sociedad en general, es otro de los parámetros que miden el «éxito». Trabajo, casa propia, pareja, hijos... son los condicionantes que calibran el nivel de triunfo en la vida. Dependiendo del estatus social, se van añadiendo valores como número de casas o propiedades, número de coches, etc. Sin embargo, el factor que nunca cambia es la «pareja».

Al perder la pareja, cae uno de los principales parámetros, y puede que necesites dedicar más horas al trabajo que hasta el momento; quizás para alimentar tu autoestima, para lograr un mayor reconocimiento de tus compañeros y superiores, para sentirte bien contigo mismo con una actividad que dominas y controlas o, sobre todo, para asegurarte de mantener saludable este otro de los parámetros fundamentales en los que se basa la noción de éxito personal. Para otros, en cambio, su capacidad de concentración se ve anulada por completo.

Mi proceso de ruptura (Ángela) se prolongó durante dos años y pasé por todas las etapas hasta llegar a la decisión final. Soporté durante años una relación que no funcionaba del tipo «ni contigo ni sin ti» y en ese tiempo fui una «workaholic».

No quería asumir lo que me estaba pasando, no quería contárselo a mi familia ni a su familia, no quería contárselo a mis amigos, no quería hablar con nadie, le evitaba constantemente y nunca quería estar en casa. Le decía a todo el mundo que tenía mucho trabajo, me quedaba hasta tarde en la oficina e incluso iba a trabajar sábados y domingos.

En esos momentos trabajaba como analista de proyectos y adelantaba al equipo de programadores todo el trabajo que podía. En la empresa estaba bien considerada, ¿cómo no iba a estarlo si probablemente trabajaba el doble que mis compañeros?

Cuando llegó la ruptura definitiva, y tuve que enfrentarme a la realidad de que todo había terminado y al sentimiento de futuro vacío, era incapaz de concentrarme en nada. Mis compañeros aún me lo recuerdan. Me sentaba delante del ordenador y solo veía líneas de código. Mi mente era totalmente incapaz de registrar y procesar lo que leían mis ojos.

Prolongar esa situación en el tiempo puede perjudicar tu imagen laboral. Debes hacer frente a la situación y encontrar una solución lo antes posible. La solución depende de ti, aunque influye cómo son tus propias circunstancias laborales, cómo es tu entorno y lo comprensivo que puede llegar a ser tu jefe.

Si puedes contar con tus compañeros y superiores, coméntaselo. Podrán echarte un cable y ser más comprensivos. Si tu entorno no puede entender lo que te sucede, y eres incapaz de hacer una o con un canuto, quizás es mejor que te alejes un tiempo. Adelantar tus vacaciones o, en caso extremo, solicitar la baja laboral pueden ser medidas a tener en cuenta en situaciones complejas.

Cuidar tu cuerpo, cuidar tu mente, herramientas para controlar tus pensamientos... estos y otros aspectos que veremos a lo largo del libro, pueden ayudarte a recuperar parte del control de tu mente, para intentar ser más productivo.

Aunque todos los trabajos tienen sus dificultades, afortunados son quienes tienen profesiones manuales, o de cara al público, en vez de trabajos donde su mente sea la clave, o donde sus errores puedan tener consecuencias catastróficas. Sinceramente, si yo hubiese sido cirujano, en vez de gerente de proyectos, creo que hubiese tenido que solicitar la baja laboral durante un tiempo.

Si tu estado es de «workaholic», quizá lo tienes más fácil. En este caso el camino es no esconderte sino todo lo contrario: enfrentarte a la realidad. Debes asumir tu nueva situación, dar la cara frente a tu red de contactos, viéndolos como aliados. Además, deberías aparcar los posibles sentimientos internos de vergüenza o humillación ante el fracaso de tu relación.

Si usamos el trabajo para escapar de nuestras emociones, como veremos en el capítulo dedicado a ellas, debemos dejarlas salir y canalizarlas correctamente, no esconderlas bajo montañas de papeles. La idea siempre es tratar de mantener el equilibrio entre tu vida personal y el trabajo.

Resumen

No trabajes en exceso para huir de la realidad. Afronta tu situación y consigue un equilibrio.

Si no puedes concentrarte, analiza tus circunstancias. Puedes pedir ayuda o buscar una solución para alejarte durante un tiempo del trabajo.

— 6 —
Redefinir la relación con tu expareja

You can get addicted to a certain kind of sadness
Like resignation to the end, always the end
So when we found that we could not make sense
Well you said that we would still be friends
But I'll admit that I was glad it was over

But you didn't have to cut me off
Make out like it never happened and that we were nothing
And I don't even need your love
But you treat me like a stranger and that feels so rough
No you didn't have to stoop so low
Have your friends collect your records and then change your number
I guess that I don't need that though
Now you're just somebody that I used to know

«Somebody That I used to Know» — Gotye

Del amor… ¿al odio?

Cuando la persona que ha estado a tu lado durante muchos años, de repente, desaparece, arrambla con tus rutinas del día a día y las necesidades que ella cubría en tu vida. El desayuno, la cena, pagar las facturas, cocinar, arreglar la lavadora… Su ausencia, el tener que afrontar nuevas responsabilidades y el tener que modificar todos tus hábitos hacen que se acreciente tu soledad, y sientas un enorme vacío.

Con la ruptura, los sentimientos se transforman, y en algunas ocasiones donde antes había amor, se convierte en «amor al revés». A veces los sentimientos que se tienen son de aversión, odio e incluso repulsa. Hemos oído decir a alguna persona, que si solo quedasen en todo el planeta Tierra ella y su expareja, y la supervivencia de los seres humanos dependiese de ambos, preferiría que se extinguiese la raza humana.

Algunos, los que consiguen tener un final sin demasiados contratiempos, los que no traspasan esa sutil frontera entre el amor y el odio, consiguen ser amigos. Ojalá ese fuese el caso más habitual.

Pero sea como sea, se tiene que redefinir la relación. Si la ruptura no ha sido de mutuo acuerdo, fruto de una decisión consensuada y madura, siempre hay uno que sufre más que el otro. En estos casos, los encuentros, aunque su intención sea amigable, hacen que uno de los dos componentes de la pareja sufra.

Contacto cero

En el caso de que no existan hijos en común, ni negocios, ni ningún otro vínculo que os obligue a veros con cierta frecuencia, lo más práctico es que disminuyas al mínimo, por no decir a cero, cualquier contacto con la otra persona. Es la mejor forma de superar la ruptura lo antes posible.

Cada vez que mantienes contacto, o inicias una comunicación con tu expareja, no haces más que sentirte frustrado y aumentar la sensación de pérdida, porque la persona que estaba contigo, ahora ya no lo está, porque quizá quien te quería, ya no te quiere...

Manuel — María

Manuel se siente traicionado porque siempre había dicho con María que estarían juntos eternamente, y que si alguna vez rompían, se querrían tanto que nunca dejarían de ser amigos. Ahora María no responde a sus mensajes y se niega a hablar con él. Comparten grupos de amigos, y si Manuel se presenta donde está María, ella se va. Se niega incluso a compartir la mesa con él, se niega a mantener cualquier tipo de conversación, y si tienen que solucionar algún tema material a raíz del divorcio, lo hace a través de intermediarios.

Manuel está desconcertado, tenían un acuerdo, sentían amor el uno por el otro y de repente se encuentra con el rechazo. María, probablemente, ha cruzado la frontera y siente aversión hacia Manuel. Sin embargo, él sigue sintiendo amor hacia ella, por lo cual hay un choque de sentimientos.

¿Qué crees que es mejor, que Manuel vea a María o que no la vea? Cada vez que la ve, le duele, porque espera una reacción que no se produce. Sin embargo, Manuel no es capaz de afrontar claramente la realidad y se autoengaña. Esta situación podría alargarse demasiado en el tiempo. Por ello, creemos que en un caso así, es importante cortar la relación y evitar los encuentros, al menos, durante un periodo de tiempo.

Cuando hay niños

Pero no siempre se puede cortar toda relación. En el caso de Vicente, que tiene hijos en común con su expareja, no se puede romper el vínculo, sino que los parámetros tienen que cambiar.

La relación se tiene que basar en los hijos. El principal objetivo debe ser su bienestar físico y emocional, y ambos miembros de la pareja deben luchar para lograrlo. ¿Cómo? Evitando cualquier tipo de discusión o pelea.

La relación debe ser correcta, en el fondo y en la forma, y a poder ser se tiene que restringir solo al cuidado de los hijos. ¿Qué necesitan los niños? ¿Cómo están? ¿Qué podemos hacer para que estén mejor?

Es preferible no entrar en valoraciones personales sobre el estado emocional de la otra persona. Debemos evitar ciertas preguntas del tipo ¿cómo estás?, ¿lo llevas bien?...

Tanto si es el que ha sido dejado, como el que ha dejado, probablemente lo lleva mal, ¿para qué preguntar? ¿Acaso tú puedes solucionar ese dolor? No, las soluciones a ese dolor están fuera de vuestra relación. Si está triste, tú no puedes consolarle y quizá seas la persona menos indicada para hacerlo. Entonces, ¿por qué preguntarle cómo está? ¿Para meter el dedo en la llaga?

Procura restringirte a lo indispensable, ser neutro y objetivo. Y como en todos los puntos, no actúes por impulsos y piensa en cuál es tu intención final en todas tus acciones.

En el caso de las parejas con hijos, el objetivo final es llevarse lo mejor posible el uno con el otro para poder compartir la crianza y recuperarse lo antes posible. Es importante que los niños sepan y perciban que sus padres están bien. Nos centraremos más en este tema y lo abordaremos de manera detallada en el apartado correspondiente a los hijos, pero en referencia a los términos de la relación, el objetivo es que sea lo más neutra posible.

Deshacerse de las gafas de cristales negativos

Para mejorar la relación con tu expareja, tienes que procurar eliminar los filtros mentales o creencias respecto a ella. Si piensas que tu pareja quiere hacerte daño, lo medirás todo bajo ese rasero. Si llega tarde con los niños, es porque quiere hacerte daño; si no les llama por las noches cuando están contigo, es para herir tus sentimientos...

Jorge — Rosa

Jorge y Rosa tienen que verse a menudo para compartir el cuidado de los niños. Jorge siempre aparece bien vestido, procura ser educado, sonríe mucho. Si va a dejar los hijos a casa de Rosa con su nueva novia, ella se queda en el coche mientras Jorge baja y entra en la vivienda con sus hijos. Rosa cree que Jorge lo hace todo para restregarle que él es feliz y ella no.

Rosa cree que si va bien vestido es para insinuar que ella está hecha una piltrafa; si deja a su novia en el coche es para que ella vea que él tiene novia, y ella no; si le llama para decirle que va a llegar tarde porque tiene una comida de trabajo, es para hacerle saber que él tiene un trabajo genial y una vida social apabullante, y ella no tiene nada...

De esta forma, cada vez que Rosa ve a Jorge, ella está enfadada con él. Jorge intenta mantener el tipo para no acabar discutiendo, intenta razonar con ella y no responde a sus ataques directos. Incluso, Rosa cree que la actitud moderada de Jorge es para demostrarle que ella es una histérica, y él un hombre maduro.

Con Rosa trabajamos otras perspectivas de ver la situación, empezamos a imaginar cuál sería la forma de ver cada acto de él si no lo interpretásemos como una ofensa, y cuál sería la respuesta de Rosa.

Quizá deja la novia en el coche, para que Rosa no se moleste; posiblemente sea cierto que tiene una comida de trabajo y preferiría estar con sus hijos, pero las obligaciones laborales se lo impiden; Jorge siempre ha sido presumido, esto no es nuevo en él; quizás es educado con ella porque evita un enfrentamiento.

Una vez cambiados los filtros malos por los buenos, Rosa ha podido dejar de estar enfadada, y la relación con Jorge ha pasado a ser «correcta».

Como ya hemos comentado: no hay dos rupturas iguales, dos personas iguales, ni dos historias iguales. Hay parejas que, después de su ruptura y con el tiempo, consiguen ser grandes amigos. Tú tienes que encontrar tu propio camino, y tu propia forma de hacer las cosas según tu situación personal y tus necesidades.

Con la mano en el corazón, es muy triste que dos personas que han compartido tanto sientan rencor, y que el amor que hubo se convierta en odio.

Tú eres dueño de tu balanza. Debes encontrar el equilibrio entre mantener una mínima relación y que ello no te perjudique. Ser amigo de alguien a quien tú quieres, y ser consciente de que ese amor no es correspondido, puede ser muy doloroso. Si continuar viéndoos daña tu autoestima porque te recuerda que ya no te quiere, será mejor que te rodees de gente con la que te sientas querido.

Del odio a un nuevo comienzo

Para que ambos podáis ser amigos después de la ruptura, es necesario que se rompa el vínculo que tenéis como pareja y así, poder volver a crear un nuevo vínculo, distinto al que teníais, un vínculo que ya no es de pareja, sino de «otra cosa».

Pasar de una relación de pareja a una relación de amistad sin romper los vínculos es tremendamente difícil, aunque no imposible.

Resumen

Hasta que no hayas superado la ruptura, es mejor disminuir la relación al mínimo imprescindible.

Si tenéis hijos, procurad que la relación sea correcta por el bien de los pequeños.

Elimina los filtros mentales negativos.

Es necesario romper de algún modo el vínculo como pareja, para crear un nuevo vínculo de amistad.

CAPITULO II

Cómo superar el dolor de la ruptura

Aunque las emociones son información útil sobre lo que nos pasa, tenemos que gestionarlas bien para dejarlas fluir de forma adecuada. Las emociones tienen que vivirse y canalizarse correctamente. Pero de ahí a quedarnos atrapados en estados dañinos para nosotros, hay un paso, por lo cual es necesario encontrar el equilibrio y la forma de que todo lo que nos está pasando no nos impida avanzar, e ir, pasito a pasito, superando las distintas etapas de la ruptura.

Para una persona que está inmersa en medio de una separación, que le digan que tiene que perdonar, dejar paso al amor, olvidarse de los celos, y todas las cosas que te vamos a contar a continuación puede que suene rocambolesco. ¿Cómo? ¿Quieres que perdone a la persona que tanto daño me ha hecho? ¿Quieres que me perdone a mí misma por haber estado con ese individuo? Entendemos perfectamente lo que estás pensando, pero debes comprender que ese no es el mejor camino. Gestionar el perdón, la culpa, los miedos, los celos, y todo lo que les acompaña te ayudará. Es por ti, por tu salud, por tu felicidad, por tu bienestar... Ello depende de ti, no de tu expareja.

Por eso, veamos cómo debes afrontar este paso en tu vida, y esperamos convencerte de que perdonar es lo mejor que puedes hacer. No existe otra salida. Solo así podrás pasar página, que no es lo mismo que olvidar.

— 7 —
Perdonar

Antes de empezar yo te perdono
en brazos de este amor
me estaba haciendo lodo
Antes de empezar me gustaría
saber por qué este amor
se hizo pesadilla

... y si tus besos no son mi orilla
naufragaremos toda la vida

Antes de seguir con esta historia
de todo lo mejor
lo guardo en la memoria
Antes de seguir y castigarnos
prefiero el corazón
de pie que arrodillado

... y si tus besos no son mi orilla
naufragaremos toda la vida

Antes de acabar de despedirme
tienes que saber
que no me marcho triste
que no quiero herirte aunque me pierdas
ni que me hagas daño aunque me quieras

«En la otra orilla» — Rosana

Siempre hay dolor

Cuando se rompe una relación, tanto si eres el dejado como si no, sientes rabia. Si te han dejado, porque te abandonaron a tu suerte o te sientes traicionado; si eres tú el que has dejado a tu pareja, probablemente, porque crees que la persona a la que dejas no supo estar a la altura de tus sueños.

Candela — Carlos

Candela tiene 35 años, y llevaba ocho años de relación con Carlos. Candela ha dejado a Carlos porque no lo soportaba más. Dice que él va completamente a su aire, y que no ha cuidado la relación como es debido. Ella asegura que lo intentó todo para que funcionase, pero que no lo consiguió.

Dice que Carlos solo se preocupaba de sus cosas. Estaba todo el día trabajando y cuando salía de trabajar se ponía a ver la tele o frente a su ordenador; los sábados por la noche salía con sus amigos y Candela podía elegir si iba o no iba, pero él hacía sus planes. Los domingos, el fútbol. Todas las responsabilidades de la casa las llevaba Candela, tanto en temas de alimentación como de facturas.

Candela se moría de ganas por ir al cine, salir a cenar, ir de excursión, cocinar juntos, hablar un rato por las noches… pero vivía en un estado de eterna soledad estando en pareja. Le proponía cosas constantemente, pero se encontraba siempre con una negativa por parte de Carlos.

Candela quería tener hijos, pero Carlos decía que aún no estaba preparado, que eran jóvenes, y que debían disfrutar del momento. Además, Carlos tenía miedo a volar, por lo cual nunca iban de vacaciones a ningún lado. La gota que colmó el vaso fue que, hurgando en su portátil, descubrió que estaba chateando con otras chicas y, a pesar de que no parecía que hubiese habido nada físico, le molestó que en vez de pasar el tiempo con ella, lo dedicase a coquetear con otras mujeres.

Como veis, Candela se siente decepcionada. Ella se casó con Carlos creyendo que todo iba a ser fantástico, esperaba que él la cuidara, hacer cosas juntos, compartir ilusiones, momentos... Con el paso del tiempo, se dio cuenta de que su matrimonio no iba por ese camino, sus expectativas no se cumplieron. Durante su relación se sentía en un estado de soledad perpetua, y además constantemente intentando por activa y por pasiva resolver una situación en la que, cada vez, se encontraba con un muro infranqueable.

También encontramos resentimientos en el resto de nuestros personajes.

Vicente — Ana

Vicente se siente despechado porque hizo todo lo posible por Ana. Cuando se conocieron, ella no sabía qué hacer con su vida y Vicente la ayudó a decidir. Ana se decantó por la abogacía, y él la impulsó para conseguir un título universitario, y logró salir adelante con sus estudios estando ya casados y con hijos. Vicente cree que, de no haber sido por él, Ana no hubiera llegado a ser una reconocida abogada como lo es en la actualidad. Cree que su carrera profesional, en parte, se la debe a él.

Silvia — Luis

Silvia se siente molesta porque piensa que merece una explicación; no entiende que Luis la haya dejado de esta forma. No sabe cuáles son los motivos, dónde está él ahora ni qué hace… No entiende que después de tantos años de relación pueda irse de esta manera, sin ningún tipo de explicación. Necesita hablar, aclarar lo que ha pasado, pero no recibe ninguna respuesta de Luis.

Y así podemos seguir indefinidamente. Es habitual encontrarnos con rabia y frustración, y es lo que solemos detectar en los casos que llegan a nuestro despacho. Pero con nuestro trabajo, perseguimos cambiar ese pesar, y buscamos que el sentir final sea el de agradecimiento. Gratitud por todo lo que has aprendido con esa persona a tu lado, por su tiempo, por los buenos momentos vividos, y por todo lo que te has llevado de esa relación. Desde ese punto podemos retomar la vida viendo el pasado con agradecimiento, viviendo el presente con paz, y mirando al futuro con esperanzas renovadas.

De esta forma, Candela aprendió a agradecer que a raíz de su relación con Carlos, ahora sepa lo que realmente busca en una relación, y aprendió a ser más exigente, aumentando así su autoestima. Vicente se sintió orgulloso de que su exmujer hubiese trabajado su futuro profesional estando con él, porque así sus hijos tenían un buen ejemplo en su madre, y un futuro mejor. Silvia aprendió a agradecer que Luis no la hubiese hecho sufrir antes de dejarla, y perdonó la falta de explicaciones.

¿Resentimiento o agradecimiento? Tú eliges

Sé que piensas que lo último que merece tu expareja es que le estés agradecido. El problema es que el resentimiento es una emoción cuya energía te daña y te destruye por dentro, y poco a poco también por fuera, a medida que en tu vida vas tomando decisiones alentadas por esa emoción.

El resentimiento te lleva a poner barreras, a hacer daño a otros, a comportarte con frialdad o agresividad, a prejuzgar, a sostener la rabia, a cerrarte a nuevas oportunidades... ¿Quieres eso para tu vida? Como ves, el precio lo pagas tú. Tú eres el único que decide qué actitud tomar ante la vida.

Si has decidido que quieres cambiar de rumbo, lo mejor es potenciar el sentimiento opuesto. Si algo es antagónico a sentir resentimiento y lo impide por completo, es sentir agradecimiento.

El agradecimiento te lleva a ayudar, a ser generoso, comprensivo, compasivo, estar abierto, tener una visión positiva de los demás y del mundo, y sobre todo, a sentirte bien contigo mismo. Despierta tus mejores cualidades.

Al hilo de las consecuencias, ¿cuál de los dos sentimientos quieres potenciar en tu vida? Tú y solo tú eliges. Probablemente pensarás que no puedes estar agradecido a tu expareja después de las atrocidades que ha hecho y lo mal que se ha portado. Sin embargo, resentimiento y agradecimiento, como opuestos, son también las dos caras de la misma moneda. Depende de cuál sea tu perspectiva y por qué lado mires, verás una u otra cara, pero siempre coexisten las dos, aunque tu prisma te impida ver una parte de la moneda.

¿No hay nada positivo que te ha aportado el otro? ¿Por qué has estado entonces tanto tiempo con él/ella? Piénsalo mejor, profundamente. Haz una lista de todas las cosas positivas que, en algún momento a lo largo de la relación, nos ha aportado la otra persona en nuestra vida. No analices solo lo bueno. Incluso los problemas, y las decepciones, nos suelen aportar crecimiento personal e importantes aprendizajes. Tú decides qué lado de la moneda escoges. Pero recuerda que mirar uno u otro lado te va a llevar a caminos muy diferentes en tu vida. No lo hagas por la otra persona, hazlo por tu bien. Escucha tu resentimiento, probablemente te está aconsejando que te alejes y no vuelvas con esa persona. Ese paso ya se ha tomado, así que conecta cuanto antes con el agradecimiento y te sentirás mucho mejor.

Otro de los revulsivos que pueden ayudarnos a girar la moneda y permitirnos abandonar el resentimiento es aprender a perdonar. Pero no siempre resulta fácil.

La resistencia a perdonar

Uno de los problemas que encontramos y que no facilitan el perdón es la búsqueda de un culpable. Cuando termina una relación, necesitamos una explicación de lo que ha pasado y un culpable. Pero esta necesidad es absurda.

En relación con la explicación, ¿de verdad puedes explicar en pocas palabras por qué habéis roto? Las rupturas ocurren por infinitos motivos, tan sutiles, tan abstractos, tan subjetivos, que cuesta mucho explicar a un tercero qué es lo que ha pasado. Cuando cuentas a la gente que te has separado, lo primero que preguntan es ¿y qué ha pasado?, o ¿y de quién ha sido la culpa? Una buena respuesta puede ser: «Si tienes unas seis horas, siéntate aquí que te lo cuento, pero no sé si me dará tiempo».

Con relación al culpable, ¿solo puede haber un culpable? Incluso en los peores casos, si te han hecho daño ha sido porque tú te has dejado, tú estabas ahí, aguantando mientras pasaba lo que haya pasado. En un caso de ruptura no existe un único culpable.

Aún así, necesitamos explicaciones: tener la razón, y determinar quién es el culpable, para así poder acusar al otro y salvaguardar la imagen de uno mismo.

Probablemente, cuando buscas un culpable no te estás mirando al espejo, ¿verdad?, sino intentando ver qué puntillas le puedes sacar al otro. Lo necesitamos porque nos gusta quedar como «el bueno» ante los demás. Por ello, muchos recién separados quieren mantener esa posición y ponen tanto interés en hablar mal del otro. Pero esa opción no cumple la esencia de lo que queremos trasmitir en este libro, porque no te beneficia ni te aporta nada positivo.

Qué te preocupa más ¿quedar como el bueno o ser bueno? ¿No prefieres ser bueno, y que los demás piensen lo que quieran? ¿No prefieres sentirte orgulloso de ti mismo a pesar de lo que opine el resto de la gente? Además, si lo piensas bien, gustar y caer bien a todo el mundo es prácticamente una tarea imposible.

Si tú intentas quedar como el bueno, probablemente no estés siendo sincero contigo mismo porque ya sabes que no hay buenos ni malos. ¿Entonces? Te encuentras entre una lucha entre tu «yo social», y tu «yo de verdad». Déjale a tu «yo de verdad» que gane y escapa de tu lucha interna de encontrar explicaciones y culpables, y más aún, de la necesidad de que tu entorno busque explicaciones y culpables.

El perdón nos libera

Perdónate y perdona a tu expareja, sea lo que sea lo que hayáis hecho. Esto te permitirá encontrar la libertad mucho antes que si te enredas en teorías imposibles construyendo tu propia versión de los hechos. Cada miembro de la pareja tiene su perspectiva, y por mucho que construyas tu versión, no vas a cambiar la opinión del otro.

Mientras no encuentres el perdón, seguirás manteniendo el vínculo con tu expareja, seguirás atrapado en tu dolor, que te irrita, y te controla impidiéndote ser libre. Creemos que el mantener esa posición de rencor y de rabia nos protegerá en el futuro, pero de forma inconsciente nos atrapa, no nos permite continuar, no nos permite ser libres.

Cuando te encuentres en ese punto, tan solo piensa que no te lleva a ningún lado y usa cualquier herramienta, tuya o alguna de las que te ofrecemos en este libro, para controlar los pensamientos que causan el sentimiento de rencor y rabia.

Confundimos lo que significa perdonar, por eso nos instalamos en el rencor. Según Rubenstein (Rubenstein, 2006), perdonar no significa que seas estúpido, ni que olvides lo que pasó, ni que seas débil, ni que debas volver con tu pareja, ni que lo hayas superado, ni que apruebes lo que te hizo la otra persona... Perdonar significa ser responsable de tus acciones, de tus elecciones y de tus sentimientos, no dejar que el sufrimiento siga consumiéndote, salir de la posición de víctima y caminar en dirección a asentar la paz y la serenidad en tu vida.

¿Cuántas veces ves en las noticias casos desgarradores de violencia doméstica llevados a cabo por personas que se sienten «abandonadas» por su pareja? Los hombres que llegan a estos extremos tienen el corazón enfermo de venganza y destruyen su vida y la de los demás.

¿Qué sentido tiene tanta destrucción? Solo tenemos una vida, y es mejor elegir vivirla de la forma más grata posible. Si eso incluye que tus «enemigos» también tengan una vida placentera, que más te da. Necesitas perdonar para poder seguir con tu vida y para que los demás sigan con la suya. Perdonar hace que todos vivamos en un mundo mejor.

Todos elegimos qué actitud tomar frente a los actos de los demás. Ellos «no te hacen» decidir, sino que decides tú mismo. Tú eliges cuál es la respuesta que quieres adoptar; si todo te afecta, entonces estás a su merced; si tú decides, entonces tú mandas sobre ti mismo.

La silla vacía

En el apartado de herramientas veremos más recursos para controlar este torrente de pensamientos y emociones negativas, pero te adelantamos un método muy útil. Consiste en ponernos en el lugar de la otra persona e imaginar que nos dice todo aquello que necesitamos oír.

Con algunos clientes, utilizamos una de las variantes de lo que se conoce como la técnica de la silla vacía, donde le acompañamos para que logre ponerse mentalmente en el lugar de su expareja e intente entender lo que le ha llevado al otro a comportarse y a actuar de una manera determinada. Si de verdad nos esforzamos por comprender al otro, desde su forma de ser y de ver el mundo, ayudado por las preguntas del *coach*, casi siempre tomaremos consciencia de un punto de vista que nos aportará un entendimiento más amplio de la situación, dándonos cuenta de que la otra persona también actuó, en el fondo, lo mejor que supo o que pudo, dadas sus circunstancias.

Lo más importante aquí no es disculparle de lo mucho o poco que hizo, sino el comienzo de un sentimiento de tranquilidad y paz que va entrando en el cliente a medida que va entendiendo mejor las dinámicas en las que se ha visto envuelto con su expareja. Se trata de empatizar, identificarse con el miembro opuesto de la pareja para entender su actitud.

La carta del perdón

En el caso de que quieras hacerlo tú solo puedes usar la técnica de la carta, que consiste en escribir, tú mismo, poniéndote en el lugar de la otra persona, una carta pidiéndote perdón por todo lo que hizo mal, y agradeciéndote el tiempo que estuvisteis juntos.

Si lo haces bien y desde el corazón (del otro), puedes conseguir lo que tanta falta te hace escuchar y que el otro, por motivos muy diversos, no te puede decir. Aunque casi sea como darte la razón a ti mismo, actúa como un mecanismo de liberación de la emoción enquistada y retenida. Tras ello, por fin, podrás sentirte libre para comenzar a perdonar todo lo que, desde tu punto de vista, te haya hecho, aliviándote del despecho y del odio, y quitándote una buena parte de la rabia que pudieses sentir.

La reciprocidad en el perdón

Conviene que además instauremos la actitud complementaria, la de pedir perdón también nosotros a la otra persona, para que perdonar no se convierta en un gesto de prepotencia en el que, convencidos de tener la razón, perdonamos a un culpable.

Como vimos antes, nunca hay un solo culpable y al igual que siempre hay cosas que agradecer y que perdonar, seguro que siempre hay también cosas por las que disculparnos. Puedes complementar la carta anterior con otra en la que, desde tu interior, hagas repaso de tu parte de responsabilidad en todo lo ocurrido y te perdones a ti mismo a la vez que con una actitud de humildad pides disculpas a tu ex por todo lo que hiciste y, quizá también, por los actos positivos que podrías haber hecho y hubieran mejorado las cosas y, por el motivo que fuera, nunca llegaste a hacer.

Por supuesto, no es necesario que entregues las cartas ni que el otro te conteste perdonándote. Es un acto reflexivo, para ti, para sentirte mejor tú mismo, liberarte de cargas y prepararte para empezar una nueva etapa.

Si decides enviarlas a tu expareja, has de estar preparado ante cualquier reacción porque no sabes en qué estado va a recibirlas ni cómo las va a interpretar. Podría incluso convertirse en el germen de un mayor conflicto.

Candela aceptó que Carlos no era la persona con la que quería compartir su vida. Entendió que era su decisión, que Carlos no le había hecho nada, sino mostrarse simplemente como era, y decidió que quería quedarse con el aprendizaje de saber que a partir de ahora ella decidiría lo que quería para su próxima relación.

Vicente entendió que lo que había hecho por Ana lo había hecho también para él, porque al ayudar a Ana en su carrera profesional había sido un ejemplo de superación para sus hijos. Ahora, Ana es mejor madre siendo feliz con su trabajo y, al fin y al cabo, lo que más le importa a Vicente es el bienestar de sus hijos. Entendió que debía dejar que Ana hiciese su vida, y que los dos, cada uno a su manera, debían procurar su propia felicidad.

Silvia decidió que la mejor forma de seguir con su camino era aceptar la determinación de Luis, aunque le doliese, a pesar de no entender o de no saber cuáles eran los verdaderos motivos de la ruptura. Consideró que era mejor romper la relación si él no era feliz y agradeció que lo hiciera antes de tomar la decisión de convertirse en padres.

Resumen

Perdonar no es dar tu beneplácito al comportamiento del otro, sino elegir una respuesta que te haga libre y que te permita continuar con tu camino, sin rencores, sin resentimiento.

— 8 —
La culpa

Sobre los tejados se escapa la tarde,
humo de un cigarro que fuma Gardel.
En el dulce licor que me hiere salvaje,
en los garabatos que hago en el mantel.

Y esperaré, y si no vuelves,
bajo el olivo me quedaré dormido.
Esperaré por si te pierdes.
Saldrá la luna fanalico encendido.

Te regalo mi capa,
mi capa de color grana,
mi triste sonrisa alzada en las ramas,
en los gallardetes, en las banderolas.
yo te haré un vestido de un rojo amapola.

Nana del marinero, nudo de antojos,
que nadie te amará tanto como yo.
Si ahora pudiese estar mirando tus ojos,
¿iba a estar escribiendo aquí esta canción?

Y esperaré, y si no vuelves,
bajo el olivo me quedaré dormido,
y dormiré entre libros prohibidos,
al olvido de un tiempo que añoro,
el que viví contigo,

Mi caballo negro, yo te lo regalo.
Carbón, ramas secas al enamorado.
Perdonarte quiero,
mas no tengo prisa.
Disculpa un momento,
que me desenredo.

Sírvete entretanto
lo que te apetezca.
Redimirme quiero,
mas sin sobresaltos.

Tuyo es el triunfo.
Sabor amargo
del seco fruto
del desencanto.

Laurel del triunfo.
Sabor amargo
del seco fruto

«Carbón y ramas secas» — Manolo García

La sombra de la culpa

Vicente — Ana

Vicente se siente culpable porque no prestó atención a las llamadas de Ana que le decían que necesitaba más margen para actuar, más autonomía, y que le molestaba que Vicente siempre le aconsejara sobre la mejor forma de hacer las cosas… También se siente culpable porque ha estado ocupándose más de las subidas y bajadas de los valores en bolsa, de la prima de riesgo, de la economía y del calentamiento global, que de su matrimonio, y eso ha hecho que sea demasiado tarde para solventar las desavenencias.

Es lógico que si te han dejado te acecha la culpa por todo lo que hiciste mal, porque no te diste cuenta de lo que estaba pasando, porque no le hiciste suficiente caso a tu pareja, porque te preocupabas mucho por ella, o te preocupabas demasiado poco...

Candela se mortifica por haberse casado con Carlos. Se siente culpable porque tuvieron una hermosa boda, una casa fantástica, un futuro prometedor..., y ahora siente que ha destrozado todo lo que construyó con tanto amor y que se ha quedado sin nada. También se siente culpable por haber causado tanto dolor a sus padres y a los padres de Carlos.

Si le has dejado, la culpa puede venir porque le habías prometido amor eterno, porque has destrozado a tu familia, porque podías haberlo intentado otra vez, porque le dejaste tirado, porque te sentías responsable de esa persona, porque sientes su soledad...

Si te fuiste con otro, porque le engañaste, porque no fuiste fiel a ti misma, porque, porque, porque... La culpa siempre está ahí. Los conceptos del bien y del mal, de lo que debe y no debe hacerse, con influencias en algunos casos del entorno católico en el que nos hemos criado, nos atormentan.

Incluso Freud le asignó una entidad propia al sentimiento de culpa, el superyó, como el gran juez supremo de nuestros actos que se encarga de criticar, de juzgar y de maltratar al pobre yo. El superyó es severo, acusador, exigente, quiere que suframos el castigo por todo lo mal que lo hicimos; y lo hace a través de la culpa, en el mejor de los casos, o se encarga de buscar castigos más rebuscados. A veces, nos dice que como nos portamos mal, no merecemos ser felices, no merecemos este vestido nuevo, no merecemos una nueva relación, no merecemos el amor de la gente cercana a nosotros…, y como no lo merecemos, en ocasiones nos lleva a escondernos para no obtener lo que deseamos e, incluso, nos puede mover hacia comportamientos reprobables para que los demás noten lo malos que somos y nos castiguen.

De esta forma, al buscar el castigo, buscamos también el perdón de los demás. Es algo que aprendimos desde niños. Si rompías un cristal con la pelota y te castigaban, debías pagar con el castigo el daño que habías hecho; y en la religión católica, después de pecar, sólo con la confesión recibes la absolución.

El castigo simplemente es una manera de encontrar la absolución, de redimirte. Pero el castigo, en realidad, no sirve para nada, ni el que te infliges a ti mismo, ni el que infliges a los demás. El castigo es un bulo.

Como consecuencia de la culpa que sentimos, en algunas ocasiones aceptamos conductas ajenas que no deberíamos tolerar, como violencia, maltrato verbal… Creemos que estas actitudes hacia nosotros forman parte del castigo que necesitamos sufrir y así podemos seguir expiando la culpa.

No te lo permitas. Analiza lo que estás tolerando y excusando de tu expareja como consecuencia de la culpa que sientes y echa el freno. El deber de los demás es respetarte, y no lo harán si no empiezas por respetarte a ti mismo.

En ciertas negociaciones derivadas de la ruptura, no deberías tener en cuenta la culpa que sientes. No deberías hacer concesiones económicas o de custodia de los hijos, por ejemplo, con la finalidad de espiar tu culpa. Lo que hagas en el presente condicionará tu futuro. Debes situarte en el hoy y mirar hacia el mañana. Olvida el pasado y, por supuesto, la culpa.

Con eso no queremos decir que no tengamos que sentirnos culpables nunca, sino solo en su justa medida. Cuando actuamos en contra de nuestros principios, en contra de una ética justa, o en contra de unas normas sociales, corremos el riesgo de ser excluidos o castigados. La culpabilidad a través de eso que llamamos «la voz de la conciencia» funciona como señal de aviso de ese peligro y como información de que lo que estamos haciendo no es correcto. Esa es su función. La emoción que llamamos culpa nos pide que corrijamos nuestros actos.

Por ejemplo, si se le caen cincuenta euros a la viejecita que tenemos delante en la caja del supermercado y nos los quedamos, nos estamos comportando mal. En este caso la culpabilidad nos invita a devolvérselos. Pero la culpa desmesurada que sentimos a veces en las relaciones de pareja y por la que nos flagelamos a nosotros mismos, no tiene razón de ser.

Como hemos hablado antes, igual que tenemos que aprender a perdonar al otro, tenemos que aprender a perdonarnos a nosotros mismos. Quizás eso sea más importante si cabe. No puedes cambiar el pasado y lo hiciste lo mejor que pudiste, según tus circunstancias, según la información que tenías en ese momento. Los dos sois responsables de lo que pasó y los dos sois inocentes.

La responsabilidad es un término que tiene que utilizarse en el presente y no en el pasado. La responsabilidad tiene que empezar hoy porque asociada al pasado lleva implícita la relación con la culpa.

Por eso, si sientes que tienes necesidad de reparar algo concreto de lo que hiciste en el pasado, y siempre y cuando sea algo lógico y sensato, el momento de solucionarlo es el presente, pero la forma de reparación también tiene que ser sensata y acorde con lo que hiciste. Hacer concesiones económicas, y de custodia no es la solución, puesto que también condiciona tu futuro. Procura medir que es exactamente lo que te hace sentir mal, y busca la forma de repararlo, quizás disculpándote, o devolviendo lo que no deberías haberte quedado.

Si sientes que necesitas pedir disculpas, hazlo. Llámale, o como decíamos en el apartado anterior, escríbele una carta, aunque no la mandes, aceptando que lo que hiciste lo hubieses podido hacer de otra forma y reconociendo que has aprendido de ello.

Si te sientes culpable de algo que hiciste, aprende la lección, toma nota para que cuando vuelvas a encontrarte en una situación similar te decantes por otro comportamiento que te haga sentir más orgulloso en el futuro.

Pero no te quedes anclado en el pasado pensando qué hiciste bien y qué hiciste mal, o cómo sería el presente si hubieses actuado de otra forma. Ya no puedes volver atrás. Sitúate en el ahora y trabaja desde el hoy y piensa lo que puedes hacer en el futuro.

Vicente ha aprendido que, en su próxima relación, prestará la debida atención a su pareja. Ahora sabe que es importante mimar y cuidar al otro miembro de la pareja todos los días y que no nos debemos relajar. Se ha perdonado a sí mismo. Cree que lo hizo lo mejor que pudo, pensando que tenía una relación sólida. Es decir, que actuó como creía mejor, con la información que tenía.

Cuando Candela recuerda por qué se enamoró de Carlos, se da cuenta de que ella se sentía sola, y de que necesitaba a alguien que la cuidase. Carlos fue su primera relación seria y le ofreció algo de estabilidad, por lo cual ya no siguió buscando. Candela se dejó conquistar por esa estabilidad y el éxito social de tener pareja. Ahora ha aprendido que necesita primero sentirse bien consigo misma. Perdona a la Candela que se emparejó con Carlos, porque le ha dado la oportunidad de aprender que tiene que ocuparse de sí misma, y no dejar que lo hagan los demás.

Para luchar contra el sentimiento de culpa, es importante que no permitas que los demás te responsabilicen de la situación. No toleres que te digan «no tenías que haberlo dejado», «ya te lo dije», «has permitido que se destrozase tu familia»... Solo tú estás en tu piel, solo tú sabes tus circunstancias. Una frase popular dice que «no juzgues a otro hasta que hayas andado un año en sus zapatos».

Resumen

Usa la culpa para aprender las lecciones del pasado. Este aprendizaje te será útil en el futuro.

No permitas que la culpa del pasado condicione las decisiones que tomes en el presente. Una injusticia o error no se soluciona cometiendo un nuevo error. Mira hacia el futuro.

Hoy empieza la responsabilidad sobre el resto de tu vida. Sitúate en el presente y asume esa responsabilidad.

— 9 —
Los miedos

Aturdido y abrumado, por la duda de los celos
se ve triste en la cantina, a un borracho ya sin fe
con los nervios destrozados, y llorando sin remedio
aturdido y abrumado, por la ingrata que se fue

se ve siempre acompañado, del mejor de los amigos
quien le acompaña y le dice, ya está bueno de licor
nada remedia con llanto, nada remedia con vino
al contrario la recuerda mucho más su corazón

una noche como un loco
mordió la copa de vino
y le hizo un cortante filo, que a su boca destrozó
y la sangre que brotaba, confundiose con el vino
y en la cantina este grito a todos estremeció

no te apures compañero, si me destrozo la boca
no te apures que es que quiero con el filo de esta copa
borrar la huella de un beso, traicionero que me dio

mozo sírveme en la copa rota
sírveme que me destroza esta fiebre de obsesión
mozo sírveme en la copa rota
quiero sangrar gota a gota
el veneno de su amor

mozo sírveme en la copa rota
sírveme que me destroza esta fiebre de obsesión
mozo sírveme en la copa rota, quiero sangrar gota a gota el veneno de su amor

«Copa rota» — Los Rodríguez

Nada da más miedo que el propio miedo

Yo (Ángela) recuerdo que sabía que mi relación no era lo mejor para mí, pero me daba miedo todo. Me daba miedo estar sola, no tener pareja, no volver a encontrar pareja, no poder superarlo, la reacción de mis padres cuando se lo dijese, no volver a enamorarme, que nadie se enamorase de mí... La gente que me conoce asegura que tengo un elevado grado de confianza en mí misma y que proyecto seguridad. Pero en realidad, en esa etapa de mi vida, estaba aterrorizada y el alma me dolía constantemente. Ahora todo esto cambió. No niego que tenga miedo a otras cosas. No somos de hierro. Pero nunca, jamás, volveré a tener miedo a las rupturas. Mi separación sirvió para demostrarme que existen otras formas de vida y descubrí que me encanta vivir sola. Todos los miedos que tenía desaparecieron al enfrentarlos, al plantarles cara, al superarlos. Ahora soy más fuerte que antes. Ese es, probablemente, el mejor regalo que me ofreció la ruptura.

Pero no solo desaparecieron los miedos asociados a tener pareja, sino que, como consecuencia, también desaparecieron muchos más. Después de este duro golpe, sé que siempre podré salir adelante y empezar de nuevo las veces que haga falta. Gané confianza y seguridad en mí misma y aprendí a ver el lado positivo de las cosas.

Pero también sé cuánto paraliza el miedo, porque trabajo me costó llegar a ese punto y sentirme bien. Necesité ayuda de expertos para afrontar mis temores y superarlos. Dediqué mucho tiempo, trabajo, empeño, constancia, dedicación... pero mereció la pena.

Mi madre, cuando un niño tiene miedo, le coge de la mano y le dice: «Vamos a ver dónde está ese miedo». Se pasean juntos por todos los rincones de la casa buscando «el miedo». Abren puertas, armarios, miran debajo de las camas y lo llaman... Al no encontrarlo, el niño siempre se queda tranquilo. Si tienes miedo, ve a buscarlo, plántale cara. Si lo encuentras de verdad hazle caso, si no, ya sabes que no está.

Dice el pequeño cuento que:

«El miedo un día llamó a la puerta. Pero la confianza se dirigió a la puerta, la abrió... y no vio a nadie.»

Mi hijo tiene miedo a los lobos. El clásico cuento de los tres cerditos le tiene aterrado. Tiene pánico a encontrarse frente a frente con un lobo, que le sople en la cara o que se lo coma. Todo el día anda buscando lobos en todos los rincones. ¡Si es que muchos cuentos infantiles hacen más mal que bien!

No ha visto un lobo en su vida. En Mallorca no hay lobos; ni siquiera creo que haya visto uno en la tele. Muchos de los miedos que tenemos son como el de mi hijo, inexistentes, de historias que hemos oído por ahí, o incluso de historias que nos inventamos nosotros mismos.

Los miedos, como todas las emociones, son información. El miedo, cuando es lógico y razonable, nos avisa de un peligro y, a su vez, nos protege. Si cruzas sin mirar la autopista es muy probable que te atropelle un coche. Ten miedo de eso y no cruces sin mirar. Pero cuando el miedo es solo miedo al miedo, entonces debes ir a buscarlo, y verás que no lo encuentras.

Los tres tipos de miedos

En el libro «¡Adiós, corazón!» (Serrat–Valera & Larrazábal, 2006), sus autores proponen escribir una lista con todos los miedos que tengas y después, de cada uno de ellos, establecer la probabilidad de que eso ocurra. Si haces ese ejercicio te darás cuenta de que hay tres tipos de miedos.

1. Los que tú controlas.

2. Los que no existen o es poco probable que sucedan.

3. Los que inevitablemente debes afrontar.

Los primeros, los miedos sobre los que tú tienes control, son los que desaparecen mediante tu actuación y tu responsabilidad. Por ejemplo, si tienes miedo a no ser capaz de llevar la contabilidad de tu casa solo o si tienes miedo a no saber cocinar para ti. En los dos ejemplos tú tienes responsabilidad con ellos. Está en tus manos el superarlos. Puedes aprender contabilidad, aprender a cocinar, hacerte un manual de todas las cosas que tienes que controlar, de dónde está todo, de cuándo tienes que pagar las facturas... Si tienes miedo de estar solo con los niños el fin de semana, puedes hacer planes; organízate para que no te quedes en blanco el viernes por la tarde. Hazle caso a esos miedos; son información relevante. Prepárate para afrontarlos y trabaja para disminuir o eliminar las posibles consecuencias terribles que causan en ti la sensación de miedo. Seguro que, en el caso de que ocurra lo que más temes, cuando pasa no te produce tanto miedo.

89

Los segundos, los miedos que no existen o que es poco probable que pasen, debes aprender a ignorarlos. Como decía Mark Twain «He sufrido muchas desgracias que nunca llegaron a suceder».

Si tienes miedo de no volverte a enamorar, de no encontrar pareja, de quedarte toda la vida solo... Para, reflexiona. Esos miedos tú te los estás guisando solo. De momento no puedes actuar sobre ellos. Lo que te hace sufrir es la anticipación de que esto pueda pasar. Déjalos correr. Ya llegará, si llega, el momento de enfrentarse a ellos. En la vida, más que preocuparse (pre—ocuparse) en exceso, lo importante es «ocuparse» de lo que haga falta y sobre lo que puedas hacer algo. Debes dejar de angustiarte por cosas que no dependen de ti.

Respecto a los terceros, no te queda otro remedio que afrontarlos ya. Tienes miedo de la reacción de tus padres cuando anuncies tu divorcio, de la reacción de tus hijos, de vivir solo... A este tipo de miedos debes mirarlos a la cara y afrontarlos. Prepárate de la mejor forma posible para la ocasión. Como dice Brian Tracy en su libro «Tráguese ese sapo», cuanto antes lo hagas mejor para ti. Mientras lo tengas en tu lista de miedos a afrontar, pendientes, seguirá allí consumiendo tus energías. Quítatelo de encima lo antes posible. Una vez lo hayas hecho, tendrás un miedo menos en la lista y experimentarás un estupendo aumento de tu autoconfianza.

Resumen

Disminuye los miedos que puedas evitar mediante tus acciones, desafía los que no te quede más remedio que afrontar y deshazte de los que son imaginarios.

Los celos

Sé bien que por un momento
Perdí el control
No era yo el que maldecía
No era yo

Perdona si mis palabras
Te han hecho llorar
Si de algo soy culpable
Es de amar

Hoy mi mente se nubló
No hablaba el corazón

Fueron los celos
Y no yo
Si de algo soy culpable
Es de amor

Sé que me perdió el orgullo
Siempre hago igual
Con las cosas que más quiero
Soy tenaz

Solo pretendía guardar
Algo de mi posesión

«Fueron los celos» — La Unión

Los celos son una respuesta emocional que aparece, incluso, aunque no exista motivo para ello. En una situación de ruptura es lógico que tu expareja inicie nuevas relaciones, y los celos pueden brotar en ti de manera incontrolable. Si tienes hijos es aún peor. Te imaginas a otra persona, a la que probablemente no tengas ninguna simpatía, compartiendo y disfrutando de lo que más quieres, de la familia que has creado. Sientes que la persona que ahora mantiene una relación con tu expareja te ha robado lo que era tuyo, toda tu vida.

Si tu expareja no era la persona indicada para ti y te ha demostrado que no se merecía continuar manteniendo una relación contigo, aunque ahora no nos creas, en un futuro, en vez de celos pasarás al otro extremo y sentirás pena, compasión.

Los celos no los provoca el otro, sino tú mismo

El sentimiento de celos, igual que con los miedos, la culpa, el rencor y el odio no hace daño a la otra persona, sino solo a ti mismo. Además, van acompañados de la imaginación. Te recreas en lo que te hace sufrir, visualizando a la que ha sido tu pareja en brazos de otro, desayunando, yendo al cine, haciendo las cosas que a ti más te gustaban, tal vez compartiendo el que fue tu espacio, tu propia casa... ¿Te estás dando cuenta? Es «la voz». Son tus propios pensamientos e imágenes los que alimentan la emoción de los celos. Tienes que aprender a controlar tu diálogo interior para aplacar esos sentimientos.

En una ruptura, además, se ve ampliada la clásica definición de celos, que hace referencia a la amenaza de perder algo que se considera propio. En tu situación, puedes sentir celos de que tu expareja comparta su vida con otra persona, de su éxito profesional, de la relación que mantiene con los hijos...

Como en todos los casos, el gastar tu energía en estar pendiente de lo que hace tu expareja, no te beneficia en absoluto. Es más, te entretiene y te distrae del objetivo de tus propios asuntos: encontrar tu bienestar personal y afrontar tu duelo. Mientras pierdes el tiempo en sentimientos de venganza, en desearle todos los males, está claro que no estás ocupándote de ti mismo.

Resumen

Mientras estás ocupado en estar celoso, no te estás ocupando de ti mismo.

Lucha contra los celos; no te aportan nada, te distraen y te alejan de alcanzar tu objetivo que es el de procurar por tu felicidad.

Libérate del papel de víctima

Lo peor del amor cuando termina
son las habitaciones ventiladas,
el puré de reproches con sardinas,
las golondrinas muertas en la almohada.

Lo malo del después son los despojos
que embalsaman el humo de los sueños,
los teléfonos que hablan con los ojos,
el sístole sin diástole sin dueño.

Lo más ingrato es encalar la casa,
remendar las virtudes veniales,
condenar a la hoguera los archivos.

Lo peor del amor es cuando pasa,
cuando al punto final de los finales
no le quedan dos puntos suspensivos…

«Lo peor del amor» — Joaquín Sabina

La «victimitis»

Rosa — Jorge

Rosa vive en posición de víctima. Ella dice que no se merecía que Jorge le destrozara la vida y que no se merecía que la dejase de esa forma, humillada delante de todo su círculo. Su mente está constantemente ocupada con pensamientos acerca de su expareja y su nueva novia. No puede asumir que su matrimonio ha terminado. No puede dejar de hablar con sus amigos sobre Jorge, criticándole, intentando convencerles sobre lo malo que es y contándoles una y otra vez que ella no se merece una ruptura así. Se queja constantemente de la forma en que Jorge ha roto la relación y de que la ha dejado a ella con toda la responsabilidad de los niños… Se pregunta constantemente cuánto tiempo le estuvo poniendo los cuernos antes de confesárselo y no para de lamentarse con todo el mundo. Toda su vida gira alrededor de Jorge y éste es su único tema de conversación con sus amigos e incluso en el trabajo.

Pero cada vez está más sola porque sus conocidos y amigos, aunque al principio la apoyaron, se cansan de tanta queja y lamentación.

Toda la vida de Rosa gira alrededor de lo que hace su expareja, desde una perspectiva de víctima. Quiere que todo su círculo social se alíe alrededor de esa posición, de ese prisma. Ella busca ocupar el papel de «pobrecita», y quiere que todo el mundo odie a Jorge. Eso le garantizaría su inocencia a los ojos de los demás y el apoyo y compasión de la gente. Pero con el tiempo, esa manera de afrontar la situación solo le produce estar cada vez más sola, más enfadada… Poco a poco se va hundiendo en su propio pozo, y cada vez le cuesta más salir de él.

Una postura victimista es cuando una persona vive instalada en la queja, el resentimiento, la frustración, la crítica, la depresión, el chantaje emocional, el papel de mártir, la desconfianza, la inflexibilidad, la cerrazón, la impotencia, el orgullo…

Establecer una posición de víctima causa soledad. Paula, una sabia amiga a la que se le murió su madre siendo muy joven, nos contaba que la gente te deja llorar un pequeño periodo de tiempo, unas semanas, pero luego ya no quiere oír más tus lamentaciones. Desgraciadamente es así. No nos gustan los tristes.

También te coloca en la absolución de la culpa. Si nosotros somos la víctima, entonces el otro es el verdugo, por lo cual somos inocentes. Pero mantener esa postura sale caro. Mientras seas la víctima, seguirás buscando excusas en el otro para mantener la calidad de víctima, y no estarás ocupándote de ti, ni de tu futuro. Estarás alimentando emociones que no te ayudan, como la rabia y el rencor. En vez de despegarte de tu pasado, esta postura te mantiene atado a tu expareja y no te beneficia en absoluto.

El rol protagonista

La posición de víctima no te hace responsable de tu futuro, por lo cual dejas de ser el protagonista de tu vida y cedes el papel principal a tu expareja. ¿De verdad prefieres ser una marioneta a expensas de tu expareja? ¿No prefieres ser tú el verdadero guionista de tu vida?

Culpar a los otros de nuestra infelicidad hace que el cometido de ser feliz se convierta en un objetivo inalcanzable. Si dejamos en manos de otra persona nuestra propia felicidad, nos sentimos impotentes para conseguirla. Estamos seguros de que no quieres situarte en esa posición. Frente a ella, la actitud de protagonista implica declararte responsable y decidir tomar un papel activo en la planificación y resolución del problema, a diferencia del papel de víctima que es una posición pasiva.

La responsabilidad significa tomar conciencia de que somos dueños de nuestro comportamiento, y al hacernos responsables podemos transformar los problemas en oportunidades, y entender que no hay culpables e inocentes.

Veamos otra actitud, en este caso la de Vicente, que reconoce que aunque no es su mejor momento, presenta un talante de responsable.

Vicente — Ana

Aunque Vicente lo está pasando fatal, a todo el que le pregunta como está, le dice: «No estoy en mi mejor momento, pero también sé que lo superaré». Él es consciente de que aunque lo está pasando mal, esto no va a acabar con él. Ha leído mucho sobre el tema del duelo, y sabe que tiene que vivir su propio proceso, que tiene una determinada duración, y que no queda otra que pasarlo, aunque de momento aún no le vea el lado positivo a nada.

Esto hace que Vicente se vea como una persona fuerte, que aunque atraviesa un importante bache, es el protagonista de su vida, y causa la admiración de la gente que se acerca a él.

¿Quién creéis que lo está pasando peor? ¿Vicente o Rosa? Probablemente el dolor inicial en los dos es el mismo; pero Vicente ha tomado el control, causando admiración en la gente que se le acerca y ganando cada vez más adeptos. En cambio Rosa, en su intención de ganar más simpatizantes, está consiguiendo el efecto contrario.

A los dos les han dejado, pero colocarse en la posición de víctima agrava más la situación, causando más dolor, y más soledad. La postura de protagonista te condiciona para que tomes el control de tu propia vida, te sientas menos solo. Si tú manejas la situación, pase lo que pase, tú puedes hacer algo para solucionarlo, está en tus manos; si tú no tomas el control, eres como un barco sin timón que navega sin rumbo a merced de las olas.

Además, cuando Vicente dice que «no estoy en mi mejor momento», vemos por un lado la aceptación de su dolor, una actitud sana, honesta y que no rechaza el apoyo que le brinda su entorno; por otro lado, la fuerza interior que manifiesta con la seguridad de que «lo superará» es admirable porque a pesar de su sufrimiento, mira al futuro con esperanza y optimismo.

Vivimos en una sociedad plagada de modelos victimistas. En los discursos políticos, los partidos de fútbol, las declaraciones de los famosos en las revistas del corazón, en el cine y sobre todo, como no, en las canciones de amor. Hay cientos de ellas que van desde el «sin ti no soy nada» a los insultos, quejas y críticas a la pareja o expareja. Para compensar, en este apartado vamos a terminar con una de las canciones del panorama musical que más reflejan una actitud consciente y responsable:

El problema no fue hallarte, el problema es olvidarte.
El problema no es tu ausencia, el problema es que te espero.
El problema no es problema, el problema es que me duele.
El problema no es que mientas, el problema es que te creo.

El problema no es que juegues, el problema es que es conmigo.
Si me gustaste por ser libre, quien soy yo para cambiarte.
Si me quedé queriendo solo, cómo hacer para obligarte.
El problema no es quererte, es que tú no sientas lo mismo.

Y cómo deshacerme de ti si no te tengo.
Cómo alejarme de ti si estás tan lejos.
Cómo encontrarle una pestaña a lo que nunca tuvo ojos.
Cómo encontrarle plataformas a lo que siempre fue un barranco.
Cómo encontrar en la alacena los besos que no me diste.
Cómo deshacerme de ti si no te tengo.
Cómo alejarme de ti si estás tan lejos

Es que el problema no es cambiarte, el problema es que no quiero.
El problema no es que duela, el problema es que me gusta.
El problema no es el daño, el problema son las huellas.
El problema no es lo que haces, el problema es que lo olvido.

«El problema» — Ricardo Arjona

Resumen

En una situación de ruptura, se abren dos caminos: el de posición de víctima o el de responsable. Si te decantas por el primero, tu vida estará a merced de terceros y el dolor que sientes no lo podrás controlar; si eliges convertirte en el único guionista de la película de tu vida, tomarás las riendas de tu futuro y será más fácil y llevadero salir del sufrimiento. Una vez más, la decisión radica en ti. Aunque en este momento te parezca más fácil caer en la posición de víctima, esfuérzate e intenta tomar el otro camino.

Vive la ruptura sin complejos

La vida te lleva por caminos que ni te imaginas,
a veces me sorprendo triste,
y que haré yo con mi vida,
lo que te voy a hacer.

Con lo que quiero,
lo que quiero tener,
con lo que tengo,
vete tristeza,
viene con pereza
y no me deja pensar.

Vete tristeza tú no me interesas,
está sonando la rumba y me llama,
me llama a bailar.

La vida te da presión,
y no es de garrafa no es de sifón,
la vida te da preocupación.
Deja la preocupa pasa la acción.

«La vida te da» — Amparanoia

No es una vergüenza, ni un fracaso. Yo (Ángela) recuerdo la vergüenza que sentía cuando me divorcié; tardé meses en decírselo a mis abuelos; quería esconderme, ser un caracol. Ahora, con los años y habiendo vivido en diferentes ciudades y culturas, lo veo distinto.

Las connotaciones negativas o neutras asociadas al divorcio dependen de la sociedad en la que te hayas criado, en la que vivas, de tu edad, de muchos parámetros, pero sobre todo, del prisma con que tú lo mires. Por mucho que seas un ser social y estés en constante relación con los demás, tú mandas sobre lo que quieres sentir respecto a tu ruptura.

El ritmo de la evolución cultural sufrió un parón de unos cincuenta años o más en España comparado con otros países de nuestro entorno europeo como consecuencia de la Dictadura. Incluso, en la actualidad siguen perviviendo reminiscencias de la época.

Durante la Segunda República se consiguieron muchos derechos, como el divorcio en 1931, que posteriormente se perdieron en la época franquista. Muchas de las leyes referentes a la mujer de la República Española se anularon cuando se estableció la Dictadura y se aprobó una legislación totalmente conservadora que le imponía a la mujer un papel exclusivo de madre—esposa.

Hasta 1981, no se volvió a reconocer el derecho al divorcio. Durante todos esos años, muchos matrimonios guardaban las formas, y eran profundamente infelices. ¿Cuántas parejas mayores insatisfechas con sus vidas habéis visto que han aguantado matrimonios hasta que «la muerte les separó»?

Durante años, ante los problemas matrimoniales se aconsejaba resignación. La resignación, la paciencia y el conformismo sirven cuando nos encontramos frente a situaciones en las que no podemos hacer nada, como la muerte, las enfermedades o los accidentes graves. En esos casos sí hace falta resignación. Pero si tú puedes hacer algo para que tu vida sea mejor, no te resignes, no te conformes, no tengas paciencia. Actúa y ve en busca de lo que quieres. Si has escogido el camino de la ruptura, probablemente, lo has hecho para que tu vida sea mejor. Si no lo has elegido, si te ha venido dado, resignación, pero sigue pedaleando y escoge sacar lo mejor de todo lo que te está pasando.

Si analizamos la situación desde una perspectiva biológica, se podría decir que, en general, la naturaleza, que siempre busca la adaptación para conseguir una mayor probabilidad de supervivencia, prefiere la variabilidad genética. La inmensa mayoría de las especies no parecen programadas para limitarse a una sola pareja reproductora a lo largo de la vida. En el ser humano, se ha comprobado, las hormonas que dan sustrato biológico al enamoramiento se mantienen un máximo de 2 años en nuestro cuerpo. Además, según las estadísticas, las separaciones de parejas con hijos aumentan después de que los menores cumplan 5 o 6 años, edad en que la necesidad del cuidado intensivo del niño por parte de los padres va disminuyendo.

Por tanto, en resumen, los matrimonios y las parejas que terminan no necesariamente deben considerarse como un fracaso. En principio, son simplemente historias que se acaban. Como hemos dicho anteriormente, el final es una parte más de cualquier proceso, el cierre de un ciclo que permite el inicio de uno nuevo.

Las rupturas son fruto también de la evolución de la vida, de nuestro crecimiento, de nuestra maduración personal, y permiten que se creen nuevas relaciones que, por supuesto, significan una nueva oportunidad de desarrollo, aprendizaje y felicidad. Así que solo tú decides cómo quieres ver la ruptura, y qué connotaciones tiene para ti. No dejes que te avergüence ni que la sociedad te dicte que has fracasado. Decide tú cómo quieres vivirlo, cómo quieres sentirlo, y ya que lo vas a elegir tú, ¿por qué no escoger la forma menos dañina?

— 13 —
El olvido

Entre el cielo y el suelo hay algo,
con tendencia a quedarse calvo
de tanto recordar
y ese algo que soy yo mismo
es un cuadro de bifrontismo
que solo da una faz,

la cara vista es un anuncio de Signal,
la cara oculta es la resulta,
de mi idea genial de echarte,
me cuesta tanto olvidarte.
me cuenta tanto olvidarte
me cuesta tanto

olvidar quince mil encantos es
mucha sensatez
y no sé si seré sensato
lo que sé es que me cuesta un rato
hacer las cosas sin querer

y aunque fui yo quien decidió
que ya no más
y no me cansé de jurarte
que no habrá segunda parte
me cuesta tanto olvidarte
me cuesta tanto olvidarte
me cuesta tanto...

«Me cuesta tanto olvidarte» — Mecano

No nos cansaremos de repetirlo. El objetivo no es olvidar. No puedes concentrarte en «olvidar», porque cada vez que te concentras en esa palabra, más te acuerdas de tu anterior pareja. Es lo mismo que con el fumar o el comer. Si te repites en tu mente «no voy a fumar, no voy a fumar», solo hace que pienses en el tabaco. «Voy a olvidarle» hace que te acuerdes más de él o de ella.

Si te decimos que «no pienses en un elefante», lo primero que se te viene a la mente es un elefante, ¿verdad? Sucede lo mismo con el olvidar. Olvidar no existe como acción que puedas realizar conscientemente. Por tanto, es mejor enfocarse en acciones concretas que sí puedas realizar.

Debes perseguir tu propio bienestar, cuidarte, quererte, mimarte, pasarlo lo mejor que puedas, procurar la creación de nuevas rutinas y nuevos hábitos, moverte en un buen entorno social que te ayude a superar la situación..., y todo absolutamente tiene que ir centrado en ti, y en tus hijos si los tienes.

Trabajando así, con el tiempo, un día te darás cuenta de que hoy se te «olvidó» acordarte de que te habías divorciado, de que le habías dejado, de que te había dejado, de que le echas de menos... Cada vez vendrán más días en que no te acuerdes de nada. Hasta que finalmente un día, muy lejano, te sorprenderás si te acuerdas de la otra persona.

La indiferencia solo llega con el tiempo y haciendo las cosas bien con tu propio trabajo interno. No hay otra forma de llegar, ni existe otra forma de olvidar.

Tras haber pasado el tiempo del dolor, también puede ser valioso no olvidar al otro y conseguir recuperar una buena relación de amistad. Tu expareja es alguien que durante mucho tiempo ha sido la persona más importante de tu vida. Si la relación no se ha deteriorado mucho durante el tiempo que habéis permanecido juntos o en el proceso de ruptura, no tiene mucho sentido que esa persona desaparezca sin más y ahí se acabe todo.

En muchos casos, se puede volver a construir una entrañable relación más allá de la ruptura. Eso sí, para que duela menos, hasta conseguir controlar los sentimientos que causa la separación, lo recomendable inicialmente es limitar el contacto al mínimo durante un tiempo. ¿Cuánto? Es muy variable. Unas semanas podrían bastar si la ruptura se realiza desde una actitud responsable y madura por ambas partes. Si no, meses o incluso años. Los sentimientos negativos generados por ambos miembros de la pareja son el termómetro que evalúa y determina el tiempo necesario que debemos mantener desde que rompemos una relación sentimental hasta que somos capaces de iniciar una amistad.

— 14 —
La nube negra

Tú me has herido la sensibilidad,
has resentido mi credibilidad,
con tantas mentiras,
tantos desengaños.

Creo que tus días necesitan tanto como mis días
un bolero que te salve la vida,
un bolero que te cierre la herida.

Cruzaste el tiempo,
cabalgas mi memoria,
luego la tempestad, la lluvia…
y una luna que se dobla.

En sueños me llevas siempre al mismo lugar,
donde no puedo parar de cantarle a mis días,
un bolero que te salve la vida,
un bolero que me cierre la herida.

Y una lágrima se asoma,
cae lenta y yo con ella,
me congela con el frío de la madrugada,
y no puedo dejar de cantar...

«Un bolero que te salve la vida» — Descember bueno

Si has tenido una ruptura de pareja, sabes perfectamente a qué me refiero con la «nube negra». De repente estás bien, realizas tus tareas con normalidad... y aparece la «nube negra». Entonces, inesperadamente, sientes que tu vida no tiene sentido. Quizá porque te han dejado y te sientes más solo que la una; o tú has dejado y te atormenta un sentimiento de culpa; o sabes que está con otra persona, y los celos te comen; o si no lo está, te lo imaginas...

Debes, cuanto antes, encontrar el equilibrio y controlar la voz. Intenta dejar fluir tus emociones pero de forma sana y natural, sin atormentarte.

¿De qué se compone la nube negra?

1. Las emociones: tristeza, euforia, soledad, vacío en el corazón, angustia...

2. La voz. Esa compañera de viaje que te tortura y te recuerda una y otra vez que solo tú tienes la culpa, que tu vida es un desastre, que nunca más vas a volver a encontrar pareja, que vas a morir solo como una rata, que dónde vas con esa barriga...

Aunque, por supuesto, no puedes evitar muchas de las emociones que estás sintiendo, sí puedes no aumentar tu dolor controlando «la voz». Si la voz te está diciendo todo el tiempo cosas «feas», tú también sientes cosas «feas».

Cierto es que al llegar a casa y encontrarla vacía, es normal que sientas desasosiego; pero también es verdad que puedes decidir tomar el control e intentar disminuir ese sentimiento. Necesitas llorar y eso lo tienes que dejar salir; pero de ahí a torturarte hay una gran línea que debes intentar no cruzar.

Trucos para acallar la voz y deshacer la nube

Existen determinadas técnicas mentales para lograr acallar la voz y hacer desaparecer la nube. Aún así, cada uno puede desarrollar las propias que le pueden, incluso, ir mejor.

Vicente comenta que uno de sus momentos de nube negra es en el coche y que para intentar paliarlo sintoniza una emisora en inglés. De esta forma, necesita concentrar toda su atención en lo que está diciendo el locutor y puede apagar su voz interior.

Silvia cantaba a todo pulmón en su casa, cuando la encontraba vacía. Ese era su peor momento. Llevaba diez años con Luis, su nido estaba lleno de recuerdos y ella, a la espera de que volviese en cualquier momento. Su técnica era ponerse música que le gustase y de la que se supiese la letra, y cantar en voz alta. Dice que algunas letras le hacen llorar porque está muy susceptible; pero no le importa, el llanto la tranquiliza y le viene bien.

Candela vive cerca del mar, y dice que la playa ejerce en ella un efecto reparador que le dura muchas horas. Cada día, intenta ir aunque sean diez minutos, y eso le garantiza un par de horas de bienestar profundo. Cuando llega a casa, también consigue paz interior encendiendo velas e incienso, y poniéndose música tranquila. De esta forma, al crear un entorno agradable a su alrededor, consigue el mismo efecto en su interior.

Tú debes encontrar tus propios recursos. Hay personas a quien les funciona limpiar, otros leer, otros cantar, algunos estar en contacto con la naturaleza, meterse en la cocina e innovar deliciosos platos culinarios, relajarse tomando un plácido baño con sales, prepararse un té, darse un lujo, ponerse la mesa elegante para comer... Cualquier opción que sea la tuya, búscala.

En algunas ocasiones podemos relacionar ciertas acciones con el bienestar. En los recursos anteriores, por ejemplo, comentábamos el baño. El agua crea un efecto purificador en nuestro cuerpo, además el vapor limpia de polvo el ambiente y hace que nuestro cerebro se oxigene. También en el caso de Candela, el crear un entorno agradable en su casa con velas, hace que mejorando el exterior, mejore su interior.

En otros recursos, vemos que el mantener el cuerpo en movimiento nos produce también bienestar. Un saco de boxeo es una buena inversión, no cuestan mucho dinero y son de gran ayuda para canalizar la energía, además de que es un ejercicio fantástico.

Limpiar también es un ejercicio estupendo para el cuerpo, y además puedes extrapolarlo a lo que sientes. Al limpiar el exterior puedes mentalizarte metafóricamente de que, de algún modo, también estás limpiando el interior.

Mantener la mente ocupada, ya sea escuchando cosas en otro idioma, leyendo, estudiando, también hace que apartemos el foco de lo que nos preocupa, y que acallemos la voz.

También puedes escribir lo que te pasa. Es una forma de sacarlo afuera, de externalizarlo, de no dejar que se quede reconcomiéndonos.

De todas formas solo haz lo que a ti te funcione. Prueba y elige. Escúchate a ti mismo y encuentra las cosas que necesitas hacer, solo tú tienes la respuesta a lo que te funciona a ti mismo.

Canalizar las emociones

Con todo esto, en ningún momento estamos diciendo que tengamos que acallar nuestras emociones y sentimientos, sino solo los diálogos dañinos, los negativos, los que nos perjudican. Reprimir o ignorar las emociones no funciona; puedes canalizarlas correctamente, pero no ignorarlas. Aun así, los «dolores» de la ruptura duran lo que tengan que durar, no van a desaparecer instantáneamente; pero dejar fluir las emociones es una forma de no alargar el proceso.

Las emociones son información... Las que solemos calificar como negativas, nos avisan de que algo no está bien. ¡Por supuesto que hay algo que no está bien! La vida que tenías se ha visto arrasada como si hubiese pasado un huracán por encima.

Lo que hagas o no con la información que te brindan tus emociones es lo que traerá resultados a tu vida. Por ejemplo, cuando sientes rabia, puedes llamar a tu expareja y cantarle las cuarenta. Sin embargo, la acción que haces con tu emoción te aporta malos resultados. Habrás alimentado esa rabia, y quizás tengas más rabia aún, o vergüenza por lo que acabas de hacer. En cambio, si coges un saco de boxeo, si gritas, si vas a andar en bicicleta, si vas a correr..., habrás canalizado esa rabia en algo positivo.

Lo mismo ocurre con la tristeza. Si te sientes triste y te comes cinco botes de helado y 20 alitas de pollo cada vez, los kilos se te irán acumulando y luego, cuando te mires al espejo te sentirás peor; mientras que si la canalizas mediante el llanto, probablemente sentirás desahogo.

Imagina que has dejado un matrimonio que no te hacía feliz. La culpabilidad puede ser traicionera y te puede hacer volver atrás en tu decisión. Si realmente has dejado a tu pareja porque no te acercaba a la vida que tú deseabas, coger el teléfono y decirle que quieres volver con él o ella, no te va a acercar a tu objetivo, te hace retroceder. Si intentas posicionarte en ese razonamiento más que en la emoción, quizá pueda ayudarte a consolidar tu decisión.

Y así con todas las emociones. Es la decisión de hacia dónde las canalizas lo que a corto y largo plazo te aportará unos resultados u otros. Céntrate en canalizarlas hacia las acciones que te lleven a asegurarte un futuro mejor, no uno peor, o por lo menos que no te lleven más lejos de tus objetivos.

Cuando estás inmerso en la vorágine de emociones que causa una ruptura, puede parecer complicado pensar si una acción te acerca a tus objetivos o no; pero con un poco de práctica, y respirando antes de cometer cualquier acto, no es tan difícil.

Recuerda otras situaciones estresantes de tu vida. ¿Cómo las resolviste? Recuerda cuáles son tus momentos de paz. ¿Qué cosas te aportan serenidad? ¿Qué te hace sentir bien?

Resumen

Las emociones hay que reconocerlas, respetarlas y dejarlas salir canalizándolas de una forma sana, positiva y beneficiosa.

15

Herramientas para vivir mejor

Dime, ¿por qué has asumido que todo está perdido y te das por vencido?
No seas negativo, escucha lo que digo.

Piensa en positivo,
intenta ver más allá,
de toda tu ansiedad,
de la contrariedad.

Puede ser que todo acabe bien
porque he de suponer que vamos a perder.

Dices que el mundo es tu enemigo,
que no tienes amigos,
que has visto tu destino
y es como de suicidio.

Ya sé que no es tu estilo,
tampoco es el mío, aun así te digo….

«Piensa en positivo» — Fangoria

Repetir mantras

La voz que escuchamos una y otra vez, la que nos causa malestar, se encuentra en el inconsciente. Ella es la que se ocupa de repetirnos las cosas que nos dan miedo (vas a morir solo y abandonado debajo de un puente, nunca te querrá nadie, estás más solo que la una...), que nos victimizan (yo no me merezco eso, me ha engañado, me ha humillado...), que nos hacen sentir culpables (tú podías haber evitado lo que ha pasado, has destrozado una familia, has malgastado tu vida...), que nos hiere nuestra autoestima (estás gordo, eres feo, eres viejo, quien te va a querer...).

Todas esas cosas que nuestra voz va repitiendo una y otra vez se graban en el inconsciente, haciendo que nos creamos cada vez más las cosas que repetimos. Algunos expertos dicen que nosotros, nuestro comportamiento, está formado por el consciente más el inconsciente, y que la parte consciente es solo el 7 %, mientras que el resto, el 93 % es inconsciente. ¿No te parece increíble? Quizás es un poco radical realizar esta afirmación, pero sí podemos asegurar que en la mayoría de las ocasiones en las que actuamos lo hacemos más basándonos en el inconsciente que en el consciente.

Imagínate que en vez de que sea la voz quien te va diciendo todas estas cosas, fuese tu compañero de piso. Imagínate que te está machacando todo el día con frases negativas que atacan directamente tu autoestima. Probablemente te fueses a vivir a otro lado, o te liases a puñetazos con él, o lo denunciases por maltrato. Cualquier psicólogo te diría que esto es maltrato psicológico y que debes alejarte de esa persona inmediatamente. El problema es que no te puedes alejar de esa persona, porque esa persona vive dentro de ti. Esa persona eres tú.

Bueno, y aquí viene la buena noticia. Tú puedes cambiar eso, tú puedes cambiar la voz, tú puedes cambiar tus creencias, tú puedes controlar la situación, tú puedes modificarlo todo.

El mantra, en el hinduismo y en el budismo, son sílabas, palabras o frases sagradas que se recitan durante el culto o la meditación. En nuestro caso, son oraciones que nos repetimos una y otra vez y que producen un bienestar en nuestro interior. Para los incrédulos, que los hay, es una de las técnicas más efectivas que existen para cambiar pensamientos, estados de ánimo, mejorar la autoestima, y alcanzar el bienestar.

Lo primero que tienes que hacer es detectar la voz, y ver lo que te dice. Luego diseñar un contraataque teniendo en cuenta el mensaje de la voz, y lo que tú quieres conseguir.

Escribe lo que te dice tu voz interior, diseña un contraataque y escríbelo también. Las condiciones para escribirlo tienen que estar en presente, aunque lo que pienses es para el futuro. Si quieres estar bien contigo mismo, aunque ahora estés hecho un trapo, tienes que decir «me encuentro bien», pensando en presente, no «me encontraré bien».

Una vez lo tengas escrito, apréndelo de memoria y repítelo cuando escuches la voz interior, en voz alta, en el baño, en el coche, antes de acostarte, repítelo en series de diez como mínimo, tres veces al día, o las veces que haga falta.

Veamos un ejemplo.

La voz de Manuel le dice todo el tiempo que ha perdido a la mujer de su vida, que nunca va a volver a encontrar a nadie como María, que no va a poder vivir solo, que nadie lo va a querer, y que nunca va a tener una familia porque ha perdido su oportunidad. Esto le hace ver su futuro negro, no puede dormir por las noches y no se siente cómodo con su vida. También hace que beba en exceso, y salga demasiado para escapar de su vida, de su realidad.

El mantra para Manuel podría ser el siguiente.

«Me siento bien, estoy sereno, duermo bien por las noches, y me gusta mi vida tal como es. Disfruto de mi familia y de mis amigos. Cuido mi salud, hago deporte. Día a día me doy cuenta de que mi futuro puede ser fantástico, y que solo depende de mí».

Repetir esto una y otra vez, hace que se grabe en el inconsciente, sustituyendo la información anterior negativa por un mensaje totalmente positivo. Las condiciones externas son las mismas porque María le ha dejado y no hay vuelta atrás; sin embargo, aunque el presente es el mismo, su futuro es muchísimo mejor. Y ver un futuro mejor, con esperanza, hace que el presente sea también mejor. Manuel se siente más fuerte y afronta mucho mejor el día a día.

También ha aumentado su deseo de cuidarse, de vivir su vida tranquilamente. Sabe que debe centrarse más en el deporte y en su salud, que en beber y olvidar.

Dibuja a tu saboteador

Las voces de las que hemos hablado, se denominan también en terminología *coach*, autosaboteadores, porque lo que hacen es eso: sabotear nuestro bienestar.

Aunque el mundo de los autosaboteadores es muy extenso, y existen muchas técnicas para trabajar con ello, creo que no es el objeto explicarlo aquí, ya que nos ocuparía demasiado.

Los autosaboteadores que viven en nosotros, que forman parte de nosotros, suelen perseguir un objetivo positivo, aunque no lo parezca. En el caso de divorcio, por ejemplo, intentan «que no sufras más»; pero los autosaboteadores no son personajes muy maduros, y persiguen sus objetivos a su forma. Con el «no sufras más», quizás lo que quieren es que nunca más vuelvas a tener pareja, para que nunca más tengas que pasar por una ruptura, o quizá que encuentres pareja lo antes posible, para que dejes de sufrir la soledad.

En las sesiones de *coach*, se trata con los autosaboteadores para saber cuál es su objetivo positivo, y para que quien los sufre se quede tranquilo con lo que persiguen.

Por ejemplo, si es el caso de que «no sufras más», podemos decirle que todo lo que estamos haciendo, lo hacemos también por su bien. El amor siempre significa crecimiento y viene acompañado de sufrimiento. Vivir significa sufrir a veces, y sin crisis no hay crecimiento. Las piedras no crecen y vivir significa estar expuesto. Si tú te encierras en tu casa, y no sales de ahí, probablemente nadie te hará daño, pero tu vida tampoco será una vida consciente, ni plena, y con ello renunciarías a las grandes experiencias de aprendizaje que proporciona la vida.

Dibujar al autosaboteador y tenerlo presente es muy útil. Coge papel y lápiz, y dibújalo, identifica dónde crees que está, qué hace, qué cosas te dice, y mantén un diálogo con él.

Esto se conoce en psicología como psicoterapia narrativa, y se usa mucho en el caso de niños que padecen dificultades para expresar sus sentimientos. A través del dibujo y del juego, el terapeuta puede llegar a la raíz del problema.

Es también una herramienta fantástica para tratar a adultos, y que personalmente uso con frecuencia. Todos se sorprenden al conocer a sus autosaboteadores, y se quedan encantados de saber que existen y que pueden mantener una buena relación con ellos.

Volviendo al caso de Manuel, su autosaboteador quiere escapar del sufrimiento de forma inmediata, sin pensar en el futuro. Por este motivo busca estrategias a corto plazo, aunque a largo plazo sean perjudiciales para él. El autosaboteador no piensa en la resaca de mañana, piensa en el dolor de la noche vacía. Dibujarlo, saber que está, saber qué quiere..., permite mantener un diálogo con él, y que las necesidades de ambos estén identificadas y, por supuesto, intentar satisfacerlas de un modo más creativo.

Esto hace que los dos, Manuel y su autosaboteador, estén más tranquilos y piensen de forma constructiva.

Pensar, sentir, hacer

Los conceptos pensar, sentir, hacer, se retroalimentan entre ellos. Si tú piensas de un cierto modo, te sientes según tus pensamientos lo reflejan y actúas en consonancia.

El circuito puede empezar en cualquiera de los tres puntos modificando los otros dos.

Veámoslo con algunos ejemplos.

Partimos del concepto «hacer». Si tú te pones guapo o guapa por la mañana, te arreglas a tu gusto, con ropa que te siente bien y sobre todo con la que te sientes bien, te produce emociones agradables que hacen que te encuentres satisfecho con tu aspecto físico, y que tengas pensamientos positivos hacia ti fomentando tu autoestima. Es decir, el actuar de una determinada manera se refleja en nuestros pensamientos y en nuestros sentimientos.

Partimos del concepto «pensar». Si tú piensas que «le caes mal a la gente», y te sientes solo, triste y abandonado, ya no te relacionas de la misma forma porque ves en los ojos de la gente su aversión hacia ti. Aquí hemos empezado el circuito en «pensar», y terminamos actuando según nuestros pensamientos.

Partimos del concepto «sentir». Si tú te sientes triste, probablemente haces cosas de triste, no le sonríes a la gente, no te relacionas, te vistes como un «triste», y te vas retroalimentando a ti mismo en este sentimiento de tristeza. El sentimiento hace que actúes y pienses de la misma manera.

Con esto, lo que queremos hacerte entender es que tú mismo, a través del circuito que te hemos explicado, puedes interrumpir lo que sientes, lo que piensas o tu vida en general, en cualquiera de esos puntos. Puedes sentirte mejor a través de tus pensamientos y de tus actos, y si te sientes mejor, tienes pensamientos más positivos e interactúas con el mundo de otra forma, de manera que tu círculo también te responde mejor y, a la vez, también te sientes mejor.

Este concepto de retroalimentación, aunque pueda parecer obvio una vez explicado, en la vida real se aplica poco.

Luis — Silvia

Silvia piensa que a su edad (45) ya no es atractiva para los hombres, y que nunca más va a encontrar pareja, por lo cual se siente triste y sola, y cree que esto va a durar para el resto de sus días. Esto hace que no se arregle, que no se ponga guapa, y que no interactúe con los hombres, porque ella sabe que ya no les gusta.

Con Silvia trabajamos desde el «hacer», e hicimos que revisase su armario. Con una de sus amigas que trabajaba como «personal shopper», hicieron una revisión de lo que le gustaba y de lo que no, también prestaron atención al maquillaje que usaba y se deshicieron de lo que no le favorecía. Por un lado trabajamos con su aspecto físico, hasta que ella se sintió cómoda con lo que vestía; por otro lado, con su comportamiento con el mundo. Establecimos que tenía que sonreír más por la calle, en la compra, cuando salía con sus amigas...

Cambiando estos dos aspectos del concepto hacer, ella empezó a sentirse mejor, más cómoda con su aspecto físico, y más amable con el resto. De esta manera, el mundo le dio una respuesta: la gente le devolvía la sonrisa, sus amigos disfrutaban con su presencia y la llamaban más, algunos hombres se acercaron a ella, tanto en el trabajo como paseando con sus amigas, cosa que sorprendió mucho a Silvia. Eso le hizo pensar que había estado equivocada, por lo cual se sintió mejor, y vio ante sí un futuro más alentador. Le hizo persistir en lo que estaba haciendo, cambiando el circuito que la mortificaba.

Referente a la sonrisa, está demostrado. La expresión de tu cara, cambia tus emociones. Paul Ekman y Wallace Friesen, realizaron un experimento con un grupo de voluntarios a los que dividían en dos grupos. A unos les hacían recordar una experiencia estresante de su vida; a otros solo les hacían expresar a través de su rostro el sentimiento de ira, tristeza o miedo.

Las emociones se reflejan en la frecuencia cardíaca de las personas y en su temperatura corporal. En los dos grupos se detectaron las mismas respuestas fisiológicas. Es decir, los que solo cambiaban la expresión de su cara, tenían idénticas respuestas en las emociones que los que recordaban una experiencia traumática.

Así pues, trabajar con las expresiones de nuestra cara (es decir, centrarnos en modificar el aspecto hacer), conlleva un cambio en nuestras emociones y en nuestros pensamientos. ¿No te parece increíble?

Te dejamos el enlace de un artículo publicado en La Vanguardia de la periodista Neus Contreras, que analiza este experimento.

http://hemeroteca.lavanguardia.com/preview/2008/10/25/pagina—28/74868988/pdf.html

Los seis sombreros de Edward Bono

La herramienta de los seis sombreros de Edward Bono nos sirve para adoptar diferentes perspectivas respecto a un mismo problema. Cada sombrero implica un modo de pensar teniendo en cuenta solo algunos parámetros. El ejercicio consiste en analizar un problema, un pensamiento, y verlo desde las diferentes perspectivas que propone cada uno de los sombreros.

Sombrero blanco. Estadísticas, hechos puros, información.

Sombrero rojo. Emociones, presentimientos, intuición.

Sombrero negro. Abogado del diablo, razón por la que no funcionará.

Sombrero amarillo. Luz del sol, optimismo, visión constructiva, oportunidades.

Sombrero Verde. Fertilidad, creatividad, tormenta de ideas.

Sombrero Azul. Moderación y control, síntesis, conclusiones.

Veamos cómo funciona con un ejemplo. Pongamos el caso de Vicente, que se enfrenta a vivir solo, sin sus hijos. Le da miedo la soledad, y se siente mal al haber perdido la estabilidad. Le asusta estar solo para siempre, y echa de menos el equilibrio que le proporcionaba la vida en pareja. Veamos los sombreros referentes a la posibilidad de encontrar una pareja en el futuro.

Sombrero blanco. ¿Cuál es la probabilidad de que vuelva a encontrar pareja en el futuro? La probabilidad es alta porque si analiza a la gente que conoce, la mayoría con el tiempo vuelve a encontrar pareja. Además, él es atractivo, inteligente, con un buen trabajo, y tiene don de gentes. En su vida no ha tenido problemas para encontrar pareja, ¿por qué los va a tener ahora?

Sombrero rojo. Aunque él se siente solo en estos momentos, intuye que es transitorio y que, una vez que se encuentre mejor y haya superado la ruptura, estará en condiciones de «salir al mercado».

Sombrero negro. Puede que vuelva a encontrar pareja y vuelva a tener que afrontar una ruptura, puesto que no es la primera vez que se enfrenta a esto. Pero es consciente de que en la vida todo son ciclos y no le importa. La soledad de las noches le deja un vacío importante.

Sombrero amarillo. Va a encontrar una pareja fantástica que le va a comprender y a aceptar como es, y de la que va a disfrutar con su compañía el resto de su vida. Mientras tanto, va a gozar del día a día, de su soledad, y de las cosas que no podía hacer viviendo con su familia.

Sombrero Verde. Hoy en día existe un millón de formas distintas de disfrutar de la soledad y de encontrar pareja: en la calle, en la web, en el trabajo, con amigos...

Sombrero Azul. El resumen es que sabe que con el tiempo va a conseguir disfrutar de su soledad, y es consciente de que no tendrá ningún problema en volver a disfrutar de una relación, como lo ha hecho durante el tiempo que estuvo con Ana.

¿Entiendes el funcionamiento? De esta forma, aportas perspectivas distintas a tu problema y te permite analizar la situación desde distintos puntos de vista. El prisma también puede ser negativo, pero los sombreros, normalmente, se encargan de anular los argumentos negativos que no aportan nada.

La parada de pensamiento

Cuando tengas pensamientos «devoradores de energía», puedes echarlos fuera y sustituirlos por algo positivo. Ese algo positivo lo tienes que tener preparado y listo para usarlo cuando irrumpan esos pensamientos.

Por ejemplo, imagina que te están torturando los celos. En tu mente ves la imagen de tu expareja con otra persona, besándose, acariciándose, felices en algún sitio... Ese pensamiento te hiere profundamente. Visualiza esa imagen en tu mente y ve haciéndola pequeña, mientras la sustituyes por algo agradable, por ejemplo, unas vacaciones en la playa, una puesta de sol, o una grata cena entre amigos. Ve agrandando la nueva imagen hasta que tape la anterior.

También puedes usar esta técnica con un puño. Es decir, cuando tengas la imagen que te causa celos, imagínate que un puño enorme entra en tus pensamientos y echa esa imagen fuera de tu cerebro.

16

Sólo se puede pasar página a través del amor

De alguna manera tendré que olvidarte,
por mucho que quiera no es fácil, ya sabes,
me faltan las fuerzas,
ha sido muy tarde, y nada más,
y nada más, apenas nada más.

Las noches te acercan y enredas el aire,
mis labios se secan e intento besarte.
Qué fría es la cera de un beso de nadie
y nada más, y nada más, apenas nada más.

Las horas de piedra parecen cansarse
y el tiempo se peina con gesto de amante.

De alguna manera tendré que olvidarte y nada más,
y nada más, apenas nada más.

«De alguna manera tendré que olvidarte» — Luis Eduardo Aute

No hay vuelta atrás ni tiene sentido arrepentirse

No puedes borrar de tu pasado la relación aunque se haya roto, ni olvidar por completo a tu expareja. Hagas lo que hagas, esto siempre formará parte de ti. No serías quien eres si no hubieses pasado por esa relación. No serías ni mejor ni peor, pero serías distinto. La vida es solo tiempo, y parte del tiempo de tu vida lo pasaste con esa persona, por lo cual, siempre formará parte de tu vida.

Muchas veces decimos que queremos olvidar esa relación, pero el olvido no es posible de manera voluntaria. El objetivo es buscar la aceptación de lo que ha pasado, y el aprendizaje que nos ha dejado. Lo contrario al amor no es el odio, ni el olvido; lo contrario al amor es la indiferencia. El amor es conexión y unión, por tanto, su opuesto es la desconexión, física y emocional.

Lo que tú recuerdas ahora de la relación pasada es solo tu percepción de esa relación, igual que tu expareja tiene su propia percepción. La realidad no existe, no hay una realidad única e incuestionable con la que todos estaríamos de acuerdo. Lo que existe, sobre todo, son las percepciones subjetivas que tenemos cada uno de nosotros de ella. Por eso, la realidad objetiva no es muy importante aquí, porque todos reaccionamos no a ella, sino a nuestras percepciones e interpretaciones, ya que eso es la realidad para cada uno de nosotros. No sirve de mucho que con tu comentario no quisieras ofender, si la otra persona se ha sentido ofendida con él, reaccionará a esa ofensa. Igualmente sirve de poco sentir que quieres a otra persona si el otro, lejos de sentirse querido, piensa que le odias.

Algunos, al final de la relación, solo recuerdan lo mal que lo pasaron, y se olvidan de que también hubo cosas buenas. Otros no pueden perdonarse a sí mismos, sienten que se equivocaron compartiendo su tiempo con su expareja, que malgastaron y perdieron unos años preciosos de su vida, que esa relación fue una gran equivocación... Tú no eres la misma persona que eras cuando decidiste formar esa pareja, ella tampoco es la misma, por lo cual es posible que, efectivamente, tu actual tú, no hubiese elegido a esa persona.

No fue una equivocación, lo que te está pasando es el resultado del paso del tiempo. A veces el perdonarnos a nosotros mismos es aún más difícil que perdonar al otro.

Después de superar el miedo, a mí (Ángela), éste es uno de los aspectos que más me ha costado dominar. Aún ahora, a veces tengo que esforzarme para convencerme de que esa relación fue parte de mi aprendizaje y que no malgasté unos preciosos años de mi vida con mi expareja. Probablemente, si no hubiese tenido que andar entre piedras no hubiera llegado al punto donde estoy. La dificultad, la crisis, la ruptura y todos los baches por los que pasé durante la relación me ayudaron a descubrir un camino profesional que me apasiona y con el que disfruto muchísimo; y, por supuesto, la vida me llevó a formar una familia preciosa de la que estoy locamente enamorada.

Desimplicarse como observador

Si intentas ver la situación desde fuera, te darás cuenta de que sois dos personas que se quisieron mucho en algún momento, y que los dos estáis sufriendo por lo que está pasando. Entenderás que las peleas son solo fruto de la frustración que os genera el no poder continuar con una relación en la que, aunque no os sintieseis cómodos, al menos teníais el consuelo de que eso era lo malo conocido. ¿No te dan un poco de pena esas dos personas? ¿No te gustaría poder consolarlas?

Mirar con amor

Pasar página solo se puede hacer a través del amor, especialmente el amor a ti mismo. No te equivocaste; el pasar por esa relación formaba parte de tu crecimiento en la vida, y a través de ella pudiste madurar y convertirte en la persona que eres hoy.

Pasar página a través del amor no significa que tengas que volver a amar a la que fue tu pareja, ni que tengas que pensar que actuó bien, ni que debas volver con ella. Pasar página a través del amor significa que todos los actos que hagas, tanto los legales como los logísticos, los hagas desde una posición de amor a ti mismo, de agradecimiento a lo que te aportó esa relación, de gratitud por los bonitos momentos que pasasteis juntos (sí, los hubo), y aceptando la forma de ser de cada uno de vosotros.

Esto no es una decisión fácil de tomar y llevar a cabo; sino que tiene sus idas y venidas, y los rencores intentan salir a flote una y otra vez. El pasar al amor es un trabajo de responsabilidad y de sensatez, de ser consciente de que no queremos vivir en el odio, que tanto daño nos hace.

Es un trabajo de canalizar las emociones, como acabamos de ver, y sobre todo de practicar, practicar y practicar. No te saldrá a la primera, ni a la segunda, ni probablemente a la decimoquinta, pero llegará un momento que a fuerza de practicar, conseguirás verlo a través del amor.

Quizá no puedas querer ahora a la persona con la que has compartido tu vida; es incluso posible, por no decir más que probable, que en el futuro no puedas volver a quererla nunca más; o paradójicamente tu caso es todo lo contrario, y no puedes dejar de quererla pero tienes un sentimiento de rabia del que no te puedes desprender. Sea como sea, hagas lo que hagas, intenta ponerte siempre el sombrero del amor y el respeto.

Tu ancla de amor

El anclaje es otra herramienta que funciona muy bien y se trabaja en PNL (Programación Neurolingüística). Aunque funciona mejor si lo haces con un profesional, vamos a explicártelo para que intentes aplicarlo si lo consideras necesario.

¿No crees que sería útil que hubiera una especie de interruptor que con solo pulsarlo pudieras conectarte de inmediato con un sentimiento de amor, de paz, de aceptación en situaciones en las que te invadan emociones negativas y sentimientos amargos?

El interruptor mágico, claro está, no existe, pero a través de esta técnica tú lo puedes construir. Para conseguirlo, debes asociar un elemento físico, cualquier objeto, o quizá la presión en alguna parte de tu cuerpo, con las sensaciones fisiológicas de una emoción, en este caso, la emoción que experimentas al sentir amor.

Imagínate una situación donde sientas o hayas sentido amor infinito. Quizás un sitio bonito, quizás un momento con un buen amigo, o con tu familia. Quizás el momento por la mañana en que te despiertas con tus hijos en la cama, y sabes que nada vale más en la vida que ese momento. También puedes inventarte un momento en el que sientas amor infinito. Recréate en ese momento, vívelo, siente cómo la felicidad, el amor y la alegría recorren todo tu cuerpo.

Cuando estés en ese punto, coge y mira un objeto, o presiona algún punto de tu cuerpo para asociarlo a ese sentimiento. Hazlo las veces que haga falta, hasta que lo tengas tan asociado que solo con tocar o ver el objeto, o con sentir la presión, esa sensación vuelva a ti de forma fácil, inmediata y espontánea.

A partir de aquí, puedes activar y usar esa ancla siempre que quieras, en cualquier momento; por ejemplo, cuando la rabia, la frustración, o la pena vengan a ti.

Es un recurso muy útil especialmente en momentos en que tus emociones puedan afectar a tu futuro, como en las decisiones del reparto, reuniones con los abogados, o negociando la custodia de tus hijos. Si el ancla está bien generada, automáticamente al volver a mirar el objeto o tocar el punto de tu cuerpo, volverá a inundarte la sensación de amor.

Trata de imaginar cómo cambiarían tus actitudes, respuestas, decisiones y comportamientos en general si en vez de actuar desde el odio, el rencor, el resentimiento o el dolor, lo haces desde el respeto y el amor.

CAPITULO III

El duelo

Muchos estudios confirman que el dolor que nos causa una ruptura es tan intenso que llega a parecerse al dolor por la muerte de un pariente muy cercano, como un hijo, o un padre.

Yo (Ángela) tengo un amigo que había pasado por la muerte de su hijo de cinco meses hacía muchos años, y por la ruptura de su pareja muchos años después, y decía que esta última le dolía tanto, que no sabía lo que le había dolido más.

Una diferencia entre la fase de afrontamiento de la muerte de un ser querido, y una ruptura, es que en caso de fallecimiento toda la sociedad se vuelca para apoyarte. Tus amigos siguen siendo tus amigos, e incluso están más presentes, tu familia te apoya y todo el mundo te mira con empatía, te trata con más calidez y no te juzga. No hay impacto social añadido además del duelo. Por el contrario, en la ruptura, muchas veces los amigos se reparten, la familia a menudo te culpabiliza por la decisión de romper y seguro que no todos apoyan lo que está pasando, muchos lo juzgan como un fracaso y casi siempre echan la culpa a uno de los miembros de la pareja o incluso a los dos.

Eso hace que el duelo en la ruptura tenga todos los componentes del duelo por la pérdida del ser querido, más los componentes de dolor y de frustración por todas las relaciones sociales que perdemos o se deterioran ya que inevitablemente se descuelgan o se rompen hilos de nuestra telaraña social.

Los expertos cuantifican la duración del duelo entre seis meses y dos años. Yo creo que este periodo es más o menos acertado. Con mi experiencia como *coach*, me atrevería a afirmar que la media es de un año; pero he visto duelos de menos de seis meses, normalmente, de gente que ya llevaba mucho tiempo pasando el duelo de una relación agonizante, y que al romper el vínculo sienten más alivio que otra cosa.

El duelo es una montaña rusa emocional. En momentos estamos eufóricos, sintiendo que todo es para mejor y de repente nuestro estado muta, encontrándonos hundidos en la más profunda de las tristezas.

Pero lo importante es que mientras experimentas estos cambios, aunque creas que no puedes hacer mucho para gestionarlos, conviene que des pasitos pequeños al respecto, uno a uno, y concentrándote en las cosas que veas más factibles. Quizás en un día de bajón solo puedas centrarte en respirar y salir de la cama, otros con esforzarte en comer ya será un buen avance... Por muy duros que puedan ser algunos días,, resiste, que tienes el combate ganado. Es solo cuestión de paciencia.

No tengas miedo a pedir ayuda, compañía, un hombro en el que apoyarte. No hace falta que lo superes solo, seguramente tienes amigos, a tu familia, y si lo ves necesario, ayuda profesional.

— 17 —
El dragón

Hemos elegido para ilustrar el duelo y sus distintas etapas una herramienta que usamos mucho en *coaching* para ayudar en la gestión de las crisis vitales. Es una herramienta, proveniente de la P.N.L. y Robert Dilts, que se conoce como «El dragón» Su función consiste en poder normalizar y entender todas las etapas que atravesamos en una situación de ruptura, y prepararnos para las venideras. También es útil para poder visualizar la luz que hay al final del túnel. Al final hablaremos de sus beneficios pero por ahora te animamos a que la experimentes a medida que te la vamos contando.

Durante una sesión de *coaching*, se pueden visualizar y escenificar las diferentes fases con el cliente, para que este vaya tomando conciencia e interiorizando su aprendizaje. A la crisis vital se la denomina el dragón. Los distintos ciclos están representados por varios personajes metafóricos que aparecen y se relacionan con el dragón de manera correlativa siguiendo el orden de los distintos periodos que se atraviesan.

Veamos las diferentes fases.

El inocente

El arquetipo del inocente representa a la persona cuando todavía no se espera la crisis. El inocente, por tanto, es el personaje previo a la aparición del dragón. En el caso de una ruptura, es el momento en que aún no sabemos que vamos a romper nuestra relación sentimental, aún siendo los que demos el paso de cortar. Desde la perspectiva del dejado, cuando aún no sabe que le van a dejar, y desde el prisma del que deja, cuando aún no ha decidido qué va a hacer.

El huérfano

Este es el momento en que se recibe la noticia. Se corresponde con la fase de shock del duelo. Este personaje se queda devastado por el dragón, que ha pasado por su vida, y en tan solo unos instantes ha destrozado los planes de su futuro.

En el caso del dejado el shock se presenta en el momento en que recibe la noticia, y en el caso del que deja, el momento en que es consciente de que debe dar la relación por terminada. La persona simplemente no cree lo que le está pasando, está estupefacta, y le cuesta reaccionar.

El vagabundo

El vagabundo se niega a reconocer lo que le está pasando. Esta actitud la puede manifestar de diversas formas. Por un lado, ignorando su existencia, quitándole importancia o no queriendo asumir que la relación se ha terminado, pensando que la situación se puede superar. Es como si la mente quisiese amortiguar el golpe, o no pudiese soportarlo y prefiriese ignorar del todo la situación, sin asumir que la ruptura es inevitable.

Estás estupefacto, crees que aún hay una solución, una vuelta atrás, que esto no te está pasando a ti. No lo comunicas a la gente, porque no te lo crees, piensas que te levantarás una mañana y que todo lo que te ocurre, la realidad que estás viviendo, habrá desaparecido. Cuando te despiertas, y eres consciente de lo que te está pasando, no lo puedes creer.

Si te han dejado piensas que se arrepentirá, y esperas en cualquier momento la llamada de gracia; si lo has dejado tú, te cuesta no coger el teléfono y decirle a tu pareja que era una broma, que te has equivocado. No puedes creer que estés sufriendo tanto, y que encima lo hayas provocado tú.

Por otro lado, de forma inconsciente puedes llegar a sobreestimar el poder que tienes sobre el dragón, pensando que la crisis no te va a afectar. Piensas, de forma excesivamente optimista, que podrás superar la crisis sin gran esfuerzo.

El mártir

Después del vagabundo, una vez que se ha comprobado que el dragón es más fuerte de lo que se creía en un primer momento, llega el arquetipo del mártir. El mártir se ha dado cuenta de que no puede con la crisis, y que lo que le está pasando no tiene una solución tan sencilla como pensaba.

El mártir toma conciencia de todo el dolor, de todas las dificultades y de la magnitud de la pérdida. Toma conciencia de todos los problemas que tiene por delante, y que le suponen esta crisis, esta ruptura.

En este momento te sientes herido por todo lo que te está sucediendo, pudiendo incluso tender al victimismo, a la queja, y a compadecerte de ti mismo.

En esta fase te encuentras con mucho sufrimiento, e intensas emociones, causadas por no poder aceptar la nueva realidad, por no poder asumir la existencia de esta nueva realidad, y puesto que esta situación no es la deseada, aparecen emociones de frustración, de rabia, de pena, de resentimiento y de tristeza.

Ya sabes que es cierto que tu situación anterior se ha acabado, y estás enfadado. Es la época del huracán de emociones. Pasas de la culpa a la ira, de la tristeza a la euforia, del amor a tu expareja, al odio visceral, pasando por el «no merezco», hasta el «¿por qué a mí?». Sientes que es una injusticia.

Quieres vengarte, que tu expareja nunca más sepa lo que es el amor, que le vaya mal, que no vuelva a encontrar nunca a nadie más, que se dé cuenta de todo lo que hizo mal, quieres que vuelva a ti arrastrándose...

Te vas dando cuenta de las implicaciones de todo, legales, de custodia, de pérdida de tu zona de confort, te das cuenta de que has perdido incluso cosas que no eras consciente que tenías y no valorabas como debías.

Esta fase culmina con un hundimiento, y la autoestima, el poder personal, y la energía se encuentran en niveles mínimos debido al dolor, y a las intensas emociones.

La buena noticia es que este es el momento en que se toca fondo, y al tocar fondo se puede renacer, y llegar la aceptación emocional de la situación real. De esta forma, el personaje deja de estar «peleado» con la visión de lo que debería ser su vida, y acepta su nueva realidad. Hay un reconocimiento de la situación, y se establecen las bases necesarias para poder adaptarse a la nueva realidad.

Esta faceta se puede producir de forma asíncrona en quien deja y en quien es dejado, dependiendo de si se llega al final de la relación después de una crisis profunda. Es posible que para quien deja, este momento llegue incluso antes de dar la noticia al otro miembro de la pareja.

El guerrero

El guerrero es el personaje que despierta y lucha contra el dragón para tratar de rehacer su vida. En este momento el guerrero asume que la relación ha terminado, que tiene que readaptarse y pensar en llenar su vida con nuevas emociones.

El guerrero pasa por muchas batallas. Algunas las gana, y otras las pierde. Los sentimientos son muy viscerales. Habrá momentos en que tenga la autoestima arriba del todo, y otros en que la tenga por los suelos, por lo cual tiene momentos en que vuelve a encarnarse en el arquetipo del mártir. Dice Walter Riso (Riso, 2011): «Hay que soportarlo y resistir, como si se tratara de un combate de boxeo: hoy le ganas un round al sufrimiento y mañana te lo gana él. Lo único que debe preocuparte es no perder por knock—out, porque si aguantas, aunque te desplomes sobre la lona una y otra vez, te aseguro que ganarás por puntos».

Así es el duelo en las rupturas y todo lo que conlleva. Se trata de caer y volver a levantarse, una y otra vez, hasta que el periodo acaba, hasta que consigues vencer al dragón.

El guerrero acepta el dolor, aunque a veces se hunda o se desespere, trabaja desde la aceptación de la realidad, desde el reconocimiento de su situación real. Desde las ruinas, puede empezar la reconstrucción.

El guerrero es capaz de rehacer su vida siempre que no se estanque en alguno de los arquetipos anteriores. Seguro que conoces a alguna persona que se quedó en la fase del mártir, o quizás en la del vagabundo. También puedes quedarte estancado en la fase del guerrero, y no dejar de pelear y luchar contra el mundo.

Si no te estancas en ninguna, y aquí el *coaching* puede ser de gran utilidad, llegará por fin a la última fase.

El sabio

El sabio ya ha dejado de luchar y es capaz de ver la crisis, al dragón, integrado en su vida, con sus aspectos positivos y negativos. Pero sobre todo, a través de unos ojos que perciben la realidad tras haber madurado y crecido como persona.

El sabio está en un estado emocional positivo, lleno de energía, de nuevos recursos, con una fortaleza mayor, en ocasiones, incluso de la que partía en la fase de inocente antes de la aparición del dragón.

Después de la ruptura el sabio aprende a valorar más su vida y sus nuevas relaciones.

Las crisis vitales abren las puertas a la trasformación a través del sentido que le damos a esta. Nos posicionan, si realizamos el trabajo correcto, en un nivel de humildad que nos ayuda a encontrar nuevos caminos, a crecer y a fortalecernos. No hay mejor crecimiento que el que proporciona la adversidad, o como decía Sigmund Freud: «He sido un hombre afortunado, nada en la vida me fue fácil».

Hay que tener en cuenta que todas las fases tienen su punto positivo para el que se encuentra en ellas, por eso resulta fácil quedarse estancado en alguna. Por ejemplo, aunque la fase del mártir es de gran sufrimiento, también puede encontrar compasión en su entorno, resultando a veces más cómodo quedarse en ella que pasar a la siguiente.

— 18 —
Aunque no lo parezca, lo superarás

Hoy quisiera detener el tiempo,
la distancia entre los dos,
pero se apagó la luz del cielo,
ya no sale más el sol.

Soy fragilidad sin ti,
¿Cómo superar el fin?
¿Dónde es que dañé?
No sé, y el recuperar se fue.
Ni tú ni yo somos culpables,
pero somos vulnerables,
son las cosas de la vida
¿Qué me queda por vivir?

«Duele el amor» — Aleks Syntek y Ana Torroja

Es para mejor

Dicen que las personas que se separan se dan cuenta tarde o temprano de que son mucho más felices después de la ruptura de lo que lo eran cuando estaban con su pareja.

Probablemente en estos momentos te parezca una utopía pero, aún no conozco a nadie que, habiendo pasado un tiempo prudencial para superar la crisis de la ruptura, afirme que se siente infeliz, insatisfecho con su vida. A la larga, todos creen, creemos, que lo que pasó es lo mejor que tenía que haber pasado.

Y en la mayoría de las ocasiones, las personas que han superado una ruptura no entienden cómo podían estar tan enamorados de su expareja y se sorprenden de lo mucho que les dolió la separación.

Casi nadie volvería con ninguna de sus parejas anteriores. Las personas te gustan, o te enamoran en un momento de tu vida; después todos cambiamos, y lo que en un momento de nuestra vida nos gustaba, puede que en un futuro nos deje de interesar. Por eso, para mantener una relación a largo plazo, hay que evolucionar juntos, y nunca dejar de alimentar el amor que nos une, con cuidados, y haciendo feliz a la otra persona con las cosas que la hacen feliz en ese momento, y que quizás no son las mismas que en el pasado.

Todo fluye, nada permanece

El dolor por el desamor se pasa, aunque ahora creas que es totalmente imposible. No te mortifiques; con el tiempo tú también te sentirás mejor. Si ahora no lo puedes entender, haz memoria. Seguro que no es tu primera ruptura, que tuviste alguna otra más en el pasado, quizá no fue con una relación tan larga, quizás incluso fuera con tu primer amor de adolescencia...

Cuando echas la vista atrás, recuerdas que en aquel momento creías que no podrías vivir sin esa persona; al final lo superaste, y seguro que llevas meses, si no años, sin pensar en ello. Esto también te pasará esta vez. Ningún dolor, bien gestionado, dura para siempre.

¿Recuerdas cuando perdiste tu primer amor? Cuando te deja el primer amor piensas que vas a morir de dolor, pero al día siguiente sale el sol, y al otro, y al otro, y poco a poco, día tras día, el alma duele menos. Al pasar los años, claro está, le restas importancia. Ahora, desde la madurez y con la perspectiva de los años, crees que ese amor por el que tanto lloraste era un amor preadolescente, pero cuando estás inmerso en el dolor, no ves eso, solo ves el dolor.

Lo mismo va a pasar ahora. Tienes que ocuparte de ti, y poner todos los medios que hagan falta para superarlo de la mejor forma posible, y midiendo hoy las consecuencias de tus actos para el mañana. Tienes que pasar el duelo, no hay forma de escapar de él, pero pasará, incluso aunque no hicieras nada de lo que te recomendamos, pasaría, mejor o peor, pero pasaría.

Por supuesto no puedes esperar que tu vida vuelva a ser la misma, tu vida nunca más volverá a ser la misma, será otra vida distinta, probablemente mejor. Tú tampoco volverás jamás a ser el mismo, probablemente también serás distinto, y mejor, si haces bien tus deberes.

Debes tenerlo siempre presente. Sabemos cómo te sientes, metido en esa vorágine de dolor, y pensando que tu vida va a ser siempre así a partir de ahora. Pero un día, no muy lejano, volverás a despertarte con una sonrisa, con ganas de vivir tu vida, con ganas de hacer cosas, con esperanza. Volverás a disfrutar de la comida, del sueño, de tu familia, tendrás un agradable entorno social, volverás a disfrutar de las puestas de sol, de las estrellas, y volverás a reír a carcajadas.

Si no deseas hacer nada para superar este duelo, no lo hagas, solo tienes que cerrar los ojos y dejar que pase este tiempo, y esperar. Y eso me recuerda a uno de mis pasajes preferidos de Susanna Tamaro.

«Cada vez que te sientas extraviada, confusa, piensa en los árboles, recuerda su manera de crecer. Recuerda que un árbol de gran copa y pocas raíces es derribado por la primera ráfaga de viento, en tanto que un árbol con muchas raíces y poca copa a duras penas deja circular la savia. Raíces y copa han de tener la misma medida, has de estar en las cosas y sobre ellas: solo

así podrás ofrecer sombra y reparo, solo así al llegar la estación apropiada podrás cubrirte de flores y de frutos. Y luego, cuando ante ti se abran muchos caminos y no sepas cuál recorrer, no te metas en uno cualquiera al azar: siéntate y aguarda. Respira con la confiada profundidad que respiraste el día que viniste al mundo, sin permitir que nada te distraiga: aguarda y aguarda más aún. Quédate quieta, en silencio, y escucha a tu corazón. Y cuando te hable, levántate y ve donde él te lleve» Dónde el corazón te lleve – Susanna Tamaro.

— 19 —
Llorar

How long how long will I slide
Separate my side I don't
I don't believe it's bad
Slit my throat
It's all I ever

I heard your voice through a photograph
I thought it up it brought up the past
Once you know you can never go back
I've got to take it on the otherside
Centuries are what it meant to me
A cemetery where I marry the sea
Stranger things could never change my mind
I've got to take it on the otherside
Take it on the otherside
Take it on
Take it on

«Otherside» — Red Hot Chili Peppers
(aunque recomiendo la versión de Dover)

Llorar es fundamental, hay un torrente de lágrimas dentro de ti que pugnan por salir, y debes encontrar el lugar y el espacio adecuado para hacerlo.

Llorar a conciencia y con consciencia

Yo (Ángela) recuerdo que cuando me separé, me pasé todos los fines de semana durante dos meses llorando. Lloraba desde el viernes por la tarde que salía del trabajo, hasta el lunes por la mañana que volvía a trabajar. Es más, necesitaba llorar, y si no me salían las lágrimas, las provocaba leyendo cosas tristes, imaginando cosas tristes, viendo pelis tristes, y escribiendo cosas tristes. Sentía que tenía que dar rienda suelta a todo ese dolor que tenía dentro. Llorar es una terapia fantástica.

Me acogió en su casa mi amiga Isabela, que vivía en esa época en un pequeñísimo pueblo de Mallorca, Randa. Delante de su casa había un antiguo lavadero que se llenaba con un pequeño caudal de agua que bajaba de la montaña. Era un entorno paradisíaco para llorar. Ahora bromeo con mi familia y amigos sobre el antiguo lavadero; les digo que estaba vacío hasta que yo lo llené con mis lágrimas. Tanto es así que, la historia de Randa ha inspirado a mi tía y escritora, Cati Cobas, para editar un hermoso cuento que adjunto en el anexo 1 al final del libro.

Fue una época durísima, pero con el tiempo, la recuerdo con mucho cariño. Como decía el profesor de una amiga mía, «señores, es que no es lo mismo enamorarse en Torrelodones, que en París». Que conste en acta que nunca he estado en Torrelodones, y que esas palabras no son mías, pero sí me parece una idea romántica buscarse algún buen sitio donde llorar. También me parece buena idea buscarse un buen sitio donde enamorarse, yo que soy muy enamoradiza le doy la razón al profesor de mi amiga y me encanta enamorarme en sitios bonitos, a poder ser ciudades grandes. La última vez que me enamoré fue en La Habana, y un amanecer de amor enfrente del Malecón es una experiencia única.

Esta es una percepción personal que me permito en esta historia, y no tiene que ver con el *coaching*, pero ahora mismo, si volviese a pasar por una ruptura, me buscaría un sitio donde darle rienda suelta a mis lágrimas, un sitio romántico, como ese, lleno de naturaleza, donde pudiese sentirme realmente sola, como lo estuve esa vez. Quizás un antiguo monasterio, un pueblo recóndito... España está llena de rincones fantásticos.

Los beneficios del llorar

Durante ese periodo de tiempo de llanto, fue cuando tomé la decisión de que quería vivir en Londres, que era un sueño que llevaba aletargado durante todos esos años. Dejé mi trabajo y con una maleta decidí probar suerte allí. Es decir, mis lágrimas, una vez que dejaron espacio a mis pensamientos, me llevaron a tomar una de las decisiones más importantes de mi vida que cambiaron mi rumbo para siempre.

Es necesario abrirse a las emociones «buenas» asociadas al duelo. Hay que canalizarlas bien, gestionarlas en positivo, pero dejarlas fluir. Llorar no le hace daño a nadie, y a ti te libera. Quizás tú no necesitas llorar, depende de cómo seas, pero yo lo he necesitado siempre, por eso no podía escribir un libro sobre ruptura sin un capítulo dedicado al llanto.

Quizás es porque yo me considero una persona fuerte, que se contiene mucho en infinidad de ocasiones, especialmente las sociales, y por ello necesito dejar fluir toda esa contención en algunos momentos de mi vida. Yo lloro incluso en los momentos buenos, y me gusta hacerlo especialmente con mi madre, que ya sabe cómo soy. Me gusta llorar en su cocina, y muchas veces ni siquiera me pregunta qué me pasa. Entiende que es una necesidad mía. Las madres son una buena compañía para llorar, si saben entenderlo, porque el amor de madre es incondicional, y aunque a veces les cueste aceptar lo que tú haces, al final te quieren igual aunque hayas cometido infinitos errores.

Y además, creo que las lágrimas te embellecen. Muchos dicen que se levantan con los ojos hinchados de llorar; a mí, personalmente, llorar me deja un cutis fantástico, pues al día siguiente tengo la piel mejor que nunca.

Por eso, si te sirve, úsalo; y si no, haz como si no lo hubieses leído. Pero si necesitas llorar, busca el sitio, el espacio, el momento, la persona, la película, la canción, el olor, todo lo que te haga falta, que provoque tu llanto, y déjalo correr, el tiempo que haga falta, con la intensidad que necesites, los días que hagan falta, porque para mí, no hay nada más liberador que eso.

Si lo haces y te funciona, verás que un día te levantarás y ya no tendrás ninguna necesidad de llorar. Abrirás los ojos, y verás que se acabó, que ese dolor tan profundo que tenías se fue, y que con un poco de suerte, no volverá jamás al menos en esta ruptura.

CAPITULO IV

El reparto

Cuando se rompe una pareja, se inicia un periodo de reestructuración de todos los aspectos: sociales, legales, hijos, ocio... En este capítulo nos ocupamos de los que se refieren a los legales y a los hijos.

La situación económica empeora, antes vivíais dos en una casa, y ahora con el mismo dinero entrante tenéis que mantener dos casas, con todo lo que implica: facturas, muebles, electrodomésticos, enseres de cocina...

También implica el reparto de lo que habéis atesorado durante los años que habéis estado juntos. Lo que era «vuestro», pasa a ser «tuyo» o «suyo».

Pero una de las reestructuraciones más importantes es la que concierne al cuidado de los hijos. A partir de ahora serán o todos para ti, o todos para tu expareja, dependiendo del día de la semana. Esto implica también una reestructuración de la relación con tus hijos, que si se hace bien, puede incluso mejorar el vínculo con ellos.

20

Prepárate para la negociación

Porque no supiste entender a mi corazón,
lo que había en él, porque no tuviste el valor de ver quién soy.
Porque no escuchas lo que está tan cerca de ti,
solo el ruido de afuera y yo,
estoy a un lado, desaparezco para ti.

No voy a llorar y decir que no merezco esto,
porque es probable que lo merezco.
Pero no lo quiero por eso me voy;

Qué lástima pero adiós,
me despido de ti y me voy.

Porque sé que me espera algo mejor,
alguien que sepa darme amor
de ese que endulza la sal
y hace que salga el sol.

Yo que pensé que nunca me iría de ti,
que es amor del bueno de toda la vida
pero hoy entendí que no hay suficiente para los dos.

«Me voy» — Julieta Venegas

Encontrar el equilibrio a la hora de repartirnos lo que hemos acumulado durante estos años es otra piedra que encontramos en las rupturas de pareja. Al perder nuestra relación, al vernos expulsados de nuestra zona de confort, a veces nos aferramos a objetos sin importancia, creyendo que si salvamos esos objetos también salvaremos nuestro bienestar, nuestra relación y nuestros buenos recuerdos.

Desapego

¿De verdad la cámara de vídeo es tan importante? ¿Esa cámara que aún va con cintas? ¿O la yogurtera? Pero si en los últimos cinco años la has usado una vez.

Aquí tienes que posicionarte teniendo en cuenta dónde quieres estar dentro de un tiempo, un año, ¿de verdad necesitas estar allí con la yogurtera bajo el brazo? ¿De verdad es eso imprescindible para tus objetivos futuros? Aferrarse a cosas sin importancia, es agarrarse a batallas absurdas. No tiene sentido.

Al igual que necesitamos explicaciones y culpables, cuando estás en medio de una ruptura a veces tienes la necesidad de «vencer». Queremos ganar a toda costa la mayoría de trofeos, y cualquier cosa, como la yogurtera se convierte en trofeo. Confundimos el ceder con perder, y con una señal de debilidad, cuando es todo lo contrario. Somos débiles cuando necesitamos los bienes materiales para mantener una posición de triunfo. La victoria nunca la encontraremos en lo material, sino en nuestra propia esencia.

Si puedes delegar el reparto de las menudencias en alguien, un problema menos para ti. Menos dolor si no tienes que hacerlo tú mismo. Lo importante es saber elegir cuáles son las batallas por las que de verdad queremos luchar, y concentrarnos en esas. En temas materiales, en una ruptura, nadie gana la guerra. Todos pierden algo, es matemática pura. Lo que era nuestro, ahora se convierte en tuyo o mío, por lo cual es obvio que después del reparto, tendrás menos cosas de las que tenías antes.

Por ello, antes de empezar, coge papel y lápiz, y haz tres listas.

Las listas: Indispensable — Negociable — Prescindible

La primera, aquello de lo que prefieres no prescindir, aquello a lo que no te gustaría renunciar. En esta lista solo van cosas de altísimo valor sentimental o que provengan de tu familia. Es decir, la cama Luis XVI heredada de tu abuela, que llevaste a tu hogar conyugal va en esa lista, o quizás el mueble que te regalaron tus amigas del colegio... Te recomendamos que esta lista sea lo más corta posible.

La segunda, las cosas que te gustarían pero son negociables. En esta van cosas materiales, importantes para ti, que te gustaría conservar pero no son totalmente imprescindibles, como el televisor de 46 pulgadas que te costó 3.000 €, cierto, pero puedes vivir sin él.

En la tercera, van las cosas que menos te costaría ceder, es decir, el resto.

Pelea solo las batallas de la primera lista, y usa las otras dos para negociar.

Sé sensato en tus pretensiones

La vivienda suele ser otro de los bienes materiales a repartir.

Aunque tengamos mucho amor por los hogares donde vivimos, lo cierto es que con un pequeño periodo de adaptación, nos podemos adaptar a otra casa fácilmente. Si la vivienda es en propiedad, lucha solo si la puedes mantener tú solo; si no, no te compliques la vida. Durante muchos años vivimos con la creencia de que era imprescindible tener una casa en propiedad para vivir, por lo que nos hipotecamos hasta las cejas para conseguirla. Cuando la pareja se divorcia, luchan por quedarse la vivienda, queriendo asumir la hipoteca que antes pagaban entre dos, uno solo. El que lo consigue, se siente triunfador, pero se ata de pies y manos a una hipoteca que en ocasiones resulta imposible de asumir.

Al final, lo importante en la vida es tener libertad para elegir, libertad para vivir. Una hipoteca que no puedes mantener, te esclaviza. Tenlo en cuenta: cuanto más holgado te quedes de dinero, más libre serás para tomar tus propias decisiones y, después de una ruptura, la libertad de decisión es crucial.

Entrar en batallas por las cosas materiales desgasta mucho, alarga la ruptura, produce rabia, rencor, y te quita el sueño. Todas las cosas tienen la importancia que tú le das, ni más ni menos. Si te preocupas demasiado por cosas materiales sin importancia significa también que algo está fallando dentro de ti, que no tienes asumido el final de la relación, y que no sientes que tienes el coraje de tirar hacia delante tú solo.

Por mi experiencia (Ángela), que me he mudado un montón de veces en mi vida, te puedo decir que me encanta la sensación de ir «ligera de equipaje» y tener que empezar de nuevo. Aunque también tiene sus aspectos negativos, es muy divertido, pues te permite elegir otra vez los objetos que quieres que te rodeen. Comer toda la vida con la misma vajilla me parece aburridísimo. También es cierto que durante esos periodos te encuentras en situaciones a veces chocantes, especialmente en la cocina, en que te has olvidado que ya no tienes un colador, un embudo, una batidora o un molde... quedándote con la masa del bizcocho hecha, y sin recipiente dónde hornearlo.

Con esto no queremos decir que tengas que cederlo todo a tu expareja; solo queremos transmitirte que analices qué es para ti lo verdaderamente esencial, intentando ser justo. ¿Y qué es justicia? La justicia es algo subjetivo que decide cada uno de los miembros de la pareja, y que no es igual para nadie. A veces, los «perdedores» quieren ajusticiar su posición con el reparto al final de la relación.

En una ocasión, nos contaron una historia digna para reflexionar. Tras una ruptura sentimental, el «dejado» se quedó con todo el dinero acumulado durante los años de matrimonio de la pareja. Explicó a su exsuegro que, por favor, entendiese sus actos, puesto que lo había hecho «como recompensa por haber perdido al amor de su vida». El señor, muy honesto, le contestó que de lo que más se alegraba, es que esto lo hubiese hecho él, y no su hija, puesto que si lo hubiese hecho ella se moriría de vergüenza, y no podría salir nunca más a la calle.

Con el ejemplo, lo que queremos mostraros es que la justicia es distinta para cada uno de nosotros. Establecer lo justo no consiste en poner los bienes materiales en una balanza y determinar cuál de ellos posee mayor valor económico. En las balanzas se deben sopesar también conceptos emocionales, difíciles de entender para alguien externo a la batalla.

Nos contaba Elena Mirion, gran experta en constelaciones familiares, que el psicoterapeuta alemán Bert Hellinger dice que cuando una persona deja a otra, existe una descompensación. No son los dos los que deciden acabar con la relación, sino uno solo; esto supone que el que deja está ya ganando su libertad, y eso es lo que deseaba. Por esto algunas parejas hacen justicia con la parte económica intentando alcanzar el equilibrio de forma material, compensando el que deja al dejado. Que quede claro que esto no es un consejo, sino una explicación desde el paradigma teórico de las constelaciones. La persona que es dejada se queda con «sed de amor», e intenta paliar su hambre con sucedáneos materiales, que de todas formas no le satisfacen en absoluto porque nada material puede compensar esa falta de amor.

Sé que no es fácil, y que si tú intentas no apegarte a las cosas materiales y tu expareja aprovecha para barrer todo para su casa, te sitúa en posición de desventaja, de pérdida económica. Por lo cual, siempre es mejor intentar encontrar la solución de un mediador, ya sea contratado, o bien sea un contacto personal que pueda mediar por ti.

Un reparto justo solo puede realizarse entre dos personas maduras, y serenas, y quizás este no sea tu momento de mayor serenidad e imparcialidad.

Resumen

Haz tres listas. La primera, con las cosas innegociables; la segunda, con lo que te gustaría quedarte pero te es prescindible; y la tercera, con el resto. Usa las dos segundas para negociar los elementos de la primera. Elige muy bien las batallas que quieres luchar.

Si puedes, encuentra un mediador que haga este trabajo por ti.

21

Búscate un buen abogado

Mi primera mujer era una arpía,
pero, muchacho,
el punto del gazpacho,
joder si lo tenía, se llamaba... digamos que Sofía.

Un mal día me puso las maletas
a los pies de la estatua de un poeta,
que está, inmortalizado, en su glorieta.

Después de, no se asombren,
registrar a su nombre,
mi chalé adosado,
mi visa, mi pasado,
su prisa y su futuro,
dejándome tirado y sin un duro.

«Pero qué hermosas eran» — Joaquín Sabina

No escatimes en gastos. En este momento necesitas dinero para invertir en un buen abogado.

En España también se ofrecen servicios de mediación, que se utilizan cada vez más y tal como comentábamos, puede ser una buena solución para tu caso.

Piensa que lo que no inviertas ahora en un buen profesional, puede repercutir en el resto de tu vida. Por ejemplo, el hecho de contratar a un abogado inexperto o mediocre por no invertir ahora, puede que te obligue a pagar una pensión de por vida a tu expareja. No es lo mismo discutir por quién se queda la cama, o la tele, que son objetos fácilmente sustituibles, que discutir por cuestiones decisivas para el resto de tu vida.

Necesitas saber el estado de la ley, qué deberes y derechos tienes. Como es muy difícil conocer cada detalle legal y estar al día de todo ello, necesitas imperiosamente que alguien experto en el tema defienda todos tus derechos e intereses.

Hoy en día, es cada vez más común establecer una custodia compartida de los niños, y en muchos casos por ello ya no es necesario pagar pensiones al otro cónyuge, puesto que los gastos recaen en ambos miembros de la pareja. El modelo de custodia compartida entre progenitores se aplica ya en España en el 12% de los casos de divorcios y separaciones, cuando hace unos años esas cifras eran casi nulas. Este modelo aun está lejos de ser el adoptado en la mayoría de los casos, pero el incremento es un dato esperanzador porque según los estudios, es el que mayor índice de satisfacción produce tanto en los niños como en padres y madres.

La elección

Para encontrar a tu abogado no solo debes tener en cuenta si «dicen» que es bueno o no, sino que tiene que ser alguien en quien tú puedas confiar, con quien te sientas cómodo. No es algo que puedas elegir a la ligera, puesto que le vas a dejar tu futuro en sus manos.

A veces, nos conformamos con el primer profesional que tenemos a mano, y no me refiero solo a abogados, sino a médicos, psicólogos, etc. Hemos de tener en cuenta si se establece o no la suficiente sintonía y confianza con todos los profesionales que necesitamos de una forma vital.

Tu abogado tiene que entender lo que quieres, y trabajar en pos de ello con la «mente fría», cosa de la que probablemente tú careces en estos momentos, envuelto en todos los cambios que tienes en tu vida. Tiene que ser alguien que pueda permanecer objetivo en aspectos relacionados con la ley, y subjetivo con relación a las preferencias que tú tienes de cómo quieres llevar el caso. Debe encontrar la forma de conseguir el acuerdo más ventajoso para ti, pero sin prolongar las tensiones con tu expareja, sabiendo ceder en las cosas menos importantes, y sin impacto duradero, y permanecer más firme en los aspectos cruciales y a largo plazo.

Alguien que esté alineado contigo, que te guste de verdad, incluso que admires, que no te haga sentir que eres un extraño, que desde el primer momento te haga sentir cómodo, que sea ético... Personalmente, nunca elegiría un abogado que me dijese «lo vamos a desplumar». Tienes que pensar que quien va a convivir el resto de la vida con tu «exrelación» a sus espaldas, vas a ser tú, no tu abogado. Si tienes hijos, tendrás que mantener relación con tu excónyuge el resto de tu vida. Tu abogado tiene que saber manejar esta situación, y mirar por tus bienes actuales, por tus bienes futuros, y por tu futura relación con la que ha sido tu pareja.

Debe ser alguien que esté suficientemente cualificado. Alguien que tenga una amplia experiencia profesional; a cuanta más experiencia, más sabrá tratar con la gente, más casos habrá visto, más fácil lo tendrá... No elijas al familiar o al amigo de alguien, o a tu amigo de la escuela. No vale cualquier abogado. Infórmate. La mayoría de ellos suelen recibirte de forma gratuita en una primera toma de contacto, con lo que es fácil y muy recomendable hablar con más de uno, así podrás comparar y tener más clara tu elección. Y si aún así, si tras contratarlo no te sientes bien con él, cambia y contrata a otro.

Prepara las reuniones con él

Cuando lo hayas elegido, prepárate una lista con todo lo que quieres saber respecto al abogado en cuestión: cuánto te va a costar, qué conceptos EXACTAMENTE comprende el servicio que te va a prestar y cuáles no incluye...; elabora también otra lista con las cosas que le quieres decir y que son importantes para ti en el proceso. Esto es como todo; si no le explicamos al profesional que lleva nuestro caso nuestras prioridades y lo que queremos obtener, él no puede adivinarlo. Si no sabe cuáles son tus intereses difícilmente puede defenderlos.

Resumen

No escatimes dinero en la elección de un buen abogado, las decisiones que tomes ahora van a afectar el resto de tu vida.

Deja claro qué es lo que esperas obtener, y que el abogado te anticipe cuáles cree honestamente que son tus posibilidades.

22

Se elegante

Y ayer tú me contabas lo que viste por ahí,
hoy tu boca ya no habla sabes me acuerdo de ti.

Entre besos y sollozos camino para conseguir ser yo misma
y no de nadie para poder vivir.

Quiero ser yo dueña de mi libertad,
y aunque añorada no llega.

Buscaré nuevos caminos que me ayuden a olvidar,
y verás que esta tristeza cambiara.

Y ahora me río yo de ti,
cuando te das la media vuelta.
Y ahora me río yo de ti,
tienes la puerta abierta.

«Rumbo nuevo» — D´Callaos

Ser elegante es una recomendación que deberías tener en cuenta durante todo el proceso. De eso es algo que no te vas a arrepentir. Sé elegante en las formas, en las discusiones con tu pareja, en las conversaciones con amigos, con la gente de la calle, con el reparto, especialmente con tus hijos y en general con todo lo que puedas.

Aunque todo esto lo hemos hablado en diferentes capítulos, aquí vamos a volver a insistir, pero desde el concepto de elegancia en referencia a la imagen externa que proyectamos. Porque aunque somos lo que somos, también somos lo que hacemos, y lo que hacemos nos llevará a lo que seremos. Comportarse de forma respetuosa, prudente, apaciguada, amable, honrada, coherente, etc., nos evitará decir y hacer cosas de las que podríamos arrepentirnos después.

Jorge — Rosa

Cuando a Rosa la dejó su pareja, no se lo esperaba en absoluto. Vivía cómodamente, sin darse cuenta de que su matrimonio hacía aguas. Cuando Jorge le dio la noticia de que la dejaba y se iba a vivir con otra mujer, fue un golpe muy duro para ella.

Inicialmente, Rosa no analizaba sus comportamientos, e hizo cosas de las que ahora se arrepiente. Cosas como tirarle un jarrón, romper algunos platos, suplicarle que volviera, amenazarle con que se iba a quedar sin sus hijos, contar a todo el mundo que Jorge se había ido con otra con la intención de que se pusiesen de su parte…

Con el tiempo, poco a poco volvió a la postura racional, de serenidad. Ahora se arrepiente de todo eso, siente vergüenza de cómo se comportó con Jorge, sin que eso le sirviera de nada. Aparte de la humillación que siente porque Jorge la dejó, ahora siente también vergüenza de su comportamiento.

Nunca te arrepentirás de haber sido elegante, de haber mantenido tu dignidad intacta, y sí de todo lo contrario. Todos los actos viles que hagas las humillaciones, las críticas abiertas a tu expareja, utilizar a tus hijos en discusiones…, te generan más ruido. Lo que tú necesitas es silencio, no más ruido.

En cada paso que des, debes preguntarte: ¿Es eso elegante? ¿Puedo arrepentirme en el futuro de esto? Si crees que no es elegante o que puedes arrepentirte, párate, respira, y no lo hagas. Si no te puedes reprimir, piénsalo varias veces, por lo menos dos. Date tiempo para que el primer impulso se frene hasta ver si es buena idea. También puedes postergarlo, quizás un día, o dos; si a los dos días sigues deseando hacerlo, vuélvelo a pensar, pero ¿para qué vas a hacer algo de lo que sabes que te vas a arrepentir?

— 23 —
Aspectos importantes a la hora de la negociación

You and me, we used to be together,
every day together, always.

I really feel that I'm losing my best friend.
I can't believe this could be the end
It looks as though you're letting go,
and if it's real, well I don't want to know.

Don't speak, I know just what you're saying,
so please stop explaining, don't tell me 'cause it hurts.

«Don´t peak» — No Doubt

Existen algunos conceptos asociados con la negociación que os pueden ser de utilidad a la hora de enfrentaros al conflicto que supone repartir vuestros bienes materiales.

El método que tenemos de negociar cada uno de nosotros depende de lo que hayamos vivido y aprendido a lo largo de nuestra vida. Todos hemos aprendido a negociar de alguna forma determinada, adquirida a través de la experiencia personal; y habitualmente pensamos que ésa es la única forma de hacerlo.

Por eso, en el marco de la psicología de las organizaciones se establecen diferentes procesos de negociación, divididos en fases, que pueden ser de utilidad a la hora de llegar a un acuerdo.

También hay que tener en cuenta que la palabra negociar ya lleva implícita la existencia de un posible cambio de actitud en nosotros. Negociar no significa barrer todo para casa, sino que implica que las dos partes deseen llegar a un acuerdo que les complazca, acuerdo que debería satisfacer las necesidades de dichas ambas partes. También lleva asociado un componente de creatividad, ya que supone crear un escenario nuevo, que sea beneficioso para todos.

Diferentes actitudes en la negociación

Las actitudes que se definen ante una negociación son las siguientes.

1. Actitud cooperativa (ganamos los dos). En este caso, la persona que negocia tiene interés en llegar a una solución que le favorezca, pero también tiene interés en que la negociación favorezca a la otra parte. Las dos partes se comunican para encontrar una solución satisfactoria para ambas, aportando soluciones creativas y favoreciendo el intercambio de información.

2. Actitud acomodaticia (tú ganas, yo pierdo). En este caso la persona sacrifica sus intereses para que la otra persona pueda satisfacer sus necesidades, presentando un

interés bajo hacia sí mismo. Este tipo de actitud es común en la parte que deja y que se siente culpable por lo que está pasando, de forma que favorece en lo que puede al otro, aunque pierda mucho en ello.

3. Actitud competitiva (yo gano, tú pierdes). Este es el caso contrario; uno de los miembros tiene un alto interés en satisfacer sus propias necesidades y nulo interés en satisfacer las necesidades del otro, usando todas las estrategias posibles a su alcance para conseguir su objetivo.

4. Actitud de evitación (no quiero afrontar el conflicto, perdemos los dos). En este caso no se afronta el reparto para no tener que enfrentarse al dolor que este produce, por lo cual se va retrasando ese momento permaneciendo en una zona incómoda indefinidamente.

Una vez hemos visto las diferentes actitudes de negociar, ¿cuál es la tuya? ¿Cuál crees que te convendría más? La cooperación, sin duda, es la única que busca un beneficio mutuo, la única en que los dos vais a ser más felices después de ella, la única que implica un crecimiento personal, y la única que no os va a dejar con mal sabor de boca.

Habilidades y técnicas de comunicación

Cuando se habla de comunicación, es imprescindible hablar de la escucha activa. Escucha activa no significa solo oír, sino prestar verdadera atención y procesar lo que la otra persona te está comunicando, para entender verdaderamente lo que nos está diciendo. Para esto hay que tener una disposición interna a la escucha, a querer comunicarnos de verdad, usando tanto técnicas de comunicación verbal como no verbal. Es importante no distraernos, no interrumpir al que habla, no juzgar y no ofrecer soluciones sin dejarle que haya finalizado su discurso. También es importante no contraargumentar. Ejemplo:

— *Estoy muy triste*

— *¿Y qué te crees, que yo no?*

Entre las habilidades de comunicación encontramos la empatía. Usar la empatía para acercarnos al otro. La empatía no significa ceder en la negociación, pero sí implica acercarse a la forma en que se siente el otro con la intención de posicionarnos en un punto de encuentro. Empatía significa acercarse al otro para saber cómo se siente, ponerse en su lugar, para entender sus sentimientos. Veamos un ejemplo de conversación con empatía y uno sin empatía.

Conversación sin empatía:

— *Ya está bien, ¿no? ¿Pero de qué vas? Llevo toda la vida trabajando para pagar la casa y no pienso ceder ni un ápice respecto a eso.*

— *¿Cómo que de qué voy? Cuando tú estabas trabajando, yo he estado cuidando de toda la familia, procurando que no os faltase de nada. Eres un egoísta y solo piensas en ti mismo.*

Conversación con empatía.

— *Quiero que sepas que siento muchísimo todo lo que nos está pasando, sé que te sientes muy triste y que está siendo muy duro para ti. Hemos pasado muchos años juntos, y esto es difícil. Cuando te sientas mejor, podemos sentarnos y encontrar juntos una solución.*

— *Sí, no puedo más, está siendo mucho más doloroso de lo que creía, pero tienes razón. Tenemos que buscar una solución.*

Otra técnica que permite ayudar en la comunicación a la hora de negociar es el parafraseo. Esto significa expresar con tus propias palabras lo que la otra persona te está diciendo. Veamos un ejemplo.

— *No puedo seguir así, necesito saber dónde voy a vivir, porque la incertidumbre respecto a esto me altera mucho.*

— *Por lo que entiendo, me comentas que es para ti una prioridad cerrar el tema de la vivienda para que tú puedas estar más tranquila.*

Es cierto que parafraseando puede no añadirse nada nuevo a la conversación, pero la otra persona se siente comprendida, y a la vez está en disposición de negociar desde una postura más abierta. Sentirnos comprendidos, y sabiendo que nos escuchan, hace que nos tranquilicemos; y al estar más tranquilos podemos pensar con más claridad. Nos posiciona de otro modo, haciendo que dejemos de ver a la persona que tenemos delante como un enemigo.

Una técnica similar es la **reformulación**. En ella, una de las partes ofrece una visión más positiva y amplia sobre el discurso de la otra persona, invitándola a la reflexión. Ejemplo:

— *Siento que todo mi mundo se está desmoronando. De repente, me he quedado sin todo lo que había construido durante todos estos años: una familia, un hogar, un círculo de amigos.*

— *Por lo que entiendo, sientes que tienes que empezar a construir una nueva vida.*

Le estamos diciendo lo mismo, pero cambiándolo a una connotación positiva, haciendo que en vez de mirar al pasado, pueda mirar al futuro.

Diferenciar entre necesidades e intereses

Es importante clasificar los elementos de la negociación entre necesidades e intereses. En primer lugar debemos satisfacer las necesidades, puesto que éstas ni siquiera deberían formar parte de la negociación. Entendemos como necesidades un techo bajo el que vivir y dinero suficiente para alimentarse. Estos aspectos deben cubrirse para ambas partes. A partir de aquí, el resto son intereses, y estos sí son negociables.

Sustituir la culpa por la responsabilidad

La culpa hace que nos posicionemos en una postura de perdedor. Quien se siente culpable intenta sufragar los daños a su expareja, perdiendo, y permite o intenta que el otro gane en la negociación de aspectos materiales.

El lenguaje de la responsabilidad pasa, precisamente por ser responsables, por asumir el poder de cómo va a ser vuestro futuro, o mejor dicho, de cómo van a ser vuestros futuros. Desde el momento en que somos responsables también asumimos una posición de mayor flexibilidad.

Evita los estancamientos

Los estancamientos son los puntos donde la negociación no avanza. En ocasiones, esta situación puede producirse en la vivienda. Es habitual que nadie quiera irse de casa, asumiendo quizás que alguno de los dos debe quedarse en ella.

Una posible solución creativa sería quizás alquilarla y que los dos disfruten de los beneficios que aporte el alquiler, o venderla, pensando que de esta forma podremos encontrar un sitio nuevo y más agradable donde vivir y poder empezar de cero.

Otro punto de estancamiento son los hijos, ya que ambos quieren pasar el máximo tiempo posible con ellos. Cuando te encuentres en un punto de estancamiento, párate y abre tu mente, haz una lluvia de ideas, diferentes a las que has pensado hasta ahora, para encontrar la forma de salir de allí. Da igual que te parezcan locas, imposibles, o inadecuadas. Las lluvias de ideas sirven también a la otra persona para generar más ideas, y quizás de ahí salga una solución mucho mejor.

Agresividad constructiva en vez de agresividad destructiva

Hemos hablado ya de las emociones, y de su justa expresión. Es obvio que en la negociación de una ruptura las emociones, indudablemente, tienen una participación importante, y entre ellas encontramos la agresividad, que se puede canalizar de forma constructiva o de forma destructiva. Tal como comenta Acland (1993), las diferencias son las siguientes.

La agresividad constructiva se orienta hacia el futuro, pensando qué es mejor para los dos. Se siente que las dos partes están en igualdad de condiciones, y se posicionan desde una perspectiva de buena disposición para considerar todos los intereses y las posibles soluciones. Este tipo de agresividad trata de orientar hacia una toma de decisiones que resulten lo más fáciles posible para ambas partes con la intención de poner fin al conflicto y buscar la ventaja común.

Contrariamente, la actividad destructiva se alimenta del pasado (tú hiciste, tú dijiste, yo trabajé, yo conseguí, tú me dejaste...), y se trata a la otra persona como el enemigo, intentando mantener las posiciones territoriales. Se pretende que las decisiones que se tomen causen inconvenientes o malestar a la otra persona. Una de las partes suele recrearse en el conflicto, intentando conseguir la máxima ventaja, especialmente si logra que el otro pierda cuanto más, mejor.

24

Ruptura e hijos

La hora fue, sin duda,
lo que me hizo subir
al ver aún encendida
la luz en la ventana de David.

No pienses que te espío,
no llego a ser tan ruin;
es torpe que tú creas
que quiero «sorprenderte en un desliz»,

Y bien qué tontería,
no soy nada sutil,
si yo sólo pasaba,
pasaba por aquí, pasaba por aquí.
Ningún teléfono cerca
y no lo pude resistir,
pasaba por aquí.

«Pasaba por aquí» — Luis Eduardo Aute

Tentaciones bajo control

En algunas ocasiones, por desgracia, nos encontramos que los niños se convierten en una moneda de cambio, en una forma de castigar al otro por todo el daño que sientes que te ha hecho. Los hijos nunca deben ser un instrumento de venganza, ni un arma de negociación, ni un medio para hacer chantaje. Tampoco confidentes o mensajeros.

Mucho menos podemos volcar nuestro odio en nuestros hijos. Los niños necesitan saber que fueron concebidos en el amor, que papá y mamá se quisieron mucho, tanto que decidieron fusionar sus cuerpos en un niño. Los hijos, tanto niños como adultos, necesitan saber que fueron fruto del amor. ¿Acaso no fue así?

Pregúntatelo a ti mismo: ¿No prefieres sentirte fruto del amor de tus padres?

No les hagas decidir con qué progenitor se quedan, ellos tienen que tener a los dos. Un hijo, genéticamente, es el 50 % como papá y el 50 % como mamá. Por ello, si criticas o hablas a tu hijo mal de tu expareja, en el fondo les estás criticando a ellos mismos y así les llega, debido a su lealtad inconsciente con cada uno de sus progenitores. Si por ejemplo, mamá trata de eliminar la lealtad hacia papá convenciéndoles de que no es digno de ella y no se lo merece, muy a menudo la madre causará el efecto contrario al deseado y se encontrará con que alguno de los niños se rebela profundamente contra ella. A veces, de forma suave casi imperceptible, otras, como guerra declarada; siempre de forma persistente mientras la madre o el padre se empeñe en mantener esa actitud de desprecio, rechazo o exclusión del otro progenitor.

No les utilices de espías para saber cómo es la vida del otro sin ti. Por muy sutil que creas ser, ellos se darán cuenta, y no se sentirán cómodos en esa postura.

Para tratar los temas relativos a los hijos, es imprescindible que los dos miembros de la pareja conecten con el amor que sienten por ellos y que el objetivo en mente de los dos sea el mismo: su bienestar.

Decía el clérigo Theodore Hesburg que «amar a la madre de sus hijos es lo mejor que puede hacer un padre por sus hijos». Yo lo extrapolaría a ambos miembros, modificando la frase levemente y adaptándola a una situación de ruptura: «Respetar a tu expareja y recordar el amor que siente el otro progenitor por sus hijos es lo mejor que puedes hacer en una ruptura».

Ten siempre presente y procura recordar antes de actuar o negociar las condiciones de los niños que el mismo amor que sientes por tus hijos, probablemente, lo sienta también tu expareja.

Cómo darles la noticia

Lo mejor es decírselo juntos, así no habrá dos versiones que causen temores y desconfianza en los niños. Puede que los padres no se hayan podido poner de acuerdo en casi nada, pero al menos, un momento tan puntual e importante como es éste deberíais hacerlo juntos por el bien de todos. Así habrá más claridad, los niños verán que es una decisión en que están de acuerdo los dos padres y ayudará a preservar la confianza en ambos.

Hablad con él/ellos cuando la decisión ya sea definitiva y cercana. Pretender informar al niño de que sus padres están pensando en separarse solo causará en él mayor preocupación y estrés innecesario. Es verdad que es bueno prepararles antes de que ocurra, pero una semana, para un niño pequeño, es una eternidad. Es aconsejable buscar un buen momento uno o dos días antes, preferiblemente por la tarde o en fin de semana, es decir, que no tenga que ir al colegio ni se vaya a dormir justo después, para poder darle el apoyo y amor que necesite después de la noticia.

Basta con decir unas pocas frases clave y de una manera sencilla, sin demasiados detalles, haciendo hincapié en que lo que se busca es lo mejor para todos. Debéis dejar bien claro que no es por su culpa, sino que es una decisión entre adultos y que no tiene que ver con él, y por supuesto, se deben evitar las acusaciones y culpabilizaciones también entre vosotros dos.

Los niños necesitan saber lo que va a pasar con ellos. Tu deber es explicárselo, dejándoles claro que la mayor preocupación de sus padres (de los dos), es su felicidad y bienestar. Los niños solo viven la tragedia si tú les muestras la tragedia; si tú vives tu ruptura con naturalidad, asegurándoles que sus papás les siguen queriendo, y que simplemente va a haber algunos cambios de costumbres, ellos lo van a tomar así.

(Ángela) Cuando mi marido se va de viaje, los niños no ven drama por ninguna parte, y cuando me voy yo tampoco. Ellos se quedan con el otro, o con los abuelos. Cierto es que notan la ausencia y que preguntan por el otro, pero no hay ninguna tragedia asociada. ¿Por qué no hay trauma? Porque nosotros no les transmitimos angustia o ansiedad.

Es necesario que sepan cuáles son las nuevas condiciones. Deben saber qué hemos planificado y cómo vamos a compartir la custodia. Tienen derecho a saber qué días estarán con su padre y qué días con su madre, a saber con quién pasarán las vacaciones... Les debemos transmitir que tanto con papá como con mamá harán cosas divertidas y se lo pasarán muy bien, y por supuesto, repetirles una y otra vez, ambos padres, que aunque mamá y papá dejen de vivir juntos, nada cambia en cuanto al amor que sienten por ellos.

Es importante que, cuando estén con su madre, ella les asegure que su padre les ama con todo su corazón, y viceversa. Necesitan saber que sus padres les siguen queriendo, que se están divorciando entre ellos, no de ellos.

Necesitas explicarles la situación dependiendo del nivel que sean capaces de entender según su edad y desarrollo. Prepárate para repetir las mismas explicaciones durante semanas o meses, ya que te las preguntarán de nuevo una y otra vez hasta que acaben de adaptarse a los cambios y estén tranquilos del todo.

Si sienten que tú estás seguro de lo que estás haciendo, que afrontas el cambio con optimismo y serenidad, ellos también se tomarán de esta forma la nueva situación; y además, les estarás dando ejemplo de que los cambios no son malos, son simplemente cambios.

Nuevas rutinas

Tus hijos también necesitan seguir teniendo una vida normal; no intentes compensarles, convirtiendo su vida en un cuento de Disney. Es cierto que las rutinas se ven alteradas y que hay que crear nuevos hábitos, pero tienen que estar adaptados a las circunstancias para que se puedan mantener en el tiempo y sean parecidos a los que tenían antes. La intención es que les proporcionen estabilidad y no una montaña rusa de sensaciones.

En las fiestas señaladas, por ejemplo Navidad, los hijos también deberán ser compartidos. El que se queda sin ellos tiene que procurar que los pequeños no se angustien por la soledad que pudiera sentir el padre o la madre por no estar con ellos. Los hijos no son los responsables del bienestar de los padres, si no los padres del de los hijos.

No podemos cargar a los niños con responsabilidades para las que no están preparados. Los niños deben vivir las etapas que les toca en un entorno seguro, y el no hacerlo tiene implicaciones emocionales y de madurez para el resto de su vida, por lo cual, tu deber como padre o madre es proporcionarles ese entorno seguro.

Si no sabes cómo hacerlo, pide ayuda a un profesional. En este aspecto no puedes bajar ni un ápice la guardia. También recomendamos que alguien objetivo te ayude con el proceso, para saber lo que es mejor para tus hijos; tener más opiniones siempre es positivo y te puede ayudar a ver la situación desde otro ángulo, mejorando el bienestar de los niños. Ellos necesitan a alguien que esté de su parte al cien por cien y que defienda sus intereses.

Quizás has visto la película «La vida es bella» de Roberto Benigni, donde encierran a un padre y a su hijo en un campo de concentración. El film narra la historia de un padre, Guido, que dando rienda suelta a su imaginación intenta hacer creer al pequeño que, en vez de estar presos, están en un concurso para ganar un tanque. De esta manera, le ahorra al niño todo el dolor y sufrimiento que generaría una vivencia de esta envergadura. No pretendemos que tengas que hacer lo mismo. Creemos que a los niños hay que decirles la verdad; pero sí estamos convencidos de que nuestro deber es hacer que sean felices y ahorrarles todo el dolor que podamos.

Reacciones

Por otro lado, debemos tener en cuenta que a veces una ruptura marca el desarrollo de los niños. De hecho, algunas patologías relacionadas con la infancia tienen su punto de partida en la separación de los padres. Con esto no queremos asustarte, solo concienciarte de la importancia de hacer las cosas lo mejor que puedas. Una ruptura bien manejada, no tiene por qué ser un trauma para los niños.

La separación de los padres no destroza a los niños, lo que les destroza es nuestro comportamiento y nuestra actitud, estemos o no estemos en pareja. Tal como comenta el doctor Rojas Marcos (Rojas Marcos, 1999), hay niños de padres separados que tienen retrasos en el desarrollo, pero no puede saberse si es debido a la separación o debido a la crisis de pareja de sus padres, porque antes de la separación, su situación ya no era la ideal.

En el caso de que los niños sean adolescentes, y por supuesto dependiendo del grado de madurez y del tipo de relación que tengan con los padres, es posible que se enfaden y respondan de forma agresiva. La adolescencia no es una etapa fácil, y ellos necesitan resolver con éxito una serie de tareas evolutivas, como aceptar su nuevo cuerpo y formar su propia identidad independiente de la de los padres; por ello, por muy buena que sea la separación de sus padres, eso supone un problema añadido a los que ya tiene. Las pautas son las mismas que en el caso de niños de menor edad; es importante no mentirles y darles las explicaciones justas que puedan procesar sin perjudicar la imagen de ningún progenitor.

Si eres tú quien está dejando la relación, en el momento de hablar con tus hijos puedes sentirte aún más culpable y tener la sensación de que «has destrozado a tu familia». Tus motivos tendrás para haber tomado esa decisión. Si lo has hecho es porque has pensado que era lo mejor para ti, sea por lo que sea. Porque no era la relación que tú querías, porque no eras más feliz con tu pareja que sin ella, porque no te permitía ir en pos de tus objetivos vitales.. Por lo que sea. Párate a pensar un momento, ¿qué le hubieses aconsejado a tu hijo en la misma situación que estás tú? ¿Qué se sometiese a una relación que no le hace feliz, o que intentara luchar por su propia felicidad?

No esperes que tus hijos tengan que hacer la vida que tú mismo decidiste no tener; por ello tú tienes que vivir tu propia vida, y así no tener que reflejar tus deseos en tus hijos, lo cual no es bueno ni para padres, ni para hijos. Tú eres su ejemplo; crea una versión de ti mismo de la que puedas sentirte orgulloso para que así se sientan tus hijos.

Cuando el otro progenitor no puede asumir esa posición de amor y respeto, perjudicando la relación con tus hijos y su bienestar, solo te queda seguir actuando de la mejor forma que puedas. Lo preferible en una situación así es que te compadezcas de la posición de víctima que ha elegido y esperar por su bien que un día pueda salir de ella. Tus hijos con el tiempo comprenderán que tú lo hiciste lo mejor que pudiste.

Resumen

Los niños tienen que entender que sus padres les siguen amando incondicionalmente, y que no se están divorciando de ellos, sino entre ellos.

Hay que decirles la verdad siempre, teniendo en cuenta su nivel de desarrollo y en ningún momento perjudicar la imagen del otro progenitor.

Una separación bien llevada no tiene por qué tener consecuencias graves para los niños.

25

La nueva familia monoparental

A menudo los hijos se nos parecen,
y así nos dan la primera satisfacción;
esos que se menean con nuestros gestos,
echando mano a cuanto hay a su alrededor.

Esos locos bajitos que se incorporan
con los ojos abiertos de par en par,
sin respeto al horario ni a las costumbres
y a los que, por su bien, hay que domesticar.

Cargan con nuestros dioses y nuestro idioma
nuestros rencores y nuestro porvenir:
Por eso nos parece que son de goma
y que les bastan nuestros cuentos
para dormir.

Nos empeñamos en dirigir sus vidas
sin saber el oficio y sin vocación.
Les vamos trasmitiendo nuestras frustraciones
con la leche templada
y en cada canción.

Nada ni nadie puede impedir que sufran,
que las agujas avancen en el reloj,
que decidan por ellos, que se equivoquen,
que crezcan y que un día
nos digan adiós.

«Esos locos bajitos» — Joan Manuel Serrat

Rosa quiere centrarse en los niños. Siente que tiene que ser una supermamá y que no merece tener vida propia porque sus hijos, al igual que ella, son víctimas del divorcio y de la decisión de Jorge. Se siente culpable del sufrimiento de los niños. Ella centra toda su atención en ellos olvidándose de sí misma. Además, cree que Jorge se sentirá culpable al verla demacrada y comportándose como una heroína con los niños.

Tú primero

Nunca puedes concentrar tu vida exclusivamente en tus hijos. Los niños necesitan unos progenitores felices, y sacrificarte y volcarte solo en ellos no es la mejor opción.

En el caso de las madres, tenemos especialmente la imagen ideal de persona consagrada al cuidado de los hijos, contenta, incondicional, siempre dispuesta para ellos, con infinita paciencia para escuchar y proporcionar apoyo. Algunas mujeres en medio de la ruptura e inmersas en sus sentimientos de culpabilidad, sienten que ahora, más que nunca, tienen que ofrecer esa imagen a sus hijos para aliviarles de cualquier dolor y de paso para no conectar con el suyo propio y tener que ocuparse de sí mismas.

Como en todo, es necesario encontrar el equilibrio. Si no te quieres, si no te ocupas de ti misma, ¿qué clase de ejemplo vas a ser para tus hijos?

La posición de la madre trabajadora, recién separada, con todo el dolor que eso acarrea y el cuidado de los hijos, no es fácil. La hora de los baños y la preparación de la cena suele ser un momento estresante en cualquier familia; baña a los niños al tiempo que fríes las croquetas; mientras uno te demanda un cuento, el otro quiere que le corrijas los deberes, con el corazón partido de dolor, el cuerpo cansado del día en el trabajo... Hasta ahora, en ese momento del día, probablemente erais dos en casa: uno bañaba, el otro freía las croquetas... Y ahora ya no, ahora tienes que lidiar tú sola con la situación.

¡Es tan fácil olvidarnos de nosotros mismos cuando estamos inmersos en la vorágine de un día duro tras otro!

En las últimas décadas hemos ido de un extremo a otro: hemos pasado de un modelo en el que «cuando seas padre, comerás huevo», donde los niños tenían que obedecer ciegamente y tener un respeto infinito a sus padres, maestros..., (o atente a las consecuencias), a otro en el que, incluso por ley, se pone por delante el bienestar del menor. Se trata de proteger a los más débiles, lo cual es sensato. Pero el devenir de los tiempos suele ser cíclico y el ser humano es muy proclive a pasarse con cierta frecuencia de un extremo a otro, como si de un péndulo se tratara, y hoy día se habla incluso de «El pequeño dictador» y «El niño tirano». Ha cambiado la sensibilidad hacia el otro extremo, algo que es muy común en la historia de las sociedades, y en esta época se percibe como atroz un trato hacia los niños que hace no tantas décadas era la norma. Ellos son ahora lo primero.

Lo que ocurre es que eso obvia y contradice una ley natural e inapelable: deben ser los padres primero. Esta afirmación suele provocar gran revuelo cuando la decimos en los cursos y en algunas personas causa un gran rechazo y enfrentamiento. Pero si se lleva a una situación límite se ve claramente por qué: sálvate tú para poder salvar a los otros después. Si no te pones la mascarilla de oxígeno tú primero, te ahogarás y no podrás salvar a nadie. Los animales tienen muy claro ese orden natural: pueden defender a muerte a sus crías, pero si llega el caso de que no haya comida para todos, no son ellos los que se quedarán sin comer, pues si no, no podrán traer más comida nunca más para nadie y todos morirán.

Algunas familias humanas actuales alteran ese orden lógico y el resultado es esa perversión de los roles donde manda más el hijo que sus padres. No lleva a buen lugar ni para unos ni para otros. A menor escala lo vemos mucho en ese sacrificio excesivo y a menudo voluntario de la renuncia a la felicidad de los padres para lograr obtener la de los hijos. Muchos matrimonios no se separan para no causarles el impacto negativo a los niños y aguantan años y años en una relación nociva para todos. Es perfecto y muy loable buscar lo mejor para tus hijos, pero no te olvides: ¡cuídate tú para poder cuidar al otro!

Sin culpa

En España, tenemos aún muy en mente la imagen del modelo de familia tradicional de padres juntos y familia indivisible. Los años de franquismo nos colocaron en una pausa en la evolución de la idea de familia que aún cargamos sobre nuestras espaldas. Esta idea tan marcada de cómo debe ser obligatoriamente la familia no existe en todas las culturas ni en todos los países. Esta creencia no nos beneficia en absoluto.

Hemos recuperado de Internet un reportaje del 2008 de «El País», que manifestaba que, en ese momento, Islandia era el país más feliz del mundo. En ese año en concreto, Islandia era el país con más tasa de divorcios de Europa, y en el que estadísticamente había más mujeres que trabajaban fuera de casa. ¿Cómo se explica que un país con un clima tan duro, con tantos divorcios, y con madres ausentes del hogar sea el más feliz del mundo?

Ellos no tienen la creencia de que lo que «funciona» es el modelo tradicional, por lo que no consideran un divorcio como una tragedia. Su enfoque es, tal y como narra el artículo «Educar niños sanos y felices, con todos los padres y madres que sea», que «es normal que las mujeres tengan hijos con más de un hombre. Pero todos son familia». Es decir, son personas prácticas que se ocupan de lo importante, que son los niños, el futuro de la sociedad, pero no se olvidan de sí mismos. Han llegado al sano equilibrio.

No te sientas culpable. Es prioritario y mucho más importante que exista una buena relación entre el niño y ambos padres a que sus progenitores vivan en pareja y simplemente compartan el hogar.

Deja de ser una heroína; olvídate de la imagen preestablecida que tiene la sociedad y ocúpate de lo indispensable. ¿Y qué es lo indispensable? Pues una mezcla de todo, que tú tienes que establecer, y no solo tus hijos. Si tú no estás bien, refugiándote en los niños, no vas a solucionar tu problema.

Necesitas cuidarte, tener vida social, hacer actividades que te gusten, tener tus propios proyectos... En definitiva, andar en tu propia búsqueda de la felicidad.

Al igual que tienes que aprender a vivir solo y adaptarte a nuevas relaciones sociales y cambios de hábitos y costumbres, las rutinas con tus hijos también deben verse modificadas. Si antes a la salida del colegio tenías unos hábitos ya establecidos y unas tareas repartidas con tu pareja, ahora o son ya todas para ti, o son todas para el otro. Cambian los fines de semana, las noches y las vacaciones. La Navidad o los domingos ya no son los mismos, ya no compartís mesa ni os desplazáis juntos a casa de otros familiares. Hay que establecer rutinas nuevas, que os hagan sentir cómodos a todos, y que refuercen los vínculos con vuestros hijos. Quizás podéis consensuar los planes entre todos, o dar a elegir una vez a cada uno, o hacer un concurso de quien tiene el plan más divertido. Como en todos los aspectos, con tus hijos quizás te habías situado en una zona de confort que no te dejaba ver, incluso antes de la ruptura, que había aspectos que podían mejorar. La separación te obliga a mirar donde antes quizás te habías acostumbrado a no mirar, porque todo iba rodado. Aprovecha la oportunidad y pon luz en las zonas oscuras de la relación con tus hijos, llenándolas de amor para reforzar los vínculos existentes.

Resumen

Es mejor tener dos progenitores felices separados que dos de infelices juntos. Tu deber es procurar tu bienestar para ser un buen ejemplo para tus hijos.

Es importante crear nuevas rutinas de las que disfrutéis todos.

Encuentra un equilibrio entre tu vida y el cuidado de tus hijos.

CAPITULO V

Las relaciones sociales

Una ruptura implica un terremoto en la vida social de las personas. Tu entorno social estaba formado por amigos comunes, tu familia, tu familia política, y el resto de personas que pueda tener la pareja a su alrededor.

La ruptura irrumpe en ese círculo social, dejándolo devastado y aumentando tu sensación de soledad.

Los amigos se reparten, unos se pierden, y otros se posicionan en el lado de uno de los miembros de la pareja. Las actividades que realizabas con tu familia política dejan de existir, por lo cual otra parte de tu vida se queda vacía.

Tenemos que estar preparados para esta reestructuración de la vida social. Inicialmente se suele percibir como negativa, pero deberemos entrenar una mirada neutra para llegar a entender que no es buena ni mala en sí, ni mejor ni peor, sino que se trata de cambios a los que poco a poco, y con una actitud adecuada, deberemos tener que habituarnos para que todo encuentre un nuevo sitio.

— 26 —
Los amigos también se reparten

Una historia tiene dos finales
el tuyo y el mío
no recuerdo cuántos daños cerebrales
causamos los dos

Pero es cierto ninguno está contento
yo no soy el tuyo y tú no eres mi centro
ya no, esto se acabó

Nada es tuyo, nada es mío
¿cómo repartimos los amigos?
¿cómo repartimos los recuerdos de este amor?

Ahora está claro cada uno por su lado pero
¿de qué lado estoy?
si no pierdo y sé que no he ganado sino
no sé donde voy

He perdido el toque objetivo
todo lo que tuve ya no sé si era mío
ya no, esto se acabó .

«¿Cómo repartimos los amigos?» — Ella baila sola

Muchos desaparecen

Jorge — Rosa

Rosa se siente sola; tenía una vida social muy activa con compañeros del trabajo de Jorge. Les invitaban a muchos actos sociales, compartían veladas, salían a cenar, incluso hacían escapadas de fines de semana con varias familias… Ahora Jorge tiene una nueva pareja, y se lleva a la «nueva» a todos estos actos. Rosa se siente «sustituida», sola e impotente y se amarga pensando que era totalmente prescindible.

Se llevaba muy bien con las mujeres de los compañeros de Jorge; pero después de la ruptura, algunas ni siquiera la han llamado para saber cómo está o qué ha pasado. Simplemente han desaparecido de su vida.

Ella dejó de ver a sus amigas debido a la intensa vida social que tenía Jorge y ahora de repente no sabe con quién contar. Siente que ha estado perdiendo el tiempo todos estos años con las personas equivocadas.

Cuando empezaste tu relación tú tenías tus amigos y tu pareja los suyos. Con el tiempo muchos de los amigos de cada uno, pasan a ser también de la pareja, compartiendo aspectos de la vida en común. Otras amistades se hacen menos evidentes en tu vida, puesto que vuestras necesidades de socialización o momentos vitales quizá son distintos (por ejemplo, los amigos que tienen niños y los que no). Y por supuesto, también aparecen otros nuevos, fruto de la vida laboral, o de la vecindad, o del colegio de los niños, etc.

Es decir, el inicio de tu relación causó una reestructuración de amigos, aunque no te dieras cuenta en su momento, puesto que estabas inmerso en tu relación de pareja, y también el final de la relación lógicamente volverá a provocar una necesidad grande de reajuste. No es exclusivo de la ruptura, en el curso de la vida vamos teniendo diferentes amigos, algunos perduran durante muchos años, algunos solo forman parte de tu vida en un corto periodo de tiempo…, pero es lógico que los amigos vayan y vengan porque es algo que se produce de forma natural. Las reestructuraciones ocurren en las mudanzas, cuando tienes hijos, cuando avanzas en edad, o simplemente cuando cambias de aficiones. Es algo constante en nuestra vida.

Un punto diferencial en las rupturas es que el cambio viene de sopetón. Un cambio brusco en tu vida, causa un cambio brusco en tu red de amigos, y como estás en un periodo especialmente sensible te afecta mucho más que en cualquier otro momento. Fuese quien fuese el que aportase a los amigos, tú ya los sientes tuyos también, ya que has compartido muchos años de tu vida con ellos, y en este momento además los necesitas más que nunca.

Los amigos por su parte tampoco lo tienen fácil y se les exige que tomen partido por uno u otro bando. Y algunos de ellos también, como el resto de la sociedad en que vivimos, es posible que quieran su explicación y saber quién es el malo para posicionarse. Para ellos también supone un cambio complicado, si hacían una barbacoa antes os invitaban a los dos, ahora tendrán que decidir si invitan a uno o a los dos, y esto les violenta. A veces optan por no invitar a ninguno para no tomar partido.

Si eran más amigos de tu ex, su relación contigo cambia, ya no es natural, se siente la incomodidad en la relación, y muchas veces se acaba perdiendo el contacto. Esto aumenta la sensación de soledad que sientes, puesto que si antes compartías algunos actos sociales, o determinadas actividades con esas personas, todo ello también desaparece de tu vida.

Solo podemos decirte que no te lo tomes como algo personal, con el tiempo volverás a disfrutar de relaciones de amistad, igual de estables que las que tenías, y probablemente mucho más satisfactorias. El proceso forma parte de la reestructuración de tu vida, y es algo que tienes que pasar.

Una vez pasados los años, yo (Ángela) recuerdo que esa parte me dolió, pero ahora mirando atrás, me he dado cuenta de que los buenos amigos permanecen, y siguen estando a mi lado; y los que se quedaron en el camino, no eran tan amigos como yo creía. Cuando miro a mis amigas de la universidad, o a algunos amigos que heredé de relaciones pasadas, que llevan veinte años o más conmigo, me llena de satisfacción saber que están a mi lado, en lo bueno y en lo malo.

Reconstruir la red

Reconstruir el entorno social es más fácil para algunas personas que para otras. A algunas les sale de forma natural, otras tienen que trabajar más en ello. Una oportunidad que te aporta la ruptura es que el tiempo que antes pasabas con tu pareja ahora puedes emplearlo en ti, en conocer nuevas personas y en potenciar otras buenas relaciones para las que antes no tenías suficiente espacio.

Vicente — Ana

Vicente ha sido durante muchos años un hombre de su casa. Aunque le invitaban constantemente a salir y a hacer diversas actividades, disfrutaba de su hogar y de su familia, y decía la mayoría de veces que no. Esto hizo que con los años sus amigos dejasen de invitarle. Una vez que se le vino encima la ruptura echó mano de la agenda, y fue comunicando a sus diferentes compañeros su nueva situación. Muchos de ellos han vuelto a llamarle y a contar con él para sus planes. Seis meses después de su ruptura con Ana, tiene la agenda llena, y cuenta con un soporte social que le hace sentir que no está solo, aunque no esté en la situación que realmente le gustaría, que es con su familia.

El ejemplo de Vicente se puede convertir en un buen consejo. Cuando coges el teléfono para decir a la gente, aunque haga tiempo que no les veas, que cuenten contigo, quizás te encuentres alguna negativa, pero no todas lo serán. Coge el teléfono, aunque te de miedo el rechazo, aunque te dé vergüenza. Es simplemente probabilidad. Cuanta más gente sepa que quieres que cuenten contigo para sus planes, más probabilidad tienes de salir, divertirte y hacer cosas nuevas.

Apúntate a actividades que te gustan, porque será donde encontrarás más gente afín a ti. Hoy día, Facebook y otras redes sociales también pueden ayudar. Si tenías añadida a tu pareja en tu perfil, ese fatídico mensaje automático que he visto alguna vez que sale sin que quieras cuando la desenlazas, puede acelerar enormemente la propagación de la noticia y encontrarte con varias llamadas esa tarde.

Tú decides el grado de intimidad con que quieres tratar tu ruptura; es cierto que si decides hacer público el final de tu relación de pareja con algún mensaje a tu red de contactos, puede ser una forma rápida de que todos conozcan tu nuevo estado, pero desde luego, tampoco es necesario pregonarlo a los cuatro vientos. Probablemente, es mucho mejor contárselo primero a las personas importantes en una conversación a solas, ya sea por teléfono o, si es posible, en persona. Como decíamos, ahora que quizá tengas más tiempo, es un estupendo momento para cuidar relaciones que puedan haber estado algo dejadas en los últimos tiempos.

Jorge — Rosa

Después de revisar conjuntamente la agenda de Rosa vimos que había algunas antiguas amigas a las que podía llamar, y reuniendo el valor, que en el caso de Rosa era algo que le faltaba, se animó e hizo las llamadas. Entre todas sus amigas de antes, quedaban algunas solteras que se seguían viendo, iban al cine y hacían un montón de actividades juntas. Estuvieron encantadas de tenerla en cuenta para sus planes.

Los fines de semana sin los niños eran eternos, y Rosa se moría de celos. Una de sus pasiones es la cocina y descubrió un curso organizado por una conocida revista al que no dudó en apuntarse. De allí surgieron más talleres y encuentros, y ha nacido un bonito grupo de amantes de la cocina que quedan fuera de la escuela para probar restaurantes y para cocinar en grupo estableciendo una especie de competición muy gratificante para todos.

Poco a poco, volverás a tener un entorno social, diferente del que tenías, pero con el que podrás compartir estupendos ratos. Solo tienes que tomarte el esfuerzo de construirlo.

Dicen que la suerte, como la inspiración, te tiene que pillar siempre trabajando. Quedarte en casa, lamentarte de los amigos que has perdido y de lo solo que te sientes, no te llevará a mejorar la situación. Tienes que establecer un plan efectivo de recuperación social con las claves que hemos propuesto.

Resumen

La reestructuración de amigos ocurre constantemente, no es personal, no es un agravio; asúmelo como parte del proceso natural.

Coge tu agenda y quizá tu perfil si estás inscrito en alguna red social y revisa antiguos compañeros con los que podrías tener vida social. No te cortes en contactarles, cuanto más amplio sea el abanico de posibilidades, mejor.

Apúntate a actividades que te gusten. Será donde más gente afín a ti encontrarás.

Amigos nuevos, y amigos que se quedan

Me llamó una madrugada de resacón,
diciendo que le dolía el puto corazón.

Que su chica se había marchado a Cancún,
con un charlatán que vendía champús.

Yo no tenía nada mejor que hacer,
y aunque no me apetecía me levanté…
por aquello tan antiguo de la amistad.
Para que no digan mal amigo ya me pedirás.

Nos vimos en un bar del centro de la ciudad,
para tomar unas copas y charlar.
La locura y los celos de su boca escupió,
pero cometió un gran fallo me pidió mi opinión.

Al fin y al cabo lo que cuenta es un polvo bien «pegao»,
un poco de ternura y un bistec «empanao»,
con cuatro patatitas y un huevo bien «pringao».

Si te crees que miento vamos arreglaos.
Y si esta caricia no sabes apreciar,
las siete delicias no podrás disfrutar,
y si te enamoras en plan culebrón,
cómprate un estuche para tu corazón

Me dijo que era un borde y un maricón,

me dijo mal amigo y trató de cabrón,
si lo sé no te llamo, yo le dije «, por favor,»,
lo que quieras oír dámelo en un guion. .

«Puto corazón» — Daniel Higiénico y la Quartet De Baño Band

No todos saben

Quien no ha pasado por la ruptura de una relación intensa antes, o quien no tiene una personalidad muy sensible, no puede ni tan siquiera imaginarse la magnitud del dolor que se puede sentir en una separación. Nos viene a la memoria Tom Hanks en «Algo para recordar» (Sleepless in Seattle). Su hijo llama a un programa de radio para que entre en directo su padre, y la locutora le pregunta si duerme bien por las noches, si puede volver a amar como amó a su mujer, y qué va a hacer con su vida. Tom Hanks le contesta: «Voy a levantarme cada mañana y respirar durante todo el día, y dentro de un tiempo, no tendré que acordarme de que me tengo que levantar cada mañana y respirar...»

El dolor es de una magnitud indescriptible, y no toda la gente puede ayudarte a sobrellevar eso. Necesitas personas que te hagan sentir mejor, no que te hagan sentir peor. No todo el mundo tiene las habilidades emocionales para ello.

Algunos amigos que se pierden en momentos de ruptura son, quizá, los que tú necesitas, pero no tienen la capacidad de ayudarte.

Hay amigos que pueden perdonar, ser tolerantes, o entienden que no son capaces de empatizar contigo en ese momento. Otros son incapaces de perdonar lo que juzgan como traición y nunca más vuelven a contar contigo.

Probablemente no pueden entenderte pero piénsatelo antes de dejarte llevar y romper amistades a diestro y siniestro porque traicionan tus expectativas sobre la amistad. Sé consciente de que estás en un momento emocional muy intenso, que tu razonamiento está alterado por todo lo que está pasando y que tus necesidades pueden provocar exigencias desmesuradas. Al fin y al cabo los amigos, igual que las parejas, son las que, a pesar de todo están a tu lado, de modo que sé congruente tú mismo aceptándoles como son. Te pueden sorprender en el futuro Quizás esa persona no puede darte lo que necesitas en estos momentos, pero en algunos otros sí podrá estar a la altura de las circunstancias. Eso no significa que no te duela el no poder contar con él ahora que tanto sientes que lo necesitas, pero es lo que hay.

Luis — Silvia

Silvia está muy enfadada con su amiga Laura. Se conocieron en la Universidad y desde entonces han sido inseparables. Laura nunca ha tenido una ruptura importante en su vida, y le cuesta entender lo difícil que le está resultando la situación a Silvia. Silvia la ha llamado un par de veces desde que ha roto con Luis, pero no encuentra el apoyo que necesita. Ella espera encontrar un apoyo, un hombro sobre el que llorar, y se encuentra con que Laura le contesta siempre que no es nada, que se le pasará, quitándole importancia a las necesidades de Silvia. En la última llamada, Laura, que está a punto de casarse, le insinuó a Silvia que le estaba resultando un problema su ruptura porque no sabía en qué mesa sentarla en la boda, hecho que enfureció a Silvia.

Por otro lado, Silvia está muy sorprendida porque se encontró por la calle con una amiga de la infancia, Belén, a la que hacía diez años que no veía, y le contó brevemente lo que le estaba pasando. Belén, desde entonces, la llama todos los días para saber cómo está, y mantiene largas conversaciones con ella en las que deja respetuosamente que Silvia se desahogue.

Lo que le ha pasado a Silvia es lo habitual. En las rupturas, en ocasiones se pierden viejos amigos, otros se renuevan, o simplemente aparecen de nuevos.

Apártate de los amigos que no te convienen en este momento.

El amigo acogedor

Desde nuestro punto de vista hay varios beneficios que los amigos te pueden aportar y es muy difícil que todos estén reunidos en la misma persona, por lo que la riqueza de tu red, te ayudará sin duda a encontrar los adecuados.

Por un lado, la gente que necesitas a tu vera te tiene que animar y ayudar a salir adelante; debe estar de tu parte de manera incondicional.

No es tiempo ahora, sobre todo en los momentos iniciales que son un shock, de que los amigos te hagan ver tu responsabilidad o el futuro maravilloso que te espera; sino que necesitas a alguien que sepa sostener la situación, acogerte y cuidarte. Notarás muy fácilmente quién puede hacerlo y quién no.

Si no te sientes bien con esa persona, no es el momento de estar con ella. Si en una cita con un amigo te vas más hundido de lo que llegaste, si te culpan de lo que pasó, si no toman en serio tu sufrimiento... no son la compañía que ahora necesitas.

Nos contaba una amiga que el comentario que mejor le sentó cuando su novio la dejó completamente tirada, sin casa, en plenas Navidades, fue el de una amiga suya que le dijo: «Si le encuentro, le escupo a la cara». Quizás no sea el ejemplo más elegante, pero sí la postura adecuada; su amiga estaba de su parte y eso la hizo sentir mucho menos sola.

Manuel

Manuel estaba desesperado, le costaba respirar, no sabía qué hacer con su cuerpo... y decidió pasar a ver a su amigo Gerardo. Él estaba haciendo la cena y quería ver un programa de televisión que empezaba en unos minutos. No entendió el dolor de Manuel. Le dijo que tenía cosas que hacer y que en estos momentos no podía atenderle. Manuel dice que nunca podrá perdonar que Gerardo le dejase tirado en ese momento tan importante de su vida.

Faltaría saber por lo que estaba pasando Gerardo y por qué no estaba disponible. Puede que tuviera sus buenos motivos para comportarse así. Todos tenemos nuestros problemas, pero lo que está claro, es que, sea por lo que sea, no es el amigo que ahora necesita Manuel.

El amigo que acompaña

Si unos amigos son estupendos para cuidar y ponerse de tu lado incondicionalmente, otros son unos perfectos acompañantes en actividades.

Manuel — Candela

Manuel se dio cuenta de que necesitaba a alguien para salir a hacer ejercicio y sentirse menos solo. Cogió a tres amigos y les propuso verse una vez a la semana con cada uno de ellos. Dos eran jugadores de pádel y al tercero le gustaba correr. También tenía problemas de autoestima, por lo que escogió a cuatro personas y les contó que, dada la situación en que estaba, le costaba recordar las cosas buenas que tenía y necesitaba que le echasen un cable. Escogió a sus padres, a su hermana, y a una amiga suficientemente sensible para entender esa necesidad.

Candela reconoció que tenía necesidad de hacer cosas con otras personas dado que su mayor problema en su matrimonio había sido hacer cosas sola. Detectó que necesitaba quedar con gente y salir a tomar el té a sitios bonitos, ir al cine, ir a cenar a restaurantes de «nouvelle cuisine», dar paseos por la playa... Reunió a sus amigas y les dijo que necesitaba todo esto para volver a recuperar su bienestar; todas estuvieron encantadas. Ahora tiene la agenda completa y, en ocasiones, no encuentra huecos para todos los planes que le proponen.

El amigo despertador

En etapas más avanzadas de tu proceso, cuando ya estás preparado para aprender y sacar lo mejor de la experiencia dolorosa por la que has pasado, es ideal ese otro tipo de amigo que te da qué pensar. Quizá te aporta o te ayuda a ver un punto de vista que no habías tenido en cuenta, o te hace ser más consciente de lo que ocurrió, de tus errores, de tus aciertos, de cómo crecer para que no vuelvas a sufrir los mismos problemas, incluso a veces te llega a desafiar tu visión, confrontándote, mostrándote lo que no quieres ver, la información que te falta para ver el problema en su conjunto y ayudándote a ver todo más claro.

Candela tiene una amiga, Julia, a la que en el grupo a veces la llaman «la psicóloga», aunque trabaja en una tienda. Le gusta quedar con ella para tomar un café cuando siente que necesita entender más sobre lo que pasó realmente en su relación, así como acercarse al punto de vista de su exmarido. Julia le hace explorar su necesidad de estar siempre con gente y de dónde le viene su sentimiento constante de soledad. Comprende, gracias a ella, que las demandas de apoyo que hacía a su exmarido eran excesivas e insostenibles y que su soledad viene de no atreverse a estar sola consigo misma. Seguirán indagando en el siguiente café.

Amigos con los que reír

Reír. No hay mejor terapia que reír. En la serie «Sexo en Nueva York», cuando Carry se siente abandonada en el altar, se va de viaje con sus amigas y se pasa varios días encerrada en su habitación de hotel. La primera vez que sale les pregunta a sus amigas: «¿Alguna vez volveré a reír?». Ellas le prometen que sí, que volverá a reír. Lo consigue después de unos días, cuando su amiga se siente totalmente indispuesta por la ingesta de agua de la zona, no puede llegar al baño, y se hace caca en los pantalones. Me encanta esa escena. El ataque de risa que tienen todas es fantástico y muy terapéutico. Estas cosas no te pasarán encerrado en casa; necesitas vivir, relacionarte, interactuar con tu entorno, y buscar sitios y gente que te hagan sentir a gusto.

Juntarte con otra gente que esté pasando por lo mismo que tú también es bueno. Te ayuda a sentir que no estás solo, a compartir tus momentos, y también a reírte de lo que te está pasando. Estar con gente en igualdad de condiciones, que está sintiendo cosas parecidas a ti, hace que no te sientas «fuera de lugar».

Ten amigos de ambos sexos

Tener amigos de ambos sexos también puede ayudarte a centrarte. De todos es conocido que la mente de hombres y mujeres funciona de forma distinta. Las mujeres son mejores para temas emocionales, los hombres para temas prácticos. Las mujeres ofrecen consuelo, los hombres consejos.

Yo (Ángela) cuando estoy inmersa en mis emociones, que a veces no me dejan pensar de forma práctica, quedo con mis compañeros de mi anterior trabajo porque ellos me ayudan a salir de mi estado y a ponerme en la posición práctica de la vida; cuando necesito consuelo, quedo con mis amigas de la universidad o con mi amiga Silvia. La amistad con personas de distinto sexo me proporciona un equilibrio esencial.

Pide

Necesitas encontrar tus propios puntos de apoyo, a quien puedas pedir lo que necesitas, y con quien puedas contar de una manera real y efectiva. Identificar cuáles son tus propias necesidades afectivas, y averiguar quién puede satisfacerlas. Una vez tengas claras tus prioridades, deberías preguntarles a tus amigos si puedes esperar eso de ellos. Las necesidades de cada uno son distintas. Algunos quieren que se les escuche, y que no les den consejos, otros demandan consejos, hay quien solo necesita a alguien con quien poder olvidar lo que le está pasando y jugar un partido de pádel. ¿Cuáles son tus necesidades?

¿Qué esperas de tus amigos? Si tú no lo sabes, ¿cómo lo van a saber ellos? Si tú no les pides lo que necesitas, ¿cómo vas a saber qué es lo que pueden darte?

Tenemos la idea de que si pedimos algo, pierde su valor; o que nos humillamos, nos mostramos necesitados o nos ponemos en una posición de vulnerabilidad. Nada más lejos de la realidad. Todos necesitamos de los demás. Muchas veces damos lo que querríamos recibir, sin pensar si eso es lo que quiere recibir la otra persona. La persona que te quiere, está deseosa de darte lo que tú necesitas, de entenderte y de darte soporte.

También es importante no descargar la necesidad sobre una sola persona, porque puedes «quemarla». Si tú necesitas hablar una hora por teléfono con alguien todas las noches cuando llegas a casa, no puedes hablar todas las noches con la misma persona porque va a terminar odiándote, por muy mal que lo estés pasando, y por mucho que te quiera. Necesitas contar, por lo menos, con cuatro personas que puedan satisfacer esa necesidad.

Cuando empieces a practicar el pedir a la gente que satisfaga tus necesidades, te vas a sorprender de la buena predisposición que vas a encontrar.

Como en todos los ámbitos de nuestra vida, el problema es que muchas veces no concretamos lo que queremos y esperamos que todas las cosas pasen por arte de magia. Sentimos un vacío por dentro, y nos quedamos con esa sensación sin recabar qué hechos concretos causan esa sensación.

A veces son las cosas más sencillas, las necesidades más simples, que nos producen un sentimiento desmesurado en comparación a las necesidades que queremos cubrir. ¿No te parece un poco absurdo? Párate a pensar y verás que funciona así.

Silvia

Aunque no hablamos con Laura, pensamos que, dado que han sido grandes amigas durante estos años, es de suponer que le encantaría aliviar el dolor de su amiga Silvia; pero nos encontramos con una serie de circunstancias. En primer lugar, a Laura le cuesta empatizar con los sentimientos de Silvia, puesto que nunca ha pasado por una situación similar; en segundo lugar, se encuentra en una fase distinta de su vida puesto que está preparando su boda, por lo que le cuesta conectar con su dolor; y en tercer lugar, es probable que no sepa cómo hacerlo. En este caso sería responsabilidad de Silvia comunicarle a Laura exactamente qué es lo que necesita de ella. Si aún así Laura es incapaz de satisfacer lo que Silvia necesita, quizá no sea la persona adecuada en quien apoyarse durante esta fase.

Sustituye las quejas por demandas concretas; las quejas no gustan. No es lo mismo quejarte de que te sientes solo y desgraciado que identificar que lo que te haría sentir menos solo sería salir a dar un paseo con tu amiga y pedírselo. Las quejas aburren a la gente, hacer que se alejen de ti y resta energía a los que te rodean. Si aún así no encuentras la respuesta que necesitas en este momento, quizás esa no es la persona adecuada. Tal como hemos comentado antes, no es que no te quiera, no por eso tienes que dejar atrás esa amistad, simplemente no es la persona que necesitas ahora.

Deja de esperar que los demás adivinen. Aclara qué necesitas, construye una red de personas que puedan satisfacer esa necesidad, y pídeselo abiertamente. Te sorprenderás de la efectiva respuesta que vas a encontrar, y de lo efectiva que va a ser la resolución de tus necesidades. Además, cuántas veces después de enterarte de que alguien había tenido un problema, y no te llamó, le has dicho: ¿Por qué no me llamaste? Y casi siempre seguro que lo decías de verdad, de corazón. Tú querías estar allí cuando tu amigo te necesitaba, es más, hubieses estado encantado de que te dijese qué necesitaba exactamente de ti, porque muchas veces no sabemos cómo ayudar. Que te digan exactamente lo que necesitan te facilita las cosas.

Da

Y ya que tienes o has encontrado a estos fantásticos amigos nuevos, ahora es la hora de cuidarles. Escúchales, ellos también necesitan hablar; agradéceles de forma concreta lo que ellos hacen por ti. No vale decir gracias por estar a mi lado. Agradece exactamente lo que ha hecho por ti: «Muchas gracias por venir a tomar un café conmigo esta tarde. Sé que te ha resultado difícil porque tenías mucho trabajo, y agradezco sinceramente que hayas realizado este esfuerzo por mí.» Para que una relación de amistad funcione a lo largo del tiempo debe de ser recíproca, y ambas personas deben sacar provecho de la situación. Las relaciones unidireccionales no funcionan a largo plazo, en ningún entorno: ni laboral, ni personal.

Resumen

Identifica tus necesidades y búscate un amigo o varios que cubran cada una de ellas.

Ten amigos de ambos sexos.

Busca gente que esté en una situación similar a la tuya.

Ríete. Es una gran terapia.

Cuida de tus amigos; las relaciones deben ser recíprocas.

— 28 —
Las rupturas y el ruido

Y al final números rojos en la cuenta del olvido,
y hubo tanto ruido que al final llegó el final.

Mucho, mucho ruido,
ruido de ventanas,
nidos de manzanas
que se acaban por pudrir.

Mucho, mucho ruido,
tanto, tanto ruido, tanto ruido
y al final por fin el fin.

«Ruido» — Joaquín Sabina

Si el río suena, agua lleva

No hay nada que cause peor impresión que alguien que pone verde a su expareja, por muy mal que ésta se haya comportado. Igual pasa en las entrevistas de trabajo. Yo (Ángel) he trabajado como seleccionador de personal y lo peor que puede hacer un candidato es hablar mal de su antiguo jefe. Los insultos son algo que al final siempre termina en tu contra y te rebotan, en forma de desconfianza hacia ti. Si estás esparciendo mierda, lo normal es que algo te salpique.

Para empezar la persona a la que se lo estás contando puede pensar que si dices eso de tu expareja y tienes tanta facilidad para ponerle verde, podrías hacer lo mismo con él. Otra cosa que solemos pensar es que nadie tiene toda la culpa, de modo que otra pregunta que nos puede venir es: ¿Qué habrá hecho este para que acabaran así las cosas?

Cuando tú hablas mal de terceras personas, al final perjudicas a tu propia imagen. Con esto no pretendemos decir que, con tus mejores amigos e incluso con tus padres, no puedas desahogarte. Pero jamás de los jamases con tus hijos, y tampoco con personas que no formen parte de tu círculo más cerrado de amistad. Y nos referimos a tu círculo más íntimo, ni por asomo a nadie que compartieses con tu expareja.

En su afán de venganza, de no quedarse con la culpa, algunos se lanzan a contar detalles íntimos de la que ha sido su pareja, y a criticar todo lo que hace. Si te dedicas a eso, en realidad no estás destruyendo su reputación, sino la tuya, y mostrando tu tristeza, tu amargura, y tu afán de venganza al resto de la sociedad. Además, dejar por los suelos a alguien, ¿qué dice de la persona que fue su pareja? No te deja mejor.

Tienes que intentar hallar tu serenidad para no comportarte de esa forma. En la vida te arrepentirás muchas veces de lo que no has hecho, pero también de lo que has dicho. Además, mientras estás hablando te estás envenenando a ti mismo y el fuego que llevas dentro se va alimentando de tus palabras. Dicho fuego deberías procurar apagarlo, porque se genera de tus energías, y necesitas tus energías para ti mismo. ¿En serio quieres regalarle tus energías a tu expareja?

Si tienes hijos es aún peor; tus hijos son la mitad tuyos y la mitad de tu expareja. No es positivo que hables mal del padre de tus hijos, de su progenitor. Yo (Ángela) puedo decir lo que quiera de mi padre, pero no soporto que nadie diga una palabra en contra de él, ni siquiera mi madre. Quizá con la única que a lo mejor puedo despellejarle un poco, y solo un poco, es con mi hermana, porque estamos en igualdad de condiciones, pero aun así me escuece. Y es que todos queremos tener los mejores padres, y todos queremos que la gente crea que tenemos a los mejores padres. Si tú esparces «ruido» en la calle sobre el padre de tus hijos, al final los estás perjudicando a ellos.

Y eso sin contar que los pequeños tienen «oídos» en todas partes, están en todo, lo oyen todo. ¿Cuántas veces has tenido una conversación telefónica con alguien pensando que no se enteraban y se han enterado de todo? Después la han contado, la han reproducido, y han creado su propia versión con la mitad de lo que han oído. Mucho cuidado con eso.

Estamos seguros de que deseas ser un ejemplo para tus hijos, y hablando mal de uno de sus progenitores, o hablando mal de quien sea, no estás siendo un buen ejemplo. Contrólate.

Si no tienes ningún soporte social que pueda ayudarte en tu desahogo, piensa en acudir a un terapeuta, o a un *coach*, que te ayude a trasformar todo ese veneno en algo positivo. Ya sabes que si apuntas acusando con tu dedo índice, quedan otros tres dedos en tu mano que te apuntan a ti mismo. ¿Te atreves a hacer un ejercicio de honestidad? ¿Cuánto hay en ti de eso que ves y criticas en el otro? Si le acusas por ejemplo de que traicionó tu confianza puesta en él, indaga, ¿a quiénes has traicionado tú a lo largo de tu vida? ¿O quizás, a quien realmente estás traicionando es a ti mismo? Vemos en los demás rasgos que conocemos, si no, no los reconoceríamos. Además, si nos duelen o molestan en otros, probablemente es porque no los tenemos bien gestionados o superados con nosotros mismos.

Por ejemplo, si me molesta la debilidad de otra persona, probablemente es porque en algún momento te dolió tu propia debilidad, la cual conseguiste tapar como pudiste, a veces, tal vez convirtiéndola en su opuesto, en dureza. Seguro que un buen camino a tomar es trabajar contigo mismo, olvidándote ya de lo que hizo tu ex e incluso dándole las gracias por haberte mostrado el camino por dónde crecer.

Filtra

También debes poner límites a lo que quieres que te digan de él. ¿De verdad quieres saber que le han visto besándose con una pechugona en un bar de Lavapiés? ¿O que está muy feliz? ¿O que está muy triste? ¿Cómo te afectan a ti este tipo de comentarios? Es algo que tienes que decidir y poner límite claro. Si no te interesa, pídele a la gente que por favor, no te lo cuente. Si te interesa, si te mueres de ganas por saber, analiza cómo te afecta, y si el resultado no es bueno, no es el que tú quieres, ponle límite.

Te puede ayudar aplicar el llamado triple filtro de Sócrates. Antes de dejar que te cuenten algo pregunta:

— ¿Es algo absolutamente cierto?

— ¿Es algo bueno sobre la otra persona o bueno para ti?

— ¿Es algo útil?

Y si no es cierto, ni bueno, ni tan siquiera útil, ¿para qué lo quieres saber?

Cuando dices que te divorcias, también mucha gente te habla de sus experiencias (Rubenstein, 2006). Tal como comenta Rubenstein, la gente se muere por contarte experiencias terribles que conoce, y darte sus opiniones y consejos según su propia visión de lo que es una ruptura. «Pues a mi primo, su mujer le dejó desplumado y terminó debajo de un puente vendiendo chatarra». «Mi hermana, jamás lo superó», «a Menganito, le quitaron a los niños y no los ha visto más». Aunque lo hagan con la mejor intención, esos comentarios no te ayudan, hacen que te construyas, o que quizás provoques, una realidad ocasionada a partir de esas falsas expectativas. Una realidad que no tiene por qué ser la tuya.

No olvides que cada ruptura es única, y que tú eliges la clase de ruptura que quieres vivir. Lo que le haya pasado a otra gente, no tiene por qué pasarte a ti, y además, con comentarios de terceros o de una de las partes no sabes el resto de las circunstancias que rodearon aquel caso.

Lo mismo pasa cuando tienes un bebé. Y yo (Ángela) recuerdo que la gente me decía: «uy, se te acabó el dormir», «seguro que tiene cólicos», «se te acabó la libertad»..., y todos estos comentarios a mí me causaban angustia. Pues bien, creo que tan solo he estado una o dos noches sin dormir por culpa de mis hijos. Con el mayor estuve una temporada sin dormir porque me empeñé en que durmiese en su cuna, pero cuando dejé de insistir, allí está él durmiendo tan feliz. Con dos bebés que he tenido, cólicos tan solo una noche.

Y nunca me había sentido más libre que con mis hijos. Es verdad que no salgo mucho por las noches, pero no tengo en absoluto la sensación de que me quiten la libertad; yo prefiero estar con ellos porque sé que esta época pasa volando.

Escuchar los comentarios de otra gente me causó una angustia innecesaria. Es algo que me podría haber ahorrado. Pues lo mismo pasa con los comentarios acerca de otras rupturas, causan ruido innecesario a nuestro alrededor, y lo que es peor, en nuestro interior.

Las personas que realmente quieren ayudarte no deberían darte consejos o ponerse en lo peor, sino ofrecerte su apoyo incondicional y preguntarte sinceramente qué pueden hacer para ayudarte.

Resumen

No hables mal de tu expareja.

Controla lo que te cuentan de tu expareja.

Las experiencias de ruptura de los demás no tienen por qué ser la tuya.

— 29 —
La familia

La más bonita sin duda eres tú,
la más auténtica de todas tú,
si tú me abrazas no existe el dolor,
si tú me hablas yo entro en razón.

Con solamente mirarme una vez
guías mis pasos allá donde voy
y es que el pilar de mi vida,
tus ojos azules son mi religión.

Que no soy fácil lo sabes muy bien,
que me has cosido las alas también,
que sin tus manos no puedo vivir,
que con tu calma consigo seguir.

«Te voy a decir una cosa» — La Oreja de Van Gogh

197

Tu familia siempre será tuya

Aunque tengamos treinta, cuarenta, cincuenta, sesenta, setenta años, necesitamos sentir la aprobación de nuestros padres. Queremos que se sientan orgullosos de lo que hacemos, seguimos siendo como niños pequeños ante ellos. Por eso la relación con nuestros padres no es muchas veces un camino de rosas.

Conciliar nuestros objetivos vitales, nuestras decisiones, nuestro modo de vida, nuestras creencias, y nuestros valores con el objetivo vital de nuestros padres (del cual muchas veces formamos parte), con su modo de vida, sus creencias y sus valores es harto difícil.

Quizás ellos piensan en el matrimonio «hasta que la muerte nos separe», mientras que nosotros no pensamos igual; piensan que tenemos que tolerar lo que no nos gusta de nuestra pareja, y resistir contra viento y marea, mientras que nosotros vamos en busca de otras cosas.

Si a eso le juntas la sinceridad feroz de muchas madres, se convierte en una bomba de relojería. Por ejemplo, si eres chica, cuántas veces habrás salido de tu cuarto toda mona para ir a una fiesta, completamente satisfecha, y te han plantado de repente un «pareces una mesa camilla», o un comentario similar. Ellas son capaces de ver la mancha más diminuta en tu ropa, la arruga más recóndita, y no tienen ningún complejo en decirte lo que piensan, y así con todo... Cómo criar a tus hijos, cómo vestirte, cómo vivir... Algunas con el tiempo aprenden a respetar que tienes tu propia vida, algunas no lo aprenden jamás, pero a pesar de todo, es una gran suerte poder disfrutar de la sinceridad de una madre y de saber que está a nuestro lado de manera incondicional.

A lo peor, en tu caso no mantienes la relación con tu madre o tu padre o con ninguno de ambos, fruto de algún cúmulo de enfrentamientos o a partir de una situación dolorosa que viviste. Si notas resentimiento hacia ellos, tajantemente te digo: reconcíliate urgentemente. No es imprescindible hacerlo de forma directa (puede que incluso ya hayan fallecido) pero siempre puedes reconciliarte en tu interior.

¿Por qué es tan importante? Si te resientes, rechazas, pero en este caso, rechazar a tus padres no es irte de un trabajo o no gustarte una película en el cine. Si rechazas a tus padres te estás rechazando a ti. Tu sangre, tus genes, tu familia. ¿De dónde crees que sacaste tu energía vital y la base de lo que eres? Separándote de ellos piensas que rompiste un lazo que realmente es irrompible, hagas lo que hagas, porque lo llevas dentro.

Tus padres están en ti, seas consciente o no, y cualquier lucha contra ellos es un ataque contra una parte de ti mismo. Los médicos aceptan que un buen porcentaje de enfermedades (cada vez más) tienen un alto componente psicosomático en su aparición, es decir, te las provocas tú mismo mediante tu pensamiento y tus sentimientos. Especialmente las enfermedades autoinmunes, donde es tu propio cuerpo el que pelea contra sí mismo, pero también, por ejemplo, algunos tipos de cáncer. Por tu propia salud: reconcíliate. Acepta lo que son o fueron, lo que te dieron, y haz lo mejor que sepas con ello. Lo contrario, rechazar su fuerza y su aportación, te deja débil y sin raíces.

Como decírselo

Volviendo al tema de tu ruptura, el plantarte delante de tu familia y anunciarles que tu relación ha terminado es muy duro, porque sabes que van a querer saber cosas que quizá no te apetece contar, porque sabes que especialmente tu madre te va a decir lo que piensa aunque no te guste, porque sabes que les va a doler, porque para ellos, quizá tu pareja era como un hijo más, porque sufren por tus hijos igual o más de lo que sufres tú... Por mucho que sea tu vida, también es la de ellos. Algunos prefieren posponer el momento de decirlo, y siguen disimulando que todo va bien y que siguen con su relación de pareja, poniendo excusas día sí y día también. «Hoy no ha venido a comer porque le dolía la cabeza», «tenía mucho trabajo y ha ido a la oficina», etc.

Tarde o temprano hay que afrontar el momento de darles la información, y la forma en que lo hagas también tiene que ir alineada en cómo quieres que sea tu futuro, puesto que en estos momentos probablemente les necesites más que nunca. La familia es algo que permanece a lo largo de tu vida, algunos amigos vienen y van, pero tu familia, siempre será tu familia, para bien o para mal, aunque vivas en la otra punta del universo.

La mejor forma de decirlo es reunir toda la información que hemos ido viendo a lo largo de todos los capítulos anteriores, así que te puede servir de repaso y de prácticas. Sé elegante, mantente firme, no te presentes como una víctima, haz que ellos tampoco necesiten ninguna explicación, procura que ellos no busquen un culpable, no critiques a tu expareja, etc.

Y no les des detalles íntimos. Entrar en detalles íntimos implica que cada vez quieran saber más y más, y más, y que puedan usar estos detalles en tu contra en el futuro. Ya sabes que las madres siempre dicen lo que piensan en cada momento. Si les cuentas que tu pareja se ha ido porque te ha puesto los cuernos, a ver si la información en algún momento va a virar en tu contra y recibes alguna crítica a bocajarro al respecto.

De hecho, una vez comunicado prepárate para las críticas y opiniones manteniendo tu corazón sereno y esperando a que pase el chaparrón. Y este siempre pasa.

Un hijo nos cortaba sonriendo cómo se comportaba siempre su madre. Esta señora tiene tres hijos, varones, los tres bastante mujeriegos, que le han dado algún que otro disgusto, a ella, y a cada una de las mujeres que han tenido. Cuando después de una ruptura, alguno de ellos se presenta en su casa con la maleta a cuestas, ella primero les echa la bronca: «Mira que te lo dije, pero qué has hecho, si es que hay que ver...», y después del sermón pertinente, que ellos escuchan con la cabeza gacha, les dice, «bueno, ¿has cenado?». Eso es lo mejor que le puede pasar a un hijo.

Tus padres tienen el deber de apoyarte, se supone que su amor es incondicional, y la mayoría de veces así es, especialmente, pasado el primer momento. Si tus padres no te apoyan en la decisión, con el corazón en la mano, te digo que no necesitas otro frente abierto. Quizás necesitan también ellos un tiempo para reflexionar y asumirlo, para que las cosas encuentren su lugar. Por tu parte, si ahora no encuentras apoyo en tu familia, quizás debas pensar en mantener una distancia «de seguridad» por un tiempo, que te permita levantar cabeza. Ya bastante dura es una ruptura, para además tener que lidiar con el amor de la relación paterno—filial.

Resumen

Tus valores y los de tu familia no tienen por qué coincidir.

Comunícalo de la mejor forma posible, intentando mantener las formas.

Si no encuentras apoyo en tu familia, mantén una distancia de seguridad.

— 30 —
Tu ex familia política

I'll say goodbye to love
No one ever cared if I should live or die
Time and time again the chance for love
has passed me by
And all I know of love
is how to live without it
I just can't seem to find it.

So I've made my mind up I must live
my life alone
And though it's not the easy way
I guess I've always known
I'd say goodbye to love.

There are no tomorrows for this heart of mine
Surely time will lose these bitter memories

And I'll find that there is someone to believe in
And to live for something I could live for.

All the years of useless search
Have finally reached an end
Loneliness and empty days will be my
only friend
From this day love is forgotten
I'll go on as best I can.

What lies in the future
is a mystery to us all
No one can predict the wheel of fortune
as it falls
There may come a time when I will see that
I've been wrong
But for now this is my song.

And it's goodbye to love

I'll say goodbye to love.

«Goodbye to love» — The Carpenters

Una de las cosas que se pierde en el camino es la familia política. Cuando llevas muchos años de relación, tu familia política deja de ser menos política y más familia. En algunas ocasiones estamos seguros de que a más de uno le encantará librarse de esa relación, pero lo habitual, es que sea una pérdida más de la ruptura de pareja. Muchos la siguen echando de menos durante años, algunos han conseguido seguir manteniendo una relación estupenda, pero es necesario que el sistema se reorganice, y que todos puedan volver a encontrar su lugar.

No les pongas de tu lado

Igual que tu familia tiene el deber de apoyarte a ti, tu familia política tiene el deber de apoyar a su hijo, y en ningún momento tienes que intentar que se pongan de tu parte. No hay nada más ruin que eso, por mucho daño que te haya hecho tu expareja.

Duele mucho que personas a las que has considerado de tu familia no se pongan de tu parte, pero es lógico, y así tiene que ser. Es posible que sientas la necesidad de defenderte, especialmente si te atacan, y que tengas la tentación de decirle unas cuantas cosas de tu ex para librarte tú de que te echen la culpa, pero hacerlo, solo empeorará las cosas. Una salida adecuada puede ser: «Ya veo que pensáis que yo tengo la culpa. Lamento mucho que penséis así, las cosas siempre son mucho más complejas, pero entiendo que estéis de lado de vuestro hijo y así es bueno que sea. Me despido y espero que algún día podamos vivir todo esto de una manera más tranquila.»

Manuel — María

Manuel está tan enfadado con la decisión de María que va constantemente a ver a los padres de ella para convencerles de que él es el bueno y de que María es la culpable de todo lo que ha pasado. Les dice lo que la quiere, y que quiere volver con ella en el intento de que los padres de María intervengan y la convenzan de que vuelva con él.

Después de trabajar juntos este tema, Manuel se dio cuenta de que eso no favorecía a nadie, ni a superar su ruptura, ni a María, ni a los padres de María, y que lo único que hacía era alimentar su sed de venganza.

La familia política difícilmente se pondrá de tu parte. Un padre o una madre defienden a su hijo de manera incondicional, salvo contadas excepciones, y lo lógico es que les incomode mucho la situación. Además, ellos también sufren la ruptura y la pérdida de alguien que han considerado parte de su familia.

Si eres padre o madre, ¿te imaginas que en un futuro, una persona que haya sido pareja de tu hijo venga a intentar ponerte en contra de éste? Si tus hijos son pequeños probablemente no puedes ni imaginarte ni concebir tal situación, pero aún así, seguro que tendrás claro del lado de quién te pondrías. Es algo diferente cuando estás inmerso en la ruptura real, de uno de tus hijos, porque tú, como padre, también estás perdiendo al que has considerado ya como alguien de tu familia, por lo cual toma un tiempo que todo vuelva a su lugar. Salvo que nunca le hayas podido tragar, caso en el cual, aparecerá cierto alivio.

Pregúntate si tienes intereses «insanos»

Tienes que redefinir la relación con tu exfamilia política en función de tus necesidades «sanas». No vale, no es correcto, no es sano intentar mantener esa relación en el sentido de obtener información de la vida de tu ex. No es ético por tu parte, ni ayuda para tu recuperación.

Obtener información de tu ex, sea de los amigos comunes, de su familia, o incluso de desconocidos no sienta bien, si lo está pasando mal, porque sufres, si lo está pasando bien, también te hace sufrir... lo mejor es saber lo menos posible. Por lo cual, limítate a no preguntar, y cuando te den información no solicitada, procura pararlo con un tono correcto y educado: «Disculpa, pero prefiero no saber nada», no hace falta que des motivos, o contesta simplemente que para ti es mejor así, o que te lo ha prescrito tu psicólogo..., lo que quieras. Ten preparada una respuesta para estos casos.

Tampoco es sano mantener esa relación para sentir que sigues formando parte de la vida de tu expareja manteniéndote como parte de su familia. Tienes que dejar que tu relación acabe, agarrarte a cabos ardiendo no hará que recuperes a tu pareja, ni te hará la pérdida menos dolorosa sino todo lo contrario.

Ellos también te han considerado parte de su familia durante muchos años, quizás como a un hijo más, por lo cual es posible que se crean con derecho a meterse en las decisiones que tú tomas.

Si tú los has sentido también como tus padres, es posible que de algún modo necesites saber que ellos están de acuerdo con las decisiones que tomas y necesitas sentir que no te culpan. Pero si es lo que buscas, en primer lugar, asume que no puedes actuar esperando que todo el mundo esté de acuerdo con lo que tú haces, y en segundo lugar tu exfamilia política, no es la fuente de opinión más idónea para tomar tus decisiones.

Procura mantenerlos al margen de tus decisiones, expresándoles que ese es tu deseo y no dándoles información que ellos no necesitan. Los asuntos los tienes que tratar directamente con tu ex. No entres en detalle sobre los motivos que os han llevado a la ruptura.

Ellos como todos quieren su explicación, establecer su veredicto y determinar quién es el culpable; tú llevas las papeletas de perder y así tiene que ser, por lo que entrar en detalle al final no hará más que perjudicarte a ti, y a tu relación con ellos.

Si te sigues sintiendo invadido a pesar de todo, pon límites y reduce tu relación al mínimo hasta que las cosas vayan posicionándose.

Tus hijos necesitan abuelos

Si tenéis hijos en común, no os quedará más remedio que seguir en contacto para siempre, por lo que deberás procurar mantener una relación lo más cordial posible siempre teniendo en cuenta los aspectos que hemos comentado, además de algunos que haga referencia a los niños.

Tus hijos deben mantener toda su estructura y la riqueza de relaciones distintas con personas de forma de ser diferente. Les enriquece. No hay nada mejor que un niño con cuatro abuelos, dos padres, y todos los tíos y primos que le correspondan. No puedes apartar a tus hijos de sus abuelos, de la que fue tu familia política. No sería justo. Ya verás que con el tiempo todos volverán a encontrar su sitio.

Si las relaciones con ellos van mal, no utilices a tus hijos para darles mensajes a ellos, y procura al máximo y por mucho que pueda costar a veces, mantener ante el niño su buena imagen. Incluso por muy extremo que pudiera llegar a ser su comportamiento o actitud, el camino adecuado a tomar será ayudar al niño a comprender qué lleva a sus abuelos a actuar así, y enseñarles a que se protejan y pongan límites si es necesario, pero desde el amor y la aceptación, y no desde el rechazo. Si cada hijo es genéticamente un cincuenta por ciento de cada padre, matemáticamente es también un veinticinco por ciento de cada abuelo, de modo que tu hijo también «es» en parte como sus abuelos y lleva una parte de ellos, con lo que debemos evitar que el niño pueda sentir, consciente o inconscientemente que viene de alguien malo y que por tanto hay algo malo dentro de sí. Lo mismo que dijimos respecto a no hablar mal de tu ex, aplícalo aquí.

Todos queremos unos abuelos fantásticos

La relación de un abuelo con sus nietos es algo asombroso, que a mí (Ángela) me maravilla. Poco más entrañable hay que le puedas regalar a tu hijo. Mis padres están mucho tiempo con mis hijos, y mis hijos les adoran; a veces mi madre me pregunta si no me siento celosa. No, no me siento celosa. Yo tuve unas abuelas increíbles de las que guardo los mejores recuerdos de mi infancia, siempre encontré su amor, y su comprensión, especialmente de mi abuela Joana Aina, a la que pude disfrutar hasta hace bien poco. ¿Cómo puedo sentirme celosa? Sentirme celosa sería como querer privar a mis hijos del mismo privilegio que tuve yo. Aún ahora, a mi edad, sigo teniendo en mi corazón todo ese amor de reserva, y de vez en cuando, quizás en momentos en que la vida no me sonríe todo lo que me gustaría, tengo la inmensa suerte de poder acudir a ese depósito de amor, atesorado durante tantos años, a recuperar ese sentimiento, esa fuerza, y esa sonrisa que te da el haber sido una niña tan querida. Si tú les quitas eso a tus hijos, les estarás robando ese tesoro tan preciado no solo ahora, sino durante el resto de sus vidas.

La relación con los abuelos es algo que tienes que preservar, aunque sean los padres de tu expareja, porque el futuro de tus hijos estará formado de su pasado, y cuántas más cosas bonitas lleven en la maleta mejor futuro tendrán.

Al igual que con tus padres, y con tu expareja, tenéis que acordar los aspectos importantes que afectan a los niños como quién y qué información se les da en momentos cruciales.

Es mejor que la información que tengan se la hayáis dado vosotros, sus padres, y no sus abuelos, y que los abuelos intenten mantener la postura neutral de que estas cosas las hablen con los padres, de forma que los niños perciban que los abuelos están alineados o respetan la decisión que habéis tomado los padres. Inicialmente esto no es fácil, pero es lo mejor para los niños; si les dieran el mensaje de que están en desacuerdo sería peor y empezarían a potenciar el rencor y el juicio de los niños hacia sus propios padres, que es lo peor que podrían hacer.

Vicente — Ana

Después de la ruptura, Vicente ha ido a hablar con sus suegros para comentarles que, aunque siente mucho lo que ha pasado, apoya la decisión que ha tomado Ana y su deseo es que entre todos luchen por el bienestar de los niños. Les ha comentado que cuenten con él para lo que necesiten, y que si no les importa seguirá visitándoles de vez en cuando. Sus suegros se han sentido contentos, porque quieren y admiran mucho a Vicente después de todos estos años, pero también porque Vicente en ningún momento ha atacado a su hija. Ellos también lamentan la decisión de Ana, pero al ver que Vicente respeta la determinación de su hija, se encuentran más tranquilos.

Resumen

Jamás critiques a tu expareja ante su familia, ni intentes que se pongan de tu parte.

No preguntes, ni aceptes información de tu expareja.

No mantengas una relación con tu familia política solo por el hecho de que no quieres aceptar tu ruptura.

No permitas que la familia de tu expareja se involucre en las decisiones que tomas en tu vida.

Si tenéis hijos, tus exsuegros siempre serán parte de tus hijos. Preserva su futuro protegiendo su presente.

Procura mantener una relación lo más cordial y respetuosa posible, e intenta llegar a un acuerdo entre todas las partes en las decisiones importantes.

CAPITULO VI

Construyendo una nueva vida

Cuando puedas, cuando te sientas mejor, cuando tus pensamientos te dejen, cuando notes que te estás estancando en el dolor, ya; ese será el momento de empezar a vivir y a construir una nueva vida.

Es hora de salir de la posición de perplejidad, y del miedo, y moverte hacia la aventura que es la vida, hacia la valentía, como dice el título del libro de Susan Jeffers: «Aunque tenga miedo, hágalo igual».

— 31 —
Aprende a vivir solo

Daylight licked me into shape;
I must have been asleep for days
and moving lips to breathe her name.

I opened up my eyes
and found myself alone alone, alone
above a raging sea,
that stole the only girl I loved

And drowned her deep inside of me.
You, soft and only,
you, lost and lonely,
you, just like heaven

«Just like heaven» — The Cure

Toda ruptura de pareja implica una reestructuración. Si vivías junto a tu pareja, uno de los dos tiene que irse de la casa que habéis estado compartiendo juntos.

(Ángel)Siempre me ha gustado experimentar las cosas y no creerlas porque sí, y me encanta especialmente desafiar los convencionalismos cuando dudo de si son de verdad la mejor opción. Por ello en una de mis rupturas, pensando en el bien de todos, decidimos probar a mudarnos a una casa que permitiera tener zonas completamente separadas para cada uno dentro de la misma casa. Algunos chalets lo permiten, tienen mínimo dos plantas, que en muchas ocasiones tienen entradas independientes a la calle cada una. En realidad es similar a estar viviendo en el mismo edificio uno en la planta de arriba y otro, siendo el vecino de justo debajo, con la única diferencia de que las plantas se comunican por una escalera interior que se puede decidir usar o no, porque siempre se puede cerrar con una puerta y que las dos viviendas queden completamente aisladas la una de la otra. Nosotros decidimos dejarla abierta para nuestro hijo, de manera que pudiera moverse libremente y de forma natural entre una y la otra.

He aprendido muchísimo a lo largo de mi vida de esta actitud de desafiar los límites que marca la sociedad de «lo normal» y en este caso no ha sido una excepción. De hecho, la experiencia daría para otro libro entero, pero para resumir y en lo relativo al tema de la casa, del que estamos ahora mismo hablando, mi conclusión es que, a pesar de las dificultades que puede entrañar, se puede hacer. La experiencia desde mi punto de vista tuvo sus ventajas, por ejemplo para el niño, que no experimentó la sensación de perder a su padre ni a su madre en ningún momento, de modo que asumió la situación y se adaptó con total normalidad.

Por otro lado, una cosa que cambiaría es el grado de autonomía, ya que no nos fue nada fácil encontrar un chalet que permitiera separar por completo las dos plantas y ese, creo que sí es un requisito muy importante. He sabido que en algún país, por ejemplo en Japón, se está empezando a dar esto, con gente muy práctica, y hasta se construyen especialmente casas adosadas para parejas divorciadas que comparten hijos. La decisión es de cada pareja. Habrá mucha gente que lo que quiera es tener a su ex lo más lejos del mundo, no obstante, si se consigue una buena ruptura, con cierto respeto, y tras el resentimiento, se puede llegar a una cierta reconciliación e incluso agradecimiento al tiempo feliz compartido, es una opción que puede ser viable. Obviamente nada es para siempre y las circunstancias laborales de cada uno y vitales de todo tipo hacen difícil que se mantenga esa fórmula muchos años, pero es una opción más para quien sienta que le pueda servir.

Pero volvamos a las fórmulas tradicionales

La persona que se queda en la casa que ha compartido con la pareja, se queda en un entorno lleno de recuerdos, y de huecos vacíos, que le hacen acordarse en todo momento de lo que ha perdido.

La persona que se va de casa tiene que hacerse cargo de empezar de nuevo, de adaptarse a un sitio que no le es familiar, de establecer nuevas costumbres, acostumbrarse a una nueva cama, a una nueva cocina, a las luces, y los ruidos de la calle. Todo le es extraño.

Y eso si tiene la suerte de poder irse a otra casa. Creo que la situación peor es la que por motivos económicos no puede establecerse con incependencia y tiene que volver a la casa paterna, ya que siente que ha vuelto siglos atrás, y tiene que volver a reaprender a convivir con sus padres, con sus manías, sus consejos, y su atención hacia el hijo.

A algunas personas la soledad les causa miedo, o no se sienten a gusto, y buscan la compañía de otros de forma constante, y se lanzan a actividades sin sentido para escapar de ese fantasma. Pero el fantasma que les asusta no es tanto el de la soledad, como el encontrarse consigo mismos. Han salido de su zona de confort, donde tenían una vida de «piloto automático», que iba sola, que no tenían que pensar, y de repente se encuentran frente a frente consigo mismos y su nueva vida que seguramente no sea la que soñaron.

El estar siempre con gente evita quedarse a solas y pensar en ello, pero el no querer enfrentarse a la soledad, hace que no se den cuenta de que ha llegado la hora de quitar el «piloto automático» y coger las riendas de la situación. Para recuperar la calma y la serenidad, necesitas reencontrarte contigo mismo.

Durante la vida, y cuánto más fácil es tu vida, más pasa, vas perdiendo la relación contigo mismo. Tú pasas a ser una mezcla entre tu genética, las cosas que te pasan, las creencias que vas adquiriendo, y sin darte cuenta vas entrando en un camino marcado. Cuando llega la ruptura de pareja, es como si el tren en el que vas, de repente no pudiese caminar más porque se han acabado las vías por las que discurría.

Aprender a vivir solo significa que tienes que bajarte del tren, y empezar a construir una nueva vía con tus propias manos. Esto es trabajoso, pero también tiene la ventaja de que ahora puedes volver a decidir en qué dirección vas a avanzar, y seguro que ese pensamiento, recuperar ese poder de decisión que quizá había quedado abandonado en el vagón de las maletas, puede ser el comienzo de un nuevo rumbo que despierte ilusiones, más acorde con quien ahora eres, y quizá incluso más sabio. Aprender a vivir solo, no significa sentirse solo.

Tu momento es ahora

Bueno, vayamos al tajo. Tanto si tienes hijos, como si no, te encuentras con disposición de más tiempo libre del que disfrutabas en mucho tiempo, y aunque el duelo de la ruptura te puede llevar a la tentación de tomar una actitud de «¿para qué voy a hacer nada?» y descuidarte, debes hacer justo lo contrario. Este momento es para ti y es la hora de cuidarte. Veremos distintos aspectos de cuidarnos: cuidar el cuerpo, cuidar la mente, cuidar a tu entorno, y cuidarte a ti mismo en general. Es la hora de tratarte a ti mismo mejor que nunca.

Rodéate de cosas que te gustan, y pon algo de glamour en tu vida. Lo que sea, lo que te permitan tus ingresos. Aunque cenes solo ponte la mesa, no vale comer cualquier cosa de pie delante del fregadero, y durante la cena haz lo que te apetezca, da igual si es ver las noticias, o escuchar a «Los Panchos», ponte velas si son de tu gusto, cómprate platos que te gusten, aunque solo sea uno, para ti. La actitud es «porque tú lo vales». Crea nuevas tradiciones, nuevos rituales, nuevos hábitos, que te hagan sentir bien. Lo que hagas de forma externa se traduce dentro de ti en bienestar. La belleza de la vida es la suma de todos sus momentos, y cuanto más cuides los pequeños momentos más bella será tu vida.

Busca las pequeñas cosas del día a día que te hagan feliz: una buena manta para el sofá, unos cojines que te gustan, cómprate sábanas nuevas. Son pequeñas tonterías, que no cuestan mucho y que te alegran la vida.

Tiempo para ti

Aunque sea solo una vez a la semana, aunque necesites una vida social apabullante, necesitas reservar espacio solo para ti, y para hacer las cosas que te gustan. Date un buen baño relajante o actívate cantando en la ducha, lo que prefieras y más necesites. A mí (Ángela) no hay nada que me siente mejor que llenar la bañera y meterme una hora dentro.

Y sobre todo, encuéntrate a ti mismo, enfréntate a tu soledad. Déjate un tiempo para saborearla. No llenes todo el tiempo con actividades frenéticas para no pensar, deja un espacio de tu tiempo para ti, para reencontrarte, para reflexionar, para escribir, para lo que quieras. Sé que es difícil, todos hemos pasado por eso, y la soledad y la falta de actos sociales, es algo que aterroriza, pero cuando te enfrentas a ella, es como los miedos, cuando los miras de frente no dan tanto miedo, por no decir que no existen.

El reservarte un tiempo para ti, con el tiempo, hará que vayas adquiriendo cada vez más seguridad, y que te sientas cada vez mejor en tu espacio, que necesites menos de los demás. Eso sí: reservarte un tiempo para ti, no significa llegar a casa y encender el televisor. La tele es un anestésico de nuestra vida. Como todo, en su justa medida, está bien, pero ¿cuántas horas te pasas al año delante del televisor?

Las estadísticas hablan de que el español medio pasa a diario entre tres horas y media y cuatro horas delante del televisor. Bueno, voy a ser benévola, dejémoslo en tres horas. Tres horas, por 365 días al año, son 1.095 horas al año. Imagina que conviertes eso en jornada laboral, teniendo en cuenta que la jornada laboral es de 40 horas semanales, es como si trabajases al año un poco más de 27 semanas. ¡Medio año a jornada completa! ¿Te imaginas el tiempo que te da en 27 semanas de jornada laboral de 40 horas a hacer cosas?

En tal cantidad de tiempo puedes escribir libros, pintar cuadros, leer un montón, incluso volver a la universidad, montar un negocio en Internet, aprender algún idioma, y mil cosas más. Lo que más te guste. Alguno dirá: «es que lo que más me gusta es ver la tele». Si de verdad es así, bueno, tú eliges, solo ten en cuenta que hay cosas que pueden parecer difíciles o duras de empezar, pero que es solo al principio y en cuanto te metes a fondo a ello te puede reportar enormes satisfacciones e incluso llenar tu vida y darle sentido por sí solas. Cada uno tenemos una actividad que nos llena, que nos hace sentir bien. Encuentra la tuya.

Hay una historia que hizo que yo redujese mi visionado de tele al mínimo. Me imagino que después de mi muerte me encuentro a un señor del gremio de San Pedro a quien tengo que rendirle cuentas de lo que he hecho en mi vida. Teniendo en cuenta que pienso vivir un mínimo de 80 años, y quito los primeros 5, que no cuentan, si yo me he pasado 3 horas al día viendo la tele, esto hace un total de 82.000 horas, unos 3.500 días de 24 horas viendo la tele, lo que vienen a ser unos nueve años completos. Yo no le puedo decir a ese señor que 9 años completos de mi vida me los he pasado viendo la tele. Se me caería la cara de vergüenza, y si fuera de verdad San Pedro, y aún existiesen el cielo y el infierno, me mandaría al infierno por inútil y por desperdiciar mi vida. Y con razón.

La tele en exceso y todo en general si lo utilizamos como anestesiante hace que nos olvidemos cada vez más de nosotros mismos, que no nos prestemos atención, que vegetemos en vez de vivir. Que aprender a vivir solo, que reservarte un tiempo para ti, por favor, no signifique sólo plantarte delante del televisor. Que sea un tiempo para ti de verdad.

— 32 —
Aprendiendo a disfrutar tu tiempo libre

Y quisiera cantar la rumba,
un domingo en el palenque,
con toda esa gente,
y contigo.

Y quisiera, que la lluvia no mojara la llama,
y se llevara el viento,
al tiempo y a mis ganas,
de verte.

Quiero regalarte tiempo,
tiempo para quererme,
tiempo para cuidarme,
tiempo «pa» ti, tiempo «pa» mí,
Juega, juega que el tiempo vuela

«Tiempo «pa» mi» — Amparanoia

Se supone que los domingos, días libres y vacaciones son los días perfectos para el humano común.

Los días libres son algo que has compartido durante mucho tiempo con tu pareja, con tus hijos, con tu familia, y de repente deja de ser así. Entonces te encuentras con un periodo de tiempo vacío en el que no sabes qué hacer con esa enorme y desmesurada cantidad de horas que tienes por delante. Sientes la necesidad de llenarlas y no sabes con qué.

Esta sensación se ve acrecentada si tienes hijos, y si ese tiempo, «no te toca» con ellos. Los niños llenan todo el tiempo, todo el espacio, de risas, de color, y sobre todo de trabajo: vístelos, dales de comer, juega con ellos, cuéntales un cuento... En una familia normal, cuando se ha pasado la hora de los baños, cena, cuento, dormir, los padres terminan agotados, pero si de repente te falta todo eso se instala el silencioso vacío que hace que te sientas como si estuvieses hueco por dentro.

Esa misma sensación la tienes no solo con las vacaciones, sino muchas veces también por las noches, cuando llegas a casa después del trabajo. Si ese es tu caso, necesitas un plan.

¿Qué hacer con tanto tiempo?

¿Crees que vamos a darte un plan? No, tienes que crearlo tú. Necesitas dos listas, una de cosas que puedes hacer solo, y otras de cosas que necesitas hacer en compañía, y dependiendo de cómo te sientes recurres a una lista u otra, y si te falla la segunda siempre puedes acudir a la primera. Hazlas ya, en 2 minutos, antes de seguir leyendo.

Cuando te sientas perdido, cuando te abrume el sentimiento de soledad recurre a tu lista, y encuentra algo que hacer que te haga sentir bien. ¿Por qué es importante tenerlo en una lista? Porque cuando nos vemos abrumados por los sentimientos de soledad, a veces somos incapaces de vernos las cejas, y nos vemos inmersos en sentimientos de impotencia y de desgracia. Si tú tienes tu lista preparada, llena de cosas que te gusta hacer, es como tener un seguro, siempre puedes recurrir a ella, para que te ayude a ver con claridad, sabes que tienes recursos y muchas cosas por hacer.

Resumen

Haz dos listas de cosas que te guste hacer en tu tiempo libre, una de cosas que hacer con otra gente, y otra de cosas para hacer tú solo. Cuando te encuentres abrumado, recurre a ellas.

Salir y resacas

A la terra humida escric,
nena estic boig per tu,
em passo els dies esperant la nit.

Com et puc estimar
si de mi estàs tan lluny;
servil i acabat, boig per tu.

Sé molt bé que des d'aquest bar
jo no puc arribar on ets tu,
però dins la meva copa veig
reflectida la teva llum, me la beuré;
servil i acabat, boig per tu.

Quan no hi siguis al matí,
les llàgrimes es perdran entre la pluja que caurà avui.
Em quedaré atrapat ebri d'aquesta llum,
servil i acabat, boig per tu.

«Boig per tu» — Sau

Beber o no beber

Ahogar tus penas saliendo de forma descontrolada, y llenándote las venas de litros de alcohol para olvidar tus problemas no es la solución. Y en el mejor de los casos nos quedamos en el alcohol, pero también te podría dar por la cocaína o cualquier otra droga. Si algo tienen todas en común es que los efectos que causan en nuestro cuerpo, pasado un primer momento de disfrute (con suerte), después son siempre perjudiciales. Que sí, sin duda, durante unos minutos o unas horas te medio olvidas de todo y a lo mejor te lo pasas bien, pero... ¿te merece la pena? Beber, las drogas, los tranquilizantes, comer en exceso... no son formas adecuadas de canalizar las emociones, ya lo hemos visto en el capítulo correspondiente.

A la mañana siguiente los problemas siguen; sí, los problemas que quisiste olvidar ayer por la noche siguen estando ahí, y además tienes una resaca espantosa, que ya es un problema más. Eso sin pensar lo que puedas haber hecho en tus momentos de nebulosa, como acostarte con alguien de quien después te arrepientas, o enviar impactantes mensajes a tu ex en esos momentos de falsa lucidez.

Al día siguiente te sientes fatal, física y psicológicamente, y por supuesto tiras a la basura el día, quitándote de hacer cosas que en otro estado más saludable te apetecerían, quizás robándoles tiempo a tus hijos o estando con ellos en un estado lamentable, y en vez de disfrutar, estás amargándote con tu desgracia.

El salir de forma descontrolada no hace que te olvides de tus problemas, hace que tengas más.

El alcohol produce trastornos en el sueño, y tú necesitas descansar correctamente más que nunca. Daña células cerebrales de forma irreversible, produce pérdida progresiva de memoria (y como dice el chiste: «muchas otras cosas que no recuerdo»). No vamos a continuar, porque este no es un libro de medicina. A muchos nos gusta tomarnos unas copas de vino, y unos gin tonics, y en la época de ruptura, debido al relanzamiento de nuestra vida social, las ocasiones lo propician, pero si puedes, intenta hacerlo con moderación, como todo. Y si lo haces, que sea porque te estás divirtiendo, y durante la charla se te ha olvidado que te habías pasado de copas, y no con el motivo de «olvidar» tus problemas.

Salir o no salir

Con esto no queremos decir que no salgas, nada más lejos de nuestras intenciones. Lo único que queremos decir es que lo hagas cuando de verdad te apetece, con la gente que de verdad te apetece, y que tenga un sentido.

Salir tiene que servir para que a la mañana siguiente te levantes con una sonrisa, recordando lo bien que te lo pasaste la noche anterior, lo mucho que te reíste, a la gente que conociste, o lo que disfrutaste de la cena y de compartir tu tiempo con tus amigos. Si estos son los resultados que obtienes, vas por buen camino. Si por el contrario los resultados que obtienes son estancarte o sentirte peor, entonces andas hacia atrás como los cangrejos, y hay algo que no estás haciendo bien.

— 34 —
Cuida tu cuerpo

Yesterday, all my troubles seemed so far away,
now it looks as though they're here to stay.
Oh, I believe in yesterday

Suddenly I'm not half the man I used to be,
there's a shadow hanging over me.
Oh, yesterday came suddenly

Why she had to go,
I don't know, she wouldn't say,
I said something wrong,

Now I long for yesterday
Yesterday love was such an easy game to play,
now I need a place to hide away
Oh, I believe in yesterday

«Yesterday» — The Beatles

Este es el momento de cuidarte, quizás más que nunca, necesitas tus fuerzas y tu salud para todo lo que te está pasando.

Necesitas comer de forma sana y equilibrada, pero a la vez también comer cosas que te gusten. Cuando compartimos la vida en pareja, pasamos a alimentarnos de forma mixta entre los gustos tuyos y del otro, ahora es el momento de hacer las cosas que te gustan a ti.

Más en forma que nunca

El deporte te puede venir bien; lo dicho: hacía tiempo que no tenías tanto tiempo libre. Aprovéchalo, tanto si es un deporte para disfrutar solo como uno en compañía. Apúntate a clases de algo, puede resultar divertido, Zumba está muy de moda, y además te puede permitir conocer a gente. Si eres un hombre, más, no hay nada que nos guste más a las mujeres que un hombre en una típica clase de mujeres. Yo (Ángela) en mis tiempos de soltería iba a clases de bailes diferentes, tango, salsa, clásico, y si había un hombre nos lo rifábamos, si es que no podías cogerlo y quedártelo para toda la clase de tan solicitado que estaba.

El gimnasio también es un sitio fantástico para conocer gente. Que si te dejo la pesa, que si me dejas la bicicleta estática..., y poco a poco vas estableciendo relaciones con gente, que también tiene tiempo libre, y que te puede abrir las puertas a mejorar tu vida social.

Además, hacer ejercicio hace que tu cuerpo produzca endorfinas, que producen el efecto de modular nuestro estado de ánimo, bajando tus niveles de depresión y ansiedad, y reduce las posibilidades de desarrollar trastornos cognitivos en el futuro.

Resumen

Cuidar tu cuerpo, una dieta saludable, un consumo moderado de alcohol, hacer ejercicio hace que te sientas mejor, que disfrutes más de la vida, y si además lo puedes usar para ampliar tu círculo social, ¿qué más puedes pedir?

No siempre en la vida tenemos la oportunidad de disfrutar de tiempo libre, cuando no lo tenemos estamos deseando tenerlo. Ahora lo tienes, más del que te gustaría, sí, y probablemente dentro de poco dejarás de tenerlo otra vez, por lo cual, ahora, piensa y aprovéchalo de la mejor forma posible.

— 35 —
Revisa tus creencias

Cambia lo superficial,
cambia también lo profundo,
cambia el modo de pensar,
cambia todo en este mundo.

Cambia el clima con los años,
cambia el pastor su rebaño
y así como todo cambia,
que yo cambie no es extraño.

Cambia el más fino brillante,
de mano en mano su brillo,
cambia el nido el pajarillo,
cambia el sentir un amante.

Cambia el rumbo el caminante,
aunque esto le cause daño
y así como todo cambia,
que yo cambie no es extraño.

«Todo cambia» — Mercedes Sosa

En este apartado vamos a hablar de las creencias. Las creencias deberían cuestionarse continuamente, aunque no tuviésemos una ruptura. Vamos a explicar un poco lo que son.

Nuestra verdad

¿Qué son creencias? Según el diccionario de la RAE, son «firmes asentimientos o conformidad con algo».

Un sinónimo de creencia sería dogma: «proposición que se asienta por firme y cierta y como principio innegable de una ciencia». Otros sinónimos son: convencimiento, convicción, fe...

Es decir, las creencias son nuestros propios dogmas referentes a cómo es la vida, que tenemos grabados a fuego en nuestra metodología de actuación, y que mantenemos como principios innegables. Son nuestra percepción de la realidad, no es la realidad en sí, sino solo una aproximación desde nuestro punto de vista particular, pero para nosotros son «la verdad». Lo cierto es que la realidad la filtramos a través de nuestras creencias y la adaptamos a nuestro propio mapa subjetivo. Se puede decir que no vemos las cosas según como son, sino según como somos.

Vamos incorporando creencias a lo largo de nuestra infancia, y de nuestra vida adulta provenientes de la sociedad en la que vivimos, de nuestros padres, las construimos en referencia a las experiencias que hemos vivido, o que ha vivido gente cercana a nosotros. Por ejemplo, nuestros padres piensan que tener un trabajo estable es lo mejor, y si nos inculcan esa creencia, de mayores buscaremos la estabilidad. Si la sociedad en que nos criamos cree que los tomates de su tierra son los mejores del mundo, probablemente asumiremos esa creencia. Si nuestros padres nos dicen que somos listos, asumiremos la creencia de que somos listos, y si nos dicen durante toda la infancia todo lo contrario, también la asumiremos. La mayoría de las creencias se van trasmitiendo de generación en generación, cambiando algunas debido a acontecimientos que las hagan poner en duda, o añadiendo más por las experiencias vitales de los componentes de la familia, o de la sociedad.

Tenemos multitud de creencias que forman una tela de araña enlazándose entre ellas, y que crean nuestra personalidad, y nos dictan como tenemos que actuar en cada momento, qué tenemos que sentir dependiendo de las circunstancias que ocurran a nuestro alrededor, dotando de significado las acciones tanto nuestras como de los demás.

Las creencias dirigen el mundo y nuestro mundo

Las creencias se encargan de estructurar el mundo en que vivimos, de construir nuestra realidad particular y, de igual modo en que no es posible vivir en una sociedad sin normas, no es posible vivir una vida sin creencias, porque tienen la función de dirigir nuestras decisiones y forma de comportarnos.

Por creencias se puede llegar a matar y por creencias se puede llegar a morir. Creencias e interpretaciones contrapuestas causan guerras entre países y por supuesto, también entre los miembros de una pareja.

Las creencias son quienes dirigen y gobiernan nuestro subconsciente implícitamente. Así, las creencias positivas o potenciadoras pueden hacer que alcancemos cualquier meta que nos propongamos, mientras que las que son limitadoras nos llenan el camino de barreras, tanto emocionales, provocando que no alcancemos el estado de bienestar que tendríamos sin ellas, como físicas, puesto que hacen que no adoptemos las acciones que nos ayudarían a avanzar.

Predicen el futuro

Las creencias son así un estupendo método para predecir el futuro, porque tienen un efecto auto—cumplidor que nosotros nos encargamos consciente o inconscientemente de hacerlo funcionar. Por ejemplo, si yo tengo la creencia de que soy de constitución gruesa, probablemente no decidiré hacer dieta para bajar mi sobrepeso; si tengo la creencia de que no voy a encontrar trabajo, no saldré a buscarlo; si tengo la creencia de que escribir un libro es imposible para mí, no estaría escribiendo este libro, estaría sentada en el sofá viendo la tele. Si tengo la creencia de que consigo todo lo que me propongo, me sentaré y escribiré este libro, y haré todo lo que me proponga, porque sé que lo voy a conseguir.

Esta es la diferencia entre creencias limitadores y potenciadoras. Las limitadoras nos llevan a no conseguir lo que de verdad queremos, a un bajo concepto de nosotros mismos o a emociones como el miedo, la tristeza, el resentimiento, etc., mientras que las potenciadoras nos llevan a la acción hacia nuestros objetivos, a confiar en nosotros y valorarnos, y a emociones como el agradecimiento, la valentía o la felicidad. En resumen, las limitadoras aportan efectos negativos a nuestra vida y las potenciadoras efectos positivos.

Es decir, que una creencia me causa un sentimiento, ese sentimiento un comportamiento alineado, y ese comportamiento me llevará a su resultado correspondiente. Si yo creo que consigo todo lo que me propongo, me lleno de energía y me siento optimista, esto hace que mi comportamiento sea el de ponerme manos a la acción, y que por ello, sea muy probable que obtenga el resultado que busco y avala mi creencia, o bien que siga intentándolo hasta que lo logre, porque «consigo todo lo que me propongo».

Si por el contrario, yo creo que no tengo fuerza de voluntad, pienso que «jamás alcanzaré mi objetivo», me sentiré frustrado, amargado, resignado, mi comportamiento probablemente será no hacer nada (porque «jamás lo conseguiré») por lo cual también obtengo un resultado que avala mi creencia. Tal como decía Henry Ford: «Si crees que puedes, tienes razón. Si crees que no puedes, tienes razón».

Además, nos encanta tener razón. ¿A cuánta gente le has oído decir con gran cara de satisfacción, «ya te lo dije»? El ver que lo que creemos se cumple, nos da seguridad y nos da una falsa sensación de que controlamos la vida. De esta forma, vamos intentando dirigir el rumbo de los acontecimientos hacia confirmar lo que creíamos.

Tres formas de autolimitarnos

En el ámbito personal, tres grandes áreas donde nos afectan las creencias y nos limitan están relacionadas con la desesperanza, la impotencia y la ausencia de mérito.

Desesperanza. Es imposible. Nunca conseguiré alcanzar mi objetivo porque simplemente no es posible: hoy día no se puede encontrar trabajo de lo mío, es imposible construir una relación de pareja que verdaderamente funcione, no tiene sentido intentarlo. Esto hace que nos posicionemos en la inactividad. Tener esperanza en conseguir lo que queremos, nos hace ver posibilidades y crear oportunidades para alcanzarlo, mientras que tener desesperanza hace que ni nos fijemos en ellas cuando se presentan delante de nuestras narices.

Impotencia. El objetivo es posible, se puede lograr, pero yo no soy capaz. A mi edad no puedo encontrar trabajo, viviendo en esta ciudad no puedo encontrar pareja, con mi timidez no puedo conocer gente nueva. Es decir, aunque otra gente lo consigue, yo no puedo debido a que no soy capaz.

Ausencia de mérito. No me merezco lo que deseo. Después de un divorcio no me debería ya volver a casar, con lo mal que me ha salido este matrimonio no merezco ser feliz otra vez ni volver a intentarlo.

Cambiar es posible

En un proceso de ruptura, en una crisis laboral, y en general en cualquier crisis profunda, nuestras creencias se tambalean, y esto es una noticia fantástica.

Las creencias pueden llegar a cambiar de forma no intencionada, como resultado de una experiencia que las contradice profundamente. Una experiencia como es una ruptura de pareja, que remueve los cimientos con profundidad, con suerte hace que nuestras creencias tiemblen y sean cuestionadas. Decimos con suerte porque el proceso funciona a modo de limpieza, eliminando lo que no nos está siendo útil. El resultado ideal será que dejemos en pie las que nos funcionan bien en nuestra vida, y dejemos que las demás se caigan y desaparezcan.

Pero también podemos cambiar de forma intencionada, sin esperar a que ocurra una tragedia que nos vuelque la vida del revés. Para ello, lo primero es observarnos y analizar nuestros pensamientos acerca de un tema en concreto, por ejemplo las relaciones de pareja, o la ruptura.

Escribe lo que piensas de la ruptura en un papel. Puedes titular el ejercicio: «10 verdades sobre las rupturas», aunque no hace falta que te limites sólo a diez sino las que se te ocurran. Una vez hayas escudriñado tu mente para saber qué tienes en ella respecto a este tema, mira el papel y decide cuáles de esas opiniones o creencias te están ayudando en tu vida y cuáles tienen efectos negativos, haciéndote sentir mal. Fíjate en ellas. ¿Estás seguro de que son ciertas? ¿Estás absolutamente seguro de que son ciertas? ¿Totalmente verdad? ¿Hay alguna otra forma de pensar que también podría ser verdad en parte? Incluso aunque tus creencias negativas sean ciertas, seguro que podrás encontrar otras creencias, que también pueden ser ciertas y tengan un efecto más positivo en tu vida. Tú eliges con cual quedarte.

Ser consciente de nuestras creencias, eliminando las limitantes, y animando a las potenciadoras nos hace más fuertes, más efectivos y sin duda más felices.

Para cambiar una creencia, debes demostrarte a ti mismo que lo que crees, realmente no se sostiene. Comprueba los hechos, por ejemplo: ¿las rupturas son siempre negativas? Mira toda la gente a tu alrededor, todos los casos que conozcas, también del pasado, ¿existe alguna excepción? ¿La has encontrado? ¿Seguro que no? Busca mejor. Si aún así no la encuentras, pregúntate ¿qué puedes hacer para ser tú el primer caso de tu entorno que desafíe esa norma?

No obstante, llevar la contraria a una creencia o tratar de demostrar su falsedad no es buena estrategia, ya que a menudo, esa creencia es realmente verdad. En ese caso, la forma de cambiar las creencias es simplemente comprender que hay muchas formas diferentes de percibir y entender las cosas, no una sola. Debes ponerte en el lugar de otras personas que lo interpretan de forma diferente y encontrar creencias alternativas que también tengan su parte de razón.

Cambiando la creencia, cambiamos también el modo en que vemos el mundo a diario y cómo percibimos nuestra relación con él. Veamos un ejemplo, ¿Habéis conocido a alguien que piensa que todo el mundo conduce mal excepto él mismo?

Imaginaos alguien que piensa que la carretera es un peligro, que está llena de gente imprudente, y siempre que va conduciendo va analizando el comportamiento de los demás conductores. Uno se pega demasiado a tu coche, otro no hace la rotonda bien, otro acelera demasiado, otro demasiado poco... Para esta persona, sus creencias hacen que tenga un estrés considerable a la hora de conducir, y que probablemente estrese a todos los que van con él en el coche.

Imaginaos ahora el caso contrario. Alguien, por ejemplo, que cree que tanto él como todos los demás conductores lo hacen lo mejor posible en cada circunstancia. Si un coche le da un destello de luces en la carretera para que le deje pasar, esa persona pensará que quizás ese conductor tenga una urgencia o simplemente que tiene prisa por algún buen motivo, mientras que la primera persona pensará que es un energúmeno.

Si partimos de la misma situación (estamos conduciendo), tenemos dos creencias distintas (la primera, los conductores son malos; la segunda, los conductores son buenos) que nos llevan, dada la misma situación, a sentir de forma distinta (el primero se estresa) (y el segundo se queda tan tranquilo, e incluso se solidariza con los demás conductores).

Comprueba el coste que tiene asociado para ti tu antigua creencia (pensar así, te hace sufrir). Toma consciencia de que tu interpretación no siempre es la mejor. Y luego decide si te la quieres quedar, o la quieres cambiar por la nueva forma de verlo.

Es decir, tenemos la potestad de sentirnos de una u otra forma simplemente analizando nuestras creencias, desechando las que nos producen malestar, y sustituyéndolas con algunas que nos hacen sentir mejor.

Referente a la ruptura, ya hemos hablado de algunas creencias que no nos aportan nada. «La ruptura es un fracaso», «nunca voy a volver a encontrar pareja», «encontrar pareja a los cuarenta es difícil, a los cincuenta ni te digo». Cuando te sientas mal, ve a buscar cuál es el motivo, revisa tus creencias y si detrás de ello hay una que te molesta, sustitúyela por una alternativa que pueda funcionar mejor. «La ruptura es lo que necesitaba ahora para vivir la vida que deseo», «es lo mejor que me ha podido pasar», «me ayudará a crecer», «ha sido un éxito haber podido vivir esta relación mientras ha durado, y el que haya terminado, no disminuye el valor de estos años juntos».

Probablemente no son más verdad ni más falsas unas que las otras, pero sí causan resultados muy diferentes en nuestros sentimientos y nuestras vidas. No te las creas sin más, pruébalas. Elige una que te haga sentir bien. Dale un margen de confianza, asúmela como válida durante un tiempo y observa qué ocurre.

Cada vez que te sorprendas guiado por la creencia que quieres eliminar, sustitúyela por la creencia que tú hayas elegido, y seguro que te hará sentir mucho mejor. Durante un tiempo necesitas ser firme en alimentar la nueva creencia porque llevas mucho tiempo anclado en la antigua y tiene mucha fuerza, la fuerza del hábito, tan grande como la de un río que tiende a ir siempre por el mismo cauce. Pero con decisión y constancia, desviando su curso cada vez que aparece en nuestra mente, podemos crear un nuevo curso para que riegue el huerto de aquella parte de nuestra vida que queramos abonar.

Hay una fábula que en mi opinión lo explica muy bien y que me encanta por lo tajante que es:

Un anciano Cherokee estaba hablando con su nieto y le enseñaba acerca de la vida. »Me siento como si tuviera dentro dos lobos peleando dentro de mi corazón. Uno de los dos es un lobo enojado, violento y vengativo. El otro, está lleno de amor, ternura y compasión.»

Y el nieto preguntó: «Abuelo, dime, ¿cuál de los dos lobos ganará la pelea?» A lo que el anciano respondió: «Ganará el lobo al que más alimentes».

CAPITULO VII

Buscando pareja

Después de una ruptura, cuando la soledad acecha, cuando sentimos que nuestro corazón está vacío, podemos cometer el error de pensar que «un clavo, saca otro clavo», y que nuestras profundas necesidades afectivas, así como nuestro malestar vital se acabarían si encontrásemos otra pareja.

Muchos se lanzan a buscarla desesperadamente para encontrarla sin estar curados, y comenten los mismos errores una y otra vez, con una pareja tras otra, porque siempre están buscando que alguien llene un vacío que solo uno mismo puede llenar.

Ya que hemos empezado el capítulo con la locución coloquial de los clavos, seguiremos con algunos refranes y frases hechas. Respecto a tu ruptura una aplicable es esa de que «más se perdió en Cuba». Puede que tu relación fuera valiosa pero «no es la única mujer (u hombre) en el planeta» por lo cual no te preocupes, espera a que llegue tu momento, «que después de la tormenta siempre viene la calma», que «hay más peces en el mar», y que además seguirán estando ahí, así que no hay que precipitarse porque «el tiempo todo lo cura», y «no hay mal que cien años dure».

Hay refranes para todo, y si seguimos por ahí hacemos un libro solo con ellos. Todos tienen su sentido, por algo se crearon cuando aparecieron y por algo han calado en la cultura popular. También es verdad que podemos encontrar sentencias populares que parecen decir cosas totalmente contrapuestas: «quien no se arriesga, no gana», pero «más vale pájaro en mano que ciento volando». Con lo que hay que tener cierto cuidado con ellos. Al final también son creencias, así que aplícales todo lo comentado en el capítulo anterior y quédate con los que te sean más útiles.

Más allá de tópicos, nuestra recomendación es:

Tómate el tiempo que tú necesites para volver a amar la vida de tal forma que sientas que nunca has estado mejor.

Recuerda las fases del duelo y no confundas la posible euforia de la negación con la sabiduría que se encuentra como recompensa al final del camino.

Si entonces quieres iniciar una nueva relación, empezando desde ahí tienes muchas más probabilidades de que estés suficientemente bien como para hacer que funcione.

— 36 —
Tropezando mil veces con la misma piedra

El factor común entre veinte mujeres es uno mismo,
por eso todas las mujeres son iguales, son iguales, son iguales.
El factor común entre veinte hombres es una misma mujer,
por esto todos los hombres son iguales, son iguales, son iguales.

Todos los hombres menos yo,
todas las mujeres menos tú, son iguales, son iguales, son iguales.
Porque ninguna a mí me gusta como tú,
porque ninguno a ti te quiere como yo y lo sabes, son iguales, son iguales.

«El factor común» — Vanito Brown con Habana Abierta

Es habitual que las personas recurran a procesos de *coaching* cuando se encuentran en medio de un cambio de vida personal o profesional, para que las ayuden a volver a colocar los pilares básicos en su vida. Ya hemos comentado en varias ocasiones que las crisis vitales son una oportunidad de crecimiento, hasta tal punto que algunos saltos evolutivos, sin crisis vitales y sin dificultades, no se podrían llevar a cabo. Es como el ejemplo de la metamorfosis de la oruga al convertirse en mariposa, que tras envolverse en su crisálida, cuando llega el momento de la eclosión, la ruptura tan dificultosa del capullo es lo que da fuerza a las alas para después poder volar.

También en los humanos, cuanto más dura es la prueba a superar, más gloriosa es la victoria una vez lograda. (Frase rescatada de un cortometraje que te recomendamos: «El circo de las mariposas»).

La ausencia total de problemas significaría que estás muerto; todo ser vivo experimenta retos y desafíos continuamente.

Cuando no pasa nunca nada, cuando la vida es monótona, si no nos encontramos con retos, difícilmente puede existir la maduración. Una de las peores cosas que podemos hacer por nuestros hijos es ponerles las cosas demasiado fáciles. Como la mariposa a la que se le ayuda a salir del capullo, no adquirirá los recursos que necesita para conseguir adaptarse y superar los problemas cuando sea adulto. Cuando encontramos situaciones «malas», cuando la mente dice «esto que me está pasando es muy negativo», es cuando nuestro espíritu se sobrepone como sintiendo: «¡Una estupenda oportunidad de despertar mi valor!».

Hemos hablado de la herramienta del dragón, de cómo en la ruptura se van pasando por las diferentes fases, desde el inocente, al sabio, pero hay un paso más allá del sabio. Hay un paso que nos lleva no solo a agradecer la crisis, sino a aprender de todo lo que hemos vivido, para modificarlo en el futuro, a aprender a discernir entre lo que queremos en nuestra vida, y lo que no queremos.

¿Cuántas veces habéis visto historias que se repiten una y otra vez en la misma persona? Personas que parecen atrapadas bajo la maldición de una espiral o un círculo vicioso que vuelve una y otra vez al mismo sitio. Quizás piensan que hay una «mano negra» que hace que este tipo de historias les persigan, o quizá simplemente creen que tienen mala suerte, en lugar de pensar qué parte de responsabilidad tienen en que les ocurra lo que les ocurre una y otra vez.

Una de las consecuencias de no pararnos a pensar, de no sanar nuestros corazones, de no resolver nuestras necesidades, es que caemos una y otra vez en relaciones cuyos patrones son similares. Comenzábamos el capítulo con la canción de Vanito. «El factor común entre veinte mujeres es uno mismo, por esto todas las mujeres son iguales». Si no quieres caer una y otra vez en los mismos errores, esta vez es tu oportunidad para pararte a pensar.

Esto es lo que marcará la diferencia, entre lo que podríamos llamar un cambio de primer orden, o un cambio de segundo orden. Un cambio de primer orden es el de alguien que supera la crisis pero se lanza a buscar pareja desesperadamente y sin haber tomado el tiempo de reflexión adecuado a la situación. Está casi condenado a repetir el error. Un cambio de segundo orden va más allá, es más profundo y es el que se experimenta gracias a encontrar las claves escondidas que la ruptura que hemos pasado nos ha venido a mostrar. Esto se logra una vez que se aprende a estar de nuevo solo, una vez que uno se toma tiempo para hacer balance, para pensar en detalle lo que nos ha pasado, y por qué, y sobre todo y especialmente, para encarar el futuro con las mayores garantías de éxito. El tiempo nos ayuda a clarificar qué es lo que realmente queremos para nuestra vida futura.

— 37 —
Pareja NO, hasta que no la necesites

A veces recuerdo tu imagen,
desnuda en la noche vacía,
tu cuerpo sin peso se abre
y abrazo mi propia mentira.

Así me reanuda la sangre
tensando la carne dormida,
mis dedos aprietan, amantes,
un hondo compás de caricias.

Dentro me quemo por ti,
me vierto sin ti y nace un muerto.
Mi mano ahuyentó soledades,
tomando tu forma precisa,
la piel que te hice en el aire recibe un temblor de semilla.

Un quieto cansancio me esparce,
tu imagen se borra enseguida,
me llena una ausencia de hambre
y un dulce calor de saliva.

«Dentro» — Silvio Rodriguez y Luis Eduardo Aute

Aunque hemos comentado que al formar una pareja siempre hay una parte que es para cubrir ciertas necesidades, paradójicamente cuánto menos la necesites, probablemente más fácil será encontrar la pareja más adecuada.

Esto no solo funciona en las parejas, sino en todo lo demás. Es más fácil que consigas dinero si no te hace falta que si estás desesperado (en la ironía popular ya sabemos que los bancos sólo dan créditos a quienes demuestran que no lo necesitan), que te ofrezcan trabajo cuando ya estás trabajando, o que más gente quiera ser tu amigo cuando más amigos tienes. Así con todo. La necesidad, crea más necesidad, y la abundancia atrae la abundancia.

Sabrás que estarás listo para encontrar pareja cuando te des cuenta de que adoras tu vida, cuando creas que ya no necesitas tener pareja, cuando sientas que en general todas tus necesidades están razonablemente cubiertas y equilibradas.

Cierto es que podemos encontrar una pareja fantástica cuando estamos aún en la fase de duelo. El problema no es si ella o él son la persona adecuada, que probablemente sí, sino si nosotros estamos en el momento adecuado como para construir una buena relación. Como todo, no pretendemos que esto sea una sentencia inamovible, y es cierto que hay relaciones que funcionan que pueden haberse empezado a construir nada más dejar la relación anterior. Pero generalmente, en esos casos las personas ya habían recorrido un proceso de duelo anterior a la ruptura, bien porque llevaban demasiado tiempo sufriendo, por lo cual la ruptura de la pareja les produjo más alivio que otra cosa, bien porque habían realizado una especie de ruptura interna, no explícita pero sí convencida.

Pero el mejor consejo que podemos darte es que te cures del todo, que pases tu duelo, que construyas una nueva vida, un buen hogar donde te sientas cómodo, que vuelvas a ser una persona completa y sin dependencias, y entonces, en el momento en que ya no tengas la mente ni el cuerpo con daños de tu anterior relación, ese justamente es el momento de buscarla, y de abrir los ojos a las personas que tenemos alrededor. Sé que suena extraño que te diga que cuando crees que no quieres pareja, ese es el momento ideal para encontrarla, pero así es.

Para estar bien en pareja, es necesario estar bien con uno mismo

Cada pareja, cada historia, cada situación es diferente, y nadie puede adivinar su futuro, pero lo que sí podemos asegurarte es que el amor formado por dos personas maduras y equilibradas, conscientes de que en las relaciones de pareja la pasión inicial se trasforma en una relación más estable, con componentes de sexo maduro, cariño y amistad, tiene más posibilidades de éxito que el que se espera de un amor de culebrón, intenso hasta el extremo y que dure así cada día año tras año con la misma intensidad y pasión inicial.

Dicen que para llegar a una relación verdaderamente estable tienes que haber pasado por todos los estados, tienes que haber dejado a alguien, te tienen que haber dejado, tienes que haber puesto los cuernos, y tienes que haber sido cornudo. No nos atreveríamos a decir que esto es siempre cierto, pero sí que es cierto que las experiencias dan madurez, y cuanto más maduras sean las personas que forman la pareja, más sólida promete ser su relación.

Muchas personas en la sociedad actual asocian el tener pareja al éxito personal. Si estás solo no tienes éxito, y una vez se encuentran con la ruptura se afanan en conseguir otra pareja lo antes posible. De esta forma, pretenden demostrar a la sociedad que no son unos fracasados, dando más importancia a la imagen que quieren dar socialmente, que a quienes son ellos por dentro y a sus propias necesidades.

Aunque todos tenemos necesidades, si basamos la relación en una gran necesidad no encontraremos parejas maduras, solo encajaremos con personas que tengan esa misma necesidad en sentido contrario (por ejemplo, una persona muy dependiente con una muy dominante).

¿Tú qué prefieres? ¿Que te quieran por lo que tú eres o que quieran estar contigo porque te necesiten? Suponemos que la respuesta es evidente, y si no es así, es que no estás preparado para tener pareja. Y ahora sigue preguntándote: ¿qué crees que quieren los demás? Pues lo mismo que tú, una persona madura a su lado, que no esté con ella porque tiene miedo a la soledad, ni porque en su concepto de éxito personal está el tener pareja, ni porque te necesite para cumplir un «estándar».

Pero cuidado con el lado opuesto. Si lo que buscan es alguien a quien cuidar y satisfacer todas sus necesidades, en una especie de rol paternalista o de salvador, es que tampoco son el candidato ideal.

Todos queremos que nos quieran por lo que somos, no por lo que quieren que seamos. Yo no quiero que nadie dependa mí, quiero que la persona que esté a mi lado sea libre para poder decidir que quiere estar a mi lado.

Relaciones de transición

Como dijimos, si te precipitas en volver a encontrar pareja lo antes posible, sin haber sanado, puedes entrar en el círculo vicioso de caer en una relación tras otra donde tengas una y otra vez los mismos problemas porque no has resuelto lo que tenías que resolver en la situación actual.

Aun así, en la fase en la que aún no estás recuperado, a veces tenemos lo que el doctor Rojas, denomina «relaciones de transición» (Rojas, 1999). Tal como comenta, a veces estas relaciones «acaban siendo otra fuente de tensiones y problemas, y terminan pronto y mal». En los momentos en que no has superado tu duelo, no estás preparado para ofrecer nada de ti. ¿Cómo puedes querer y tratar bien a alguien si estás hecho un trapo?

Eso sí, esas relaciones pueden servir para algo: ayudarte a entender de forma rápida que no estás preparado aún para una relación. El peligro es el coste emocional y la energía perdida tanto por ti como por la otra persona si os lo intentabais tomar en serio. O que encadenes una relación tras otra, parche tras parche y todas sean de transición hacia un futuro distinto que nunca permites que llegue porque no te das el tiempo contigo mismo.

¿Has encontrado alguna vez saliendo de marcha a un recién divorciado? Los diez primeros minutos mantienen el tipo, pero enseguida que pueden te cuentan que están recién divorciados, pero que «ya están bien». Si dejas que te inviten a una copa, estás perdida o perdido. Se pasan todo el tiempo que pueden hablando de su relación, de su expareja, aunque eso sí, con tal de que les escuches podrán pagarte todas las copas que haga falta. Los recién divorciados, son un peligro para tu integridad emocional y solo pueden causarte disgustos.

¿De verdad crees que una persona en ese estado se encuentra en posición de ligar? ¿Y de establecer una relación? Antes de encontrar pareja debes pasar por tu propio periodo de duelo, y liberarte de todo el peso que causa una ruptura de pareja. Tienes que arreglar los asuntos legales, recuperar tu capacidad de concentración, liberarte de la angustia, el amor por tu tiempo libre. Cuando tu vida vuelva a gustarte, luego, en ese momento, hablamos.

— 38 —
Elige cómo quieres que sea tu próxima pareja

Déjame vivir
Libre
Como las palomas
Que anidan en mi ventana
Mi compañía
Cada vez que tú te vas.

Déjame vivir
Libre
Libre como el aire
Me enseñaste a volar
Y ahora
Me cortas las alas.

Y volver a ser yo mismo
Y que tú vuelvas a ser tú
Libre
Libre como el aire

Déjame vivir
Libre
Pero a mi manera
Y volver a respirar
De ese aire
Que me vuelve a la vida
Pero a mi manera.

Y volver a ser yo mismo
Y que tú vuelvas a ser tú
Libre
Pero a tu manera

Y volver a ser yo mismo
Y que tú vuelvas a ser tú
Libre
Libre como el aire.

«Déjame vivir» — Jarabe de Palo

Para saber qué pareja es la que quieres, tienes que pensar; no vale salir a la calle, y quedarnos con lo primero que encontremos. No tiene sentido que tardemos menos en elegir pareja que en elegir casa, coche, o un vestido, y créeme que hay gente que así lo hace. Encontrar una pareja tiene que ser algo meditado, sino puedes incurrir otra vez en una relación que no te acompañe el tiempo que te gustaría. Y por supuesto, incluso así, el saber lo que quieres no te garantiza el éxito, pero ayuda.

Tu pareja perfecta

Si estás en la búsqueda, para ayudarte a encontrarla es también perfecto el siguiente cuento:

Un hombre siguió años y años soltero durante toda su vida en su incansable búsqueda de la mujer perfecta. Al llegar a viejo alguien le dijo:

—Has estado viajando y viajando; no has cesado de buscar, ¿no lograste encontrar a la mujer perfecta en todo ese tiempo? ¿Ni siquiera una?

—En efecto, recorrí durante años y años cada pueblo y cada ciudad, buscando, sin cesar en mi empeño, por todos los países y los cinco continentes, sin encontrarla, hasta que un día… sí, una vez, por fin, me encontré con una mujer perfecta.

—¿Y entonces que pasó, por qué no te casaste con ella?—

El hombre, compungido, respondió:

—¿Qué podía hacer? Ella también estaba buscando al hombre perfecto…

Quizás estés de acuerdo con nosotros en que la perfección no existe y además, si existiera, sería muy aburrida. Y a la vez todo lo contrario, creemos que en esencia, cualquier persona con la que hayas iniciado una relación podría ser una pareja perfecta. ¿Por qué?

Porque como decíamos antes, para tener una buena relación de pareja, lo más importante es que cada uno tenga una muy buena relación consigo mismo. Nos referimos al grado de madurez, de equilibrio, autoconocimiento, consciencia, desarrollo personal, inteligencia emocional o como lo prefieras llamar. Si las dos personas tienen un alto nivel de desarrollo y se aman, tienen casi todas las papeletas para que la relación funcione.

Las claves son casi todas personales: conseguir cierto equilibrio y bienestar en tu vida, no volcar en el otro tus expectativas ni pretender cambiarlo, gestionar las emociones (ira, frustración, resentimiento, tristeza, etc.) desde la consciencia de que es uno mismo quien se las causa con juicios e interpretaciones y no culpar al otro de ello, mantener un cierto equilibrio entre lo que valoras, aquello que sientes que recibes y aquello que das, comprender que en cada pequeño o gran mal hay también de forma inseparable un pequeño o gran beneficio...

No obstante, sí, estamos de acuerdo que más allá de esas claves para el crecimiento propio, cada persona es diferente y hay con quien nos será más sencillo construir una relación de pareja y con quien nos será mucho más difícil.

De modo que plantéatelo: ¿Qué características de la otra persona piensas que te ayudarían a construir el tipo de relación que deseas?

Solo desde la calma, la serenidad, y la paz contigo mismo, cuando hayas dejado atrás todos los rencores, los duelos y lo que te pasó, puedes saber qué es lo que realmente quieres. Así que si construyes tu lista estando aún con el duelo y sin superar la ruptura, la lista va a contener muchas cosas demasiado influenciadas por la pareja que acabas de terminar. Por ello conviene que repitas el ejercicio más adelante porque en ese momento la probabilidad de que desees buscar justo lo contrario de lo que tu pareja era, o justo lo mismo si la echas de menos, es excesiva.

Por ejemplo, en el caso de Candela, si ella hubiese escrito su lista en el momento de la ruptura solo hubiese tenido el repertorio de las cosas que Carlos le negaba, como pasar tiempo juntos, tener hijos, o compartir las tareas de la casa. Hubiese obviado las cosas buenas que Carlos tenía, y que ella también requería en un hombre, como quizás inteligencia, o solvencia económica, o una cultura similar, y no hubiese tenido en cuenta cosas que Candela sí fue capaz de escribir en su lista una vez estuvo preparada para crear su lista de verdad.

Lo que es vital

La lista tiene que tener en cuenta también la posibilidad de tus proyectos para el futuro, y si tú quieres o no compartirlos con tu pareja. Por ejemplo, la posibilidad de vivir en el extranjero, la posibilidad de vivir en el campo, conceptos relativos a la educación de los hijos en caso de que se quieran tener, etc. Añade cuantas características quieras, sin límite, es muy bueno plantearse y saber lo que uno quiere, incluso aunque después renuncies a algunas de ellas. Salvo que quieras acabar como el personaje del cuento, prioriza y decide cuáles son imprescindibles para ti (espero que pocas) y cuáles son solo deseables.

Los proyectos para el futuro son de mucha importancia al construir la lista, pero más lo son a la hora de verificarla. No vale con hacer la lista y guardarla en un cajón. Cuando aparezca la persona, tienes que evaluar si realmente cumple o no las condiciones y hasta qué punto estás dispuesto a sacrificarlas. Sé firme en las cosas verdaderamente imprescindibles; si no, más pronto que tarde te acabarás arrepintiendo. ¿Cuántas parejas se han roto porque uno quería tener hijos y el otro no? O lo que es peor, ¿cuántos casos conocéis de personas que sí querían tener hijos, renunciaron a tenerlos por estar con su pareja, y al cabo de los años rompieron con ella y se quedaron sin cumplir su sueño de tener hijos?

Los proyectos vitales son tal como su nombre dice, «vitales», que según el diccionario de la RAE en sus diferentes acepciones significa: «Perteneciente o relativo a la vida», «De suma importancia o trascendencia», «Que está dotado de gran energía o impulso para actuar o vivir»:

Por lo cual, si tienes un proyecto vital, o bien debes estar dispuesto a hacerlo solo, o en caso de que tengas pareja, a que tu pareja forme parte de él o al menos lo acepte. Esto tienes que decidirlo tú mismo, porque las parejas van y vienen, pero los proyectos vitales son tuyos y de ti dependen, no puedes regalarlos, olvidarlos o dejarlos correr por otra persona. Al final, muy probablemente la relación lo acabaría pagando.

Cuando hablamos de esto en las sesiones de *coaching*, es habitual que los clientes se den cuenta de que tenían sus sueños tan escondidos, sus proyectos vitales tan enterrados, que nunca se lo comunicaron a su expareja. Tu pareja quiere que tú estés satisfecho (si no es así probablemente no estás con la persona adecuada), por lo cual hará lo que pueda para ayudarte a conseguir tus proyectos vitales, pero es necesario que tú también creas en ellos. Sácalos de su cajita, airéalos y ponles alas.

Cuidado con lo que deseas

No olvides tener también en cuenta tus gustos y aficiones. Si adoras a los gatos, y no estás dispuesto a vivir sin tu gato, no puedes ir a vivir con alguien con alergia a los gatos; si te gusta leer y compartir lo que lees, obviamente necesitas que la otra persona también disfrute con ello.

Pero espera, cuidado con lo que deseas, porque se puede hacer realidad. ¿Qué significa esto? Por experiencia te digo que esta lista es «mágica» y se hace realidad por arte de «coaching». En todos los casos en que un cliente ha construido su lista y posteriormente ha encontrado pareja, se ha encargado de que se cumpliese todo lo imprescindible que pedía. Para lo bueno y para lo malo.

Recordamos el caso de una clienta, que quería que su pareja fuese un hombre de negocios, muy ocupado y que ganase mucho dinero, y ahora está encantada de su vida con su pareja, pero al chico no le ve nunca el pelo. Reconoce que ella lo eligió así, y que es lo que quería, pero también le gustaría que compartiesen más tiempos juntos. ¡Esto último no lo puso en la lista!

También hubo otro caso en que ocurrió todo lo contrario. La clienta quería que fuese una persona con la que compartiesen mucho tiempo juntos, que fuese un gran padre, que tuviesen hijos, que se llevase bien con su familia, y que le dejase libertad para trabajar en lo que ella quisiese. Pero se le olvidó pedir que quería a alguien con quien poder compartir sus proyectos. También es consciente de que tiene lo que quería, pero ya que era su momento de elegir, hubiese podido elegir mejor algunos puntos.

Los hombres, en contra del mito, no son menos exigentes ni se van con cualquiera. Al menos no cuando se trata de plantearse una relación a largo plazo.

No hay nada malo en desear y elegir las características que más te gustan si esa persona ya es así y no pretendes cambiarla; ni le vas a recriminar nunca lo que no es. Solo ten en cuenta no caer en el ejemplo del personaje del cuento. En cuanto a ti, ¿estás dispuesto/a a estar a la altura de las cualidades que estás deseando?

¿Qué quieres en concreto?

Las listas de cómo tiene que ser la pareja ideal son muy curiosas. Hay de todo, aunque muchas cosas se repiten. A continuación, algunos ejemplos habituales y otros no tanto, mezclados de diferentes listas.

— Que sea guap@

— Que sea solvente económicamente

— Que sea inteligente

— Que se ría con las bromas

— Que me saque a bailar en las bodas

— Que quiera vivir en el campo

— Que quiera tener muchos hijos

— Que sea segur@ de si mism@

— Que le guste leer

— Que sea dulce

— Que le gusten los animales

— Que le guste el desarrollo personal

— Que le guste ir de excursión los fines de semana

— Que se lleve bien con mi familia

— Que lleve las facturas

— Que sea caser@

Y así podríamos seguir indefinidamente. Como has visto no solo se trata de definir las características que quieres que tenga tu pareja, sino las características de tu futura relación:

— Quiero vivir en el campo

— Quiero vivir en la ciudad

— Tener una vida social activa en pareja

— Vivir un tiempo en otro país

— Viajar una vez al año a sitios exóticos

Si te quieres inspirar y no dejarte temas importantes que a veces damos por hechos, puedes observar a tu alrededor parejas a las que admires y otras con las que no durarías ni una semana. ¿Qué cualidades tienen? ¿Qué es lo que te gusta de ellas? Quizá salen a cenar todos los viernes, quizá los dos comparten una pasión, quizás están siempre juntos, quizá cada uno hace su vida. No hay parejas buenas y malas, no hay conceptos buenos y malos, los defines tú, y tú tienes que buscarlos.

Sin trampa ni cartón

Y por último, no cometas errores de novato. No le atribuyas propiedades que tú deseas que tuviera tu pareja, por las ganas que tengas de encontrarla ya. Ya hemos comentado que esto solo lleva a decepciones.

Todos queremos que se enamoren de quienes somos, no de un espejismo (que a la larga tampoco podrías mantener), por lo que debes mostrarte tal cual eres; no crees un «modo de ser» ficticio de cómo te gustaría ser. Habla con la otra persona, pregúntale, que te cuente y escúchala de verdad, sin prejuicios, sin expectativas y pídele que tampoco se ponga máscaras.

Sobre todo, observa porqué te quiere. ¿Te idealiza? ¿Espera que cambies? ¿O te quiere por lo que eres? Si es así, genial, no hay forma más fácil de ser que ser quien eres. Sino, olvídate, te ahorrarás muchas complicaciones y problemas.

— 39 —
Los polos opuestos no se atraen

Por favor di de una vez,
que es lo que quieres de mí,
no puede ser que las cosas se queden así,
como la triste canción,
que yo escribí para ti,
como el maldito silencio que llega hasta mí.

No te querrán como yo,
como yo te quise a ti,
y vivirás de un recuerdo que hiciste morir.

Fuimos ninguno de dos,
fuimos Abel y Caín,
fuimos un cielo que llueve y se aleja de aquí.

Entras en la habitación,
porque me has hecho venir,
siempre terminas sacando lo malo de mí.

Ayer decías que no,
y ahora me dices que sí,
soy tu problema y tú el mal que me hace sufrir.

«Ninguno de dos» — Maldita Nerea

Complementariedad y similitud

Ponemos en duda la afirmación de que los polos opuestos se atraen. Si decides compartir tu vida con tu polo opuesto, o tienes una paciencia de santo o probablemente terminarás con otra ruptura.

Es verdad que cierta complementariedad no viene mal, que uno lleve las cuentas, y el otro cuelgue los cuadros, que uno cocine y el otro haga la compra. Hasta ahí es ayuda, pero hay otros temas en los que no es tan sencillo.

Si a uno le encanta bailar y el otro lo odia, si a uno le gusta invitar a gente a casa y tener una intensa vida social, y el otro es una tortuga en su caparazón, si uno es religioso y el otro no, si a uno le gusta la música y al otro le parece ruido... y así podemos seguir indefinidamente, esto no hará más que amontonar problemas en la relación. Cuanto más diferentes seáis, más dificultades tendréis que superar.

La convivencia en pareja es algo que no podemos aprender de niños, nadie nos enseña la asignatura «Vivir en pareja» en el colegio, y venimos además con las «marcas» de la convivencia de nuestros padres, cada uno de las de los suyos, seguramente muy diferentes. Cada hogar es un pequeño universo de formas de comportamiento, costumbres, normas, e incluso manías distintas. Esto en sí, ya es un obstáculo a superar, pero que, una vez pasada la etapa de enamoramiento profundo, puede convertirse en un enorme problema a afrontar en toda su magnitud.

Si a eso le añadiéramos que nuestra pareja fuera «el polo opuesto», apaga y vámonos.

Creemos que las parejas tienen que tener algunos aspectos en común, tienen que compartir gustos, aficiones, costumbres, tener unos valores si no similares, que no choquen demasiado, etc., porque una vez que se acaba la fase del enamoramiento inicial, aparte del vínculo establecido en el día a día, lo que quedan son dos personas muy diferentes compartiendo un mismo universo particular en común.

Elige a alguien afín

Hasta aquí hemos hablado de la convivencia, pero luego está el tema de los objetivos vitales que ya hemos comentado: si uno quiere vivir en el campo, y el otro es de ciudad, si uno no quiere moverse de su lugar de origen, y el otro quiere cambiar de lugar de residencia cada dos años. Si no tenemos objetivos vitales similares, siempre habrá uno que tendrá que renunciar, y eso, aunque es una decisión personal crea desequilibrios, y deudas perpetuas.

Si eliges una persona de edad muy diferente a la tuya, piensa que aunque en un principio la edad no importe, una pareja con dos momentos evolutivos diferentes tiene también problemas añadidos, y negarlos es una irresponsabilidad. Puede que entre una persona de 30 y una de 50 el momento evolutivo sea más similar que entre una de 50 y una de 70.

Y nos quedan los hijos. Tú quieres hijos, tu pareja no los quiere. Este es un tema clave, especialmente para las mujeres, que tenemos el reloj biológico que no se para. No se puede renunciar a tener hijos porque tu pareja no los quiera. De tener que elegir, es mejor renunciar a tu pareja y satisfacer tu deseo de ser madre. Las parejas no son para siempre, pero los hijos sí, aunque se vayan de casa algún día, el placer de haberlos tenido, de haberlos criado, de acompañarlos esos años en su crecimiento, es algo que perdura para siempre.

Elige a alguien afín a ti, con quien cuando la pasión se suavice, tengas otras cosas que compartir, aficiones afines, proyectos comunes y largas sobremesas.

— 40 —
Las parejas no caen del cielo

Some day, when I'm awfully low,
When the world is cold,
I will feel a glow just thinking of you
And the way you look tonight.

Yes you're lovely with your smile so warm
And your cheeks so soft,
There is nothing for me but to love you
And the way you look tonight.

With each word your tenderness grows,
Tearing my fear apart
And that laugh that wrinkles your nose,
It touches my foolish heart.

Lovely … never, ever change.

«The way you look tonight» — Frank Sinatra

Hay quienes la visualizan y la piden al universo. Como técnica para mantenerte enfocado y ojo avizor es fenomenal. No obstante, si de verdad quieres encontrar pareja, si ya estás en esa fase, sabrás que las parejas no caen del cielo, que tienes que ir a buscarlas. ¿Y dónde puedes buscarlas? En cualquier lado, a cualquier hora y en cualquier sitio: en tu trabajo, en el metro, en el supermercado, en tus viajes, donde sea. Se trata sobre todo de tener apertura de miras, estar receptivo, con los ojos bien abiertos y sonreír, sobre todo sonreír. Sonreír por dentro y por fuera, a ti mismo y a la vida. Tu buena disposición hacia el mundo te ayudará.

Muchos dicen que no hay que buscar pareja, que la pareja se tiene que encontrar de forma natural, pero reconoce que cuanta más interacción crees con el mundo, más posibilidades tienes.

Sal al mundo

(Ángela) Me acuerdo, cuando me mudé a Madrid desde Londres, la pereza que me daba empezar en una ciudad donde no conocía a nadie. En Londres ya había establecido mi círculo, tenía amigos, fines de semana fantásticos, planes, y me daba mucha pereza volver a empezar de cero. Además, yo no tenía demasiada práctica para ligar puesto que había pasado, en aquel momento, más de media vida con mi expareja, y en la otra media iba en pañales, por cual no tenía experiencia en absoluto.

Cuando estaba lamentándome delante de mi amigo Marcos, «qué pereza», «no voy a conocer a nadie», «otra vez domingos de soledad», «no voy a tener a nadie con quien salir», mi amigo me dijo, con una gran sonrisa, que menuda sarta de tonterías estaba soltando, que siendo una chica, no había nada más fácil que ligar y conocer gente. Me explicó que lo único que tenía que hacer era entrar en un bar, plantarme con el codo en la barra, y dibujar una gran sonrisa, mientras giraba la vista a mí alrededor cruzándome con los ojos de la gente.

Uno de los primeros domingos que estaba sola en Madrid, y tremendamente aburrida, paseando por las calles, y mirando dentro de los bares como todos reían y hablaban unos con otros mientras que yo no tenía nadie con quien hablar, me acordé de lo que me había comentado mi amigo Marcos, y aunque estaba muerta de vergüenza por dentro, pensé que no perdía nada por probar. Entré en un conocido bar de La Latina, el Lamiak, me pedí una caña, y armándome de valor, hice lo que me había dicho mi amigo Marcos. Giré la cabeza despacio, cruzándome con la mirada de todo el que quiso en el camino de mis ojos. Pues bien, con una vez fue suficiente. No tuve que dar ni la vuelta entera, enseguida me crucé con otra sonrisa, de un chico muy agradable con el que pasé una tarde fantástica.

Pero no solo eso, el chico me presentó a sus amigos, y aunque él no vivía en Madrid, sí me fui cruzando con la gente que me había presentado, y ya poco a poco, y a partir de la nada más absoluta fui construyendo un amplio círculo de amistades, algunas de las cuales duran aún. En Madrid conseguí crear ese círculo de amistades fantástico, con el que pasé unos años maravillosos y que, más que amigos, fuimos una gran familia. Compartimos alegrías, penas, e hicimos que ninguno de nosotros se sintiese solo.

A partir de entonces, aunque ya soy risueña de por sí, nunca dejé de utilizar la sonrisa para todo, en el metro, e incluso con mi marido empezamos jugando a las sonrisas, aunque él en lecciones de ligar era un alumno mucho más aventajado que yo.

Tampoco he dejado de usar las sonrisas, porque te traen más alegrías que tristezas y porque actualmente, en la calle, en el día a día, ganas más con sonrisas que con otra cosa, y porque aunque en estos momentos mi intención no sea ligar, siempre encuentras personas con las que nunca sabes si vas a volver a cruzarte, ni qué pueden significar en tu vida. Es mejor ir siempre ampliando posibilidades.

El mundo virtual cada día es más real

Otra cosa que usé, aunque en aquel tiempo no estaba tan avanzado como ahora, fue Internet. Portales para conocer gente, chats, lo que fuese. Cierto es que no encontré pareja por ese método, pero sí hice buenos amigos con los que compartí buenos momentos.

Recuerdo un muchacho catalán, con el que nunca nos vimos, y del cual no recuerdo el nombre, que me ayudó un montón con consejos fantásticos, e incluso cuando estaba en Londres me dio contactos para encontrar trabajo. Establecimos una relación de amistad estupenda, que entre otras, me sirvió de soporte social y emocional.

No podemos cerrarnos, cuantas más oportunidades creemos, más oportunidades tenemos de encontrar a una buena pareja con la que compartir nuestra vida. Yo no creo que exista la media naranja de nadie, sino que las buenas parejas son las que cumplen unos requisitos que son fundamentales para ti, y que además están a tu lado a lo largo de tu vida, y para esto tienes que probar, conocer, hablar, interactuar.

Sonríe a todo el mundo, en todos lados, sé amable, ve a cursos sobre temas e intereses similares a los tuyos, de desarrollo personal, de cata de vinos, pasea por la montaña, habla con todos los excursionistas, habla incluso con los que no te caigan bien, nunca sabes qué camino va a ser el que te va a llevar a esa persona.

Y respecto a Internet, quítate los complejos. Al fin y al cabo lo que tú quieres es encontrar a alguien que también quiera encontrar pareja, y donde hay más concentración de gente buscando pareja es en portales dedicados a este tema. Sin fronteras, sin distancias, muchos aspirantes al amor buscando lo mismo que tú. Cierto es que hay que desbrozar el camino, tratar de orientar bien tu ruta, pero encontrar pareja no es más que un sistema de selección y aunque puedes tener suerte, lo más probable es que no la encuentres en la primera persona de la que te llega su currículum, al menos no esa que cumpla las condiciones que has puesto en las listas del punto anterior.

Las primeras citas y relaciones son «raras», si llevas tiempo fuera de circulación. Durante todos estos años has perdido la maña para ligar, y te encuentras extraño, como si fueses otra vez un adolescente. Disfrútalo como tal, como lo disfrutaste o quizá no supiste hacer en aquella época. Y además es algo que entretiene mucho, qué me pongo, qué digo, dónde vamos a cenar. Disfrútalo, pero sobre todo no te apresures.

— 41 —
Y cuando vuelve el amor

Y cuando vuelve el amor,
vuelvo a afeitarme a diario,
no guardo ropa sucia en el armario,
cocino para dos,
hago limpieza general en la cocina,
me sale mejor el arroz,
hasta yo huelo mejor
y aprendo un par de trucos nuevos
para hacer el amor.

Cuando vuelve el amor,
como por encanto,
todo el mundo parece más guapo y mejor
y es más difícil distinguir al enemigo

«Cuando vuelve el amor» — La cabra mecánica

Y sí, un día, cuando menos te lo esperes, volverá el amor, Volverás a sentir cosas que quizá no imaginaste que volverías a sentir, y otras que quizá jamás te hubieses imaginado que existían. Volverás a quedarte atónito ante su grandeza. Volverás a mirar a la otra persona y pensar cómo has podido vivir toda tu vida sin ella.

Y volverás a tener tu historia romántica, y sobre todo los primeros meses, que son más que fantásticos. La suerte de vivir muchas historias de amor, es que vuelves a vivir esos maravillosos primeros meses, y vuelves a enamorarte otra vez del amor. Si no hubieses tenido una ruptura, jamás podrías vivirlo otra vez, porque los primeros meses solo son una vez con cada persona.

Y lo mejor de todo, es que esta vez, con lo que tú has trabajado, con lo que has crecido después de tu ruptura, tú serás una persona mejor, de la que será aún más fácil enamorarse, y también habrás ganado en madurez, por lo que no cometerás los errores que cometiste en el pasado. Habrás aprendido que lo más importante es querer a las personas tal como son, por lo cual no permitirás a nadie que no te acepte tal como eres, y tampoco buscarás cambiar a tu nueva pareja, también la querrás por lo que es. Y esta vez no pensarás que tu pareja quizá cambie con el tiempo, ni aceptarás que te pidan que cambies.

Y como decía Sabina, cuando dos no se engañan, mal pueden tener desengaños, por lo que empezarás una relación más madura, basada en el respeto mutuo, y comprendiendo las necesidades de la otra persona.

Y probablemente, como te encontrarás tan bien en tu nueva vida y disfrutarás tanto de tu soledad, dejarás que esa persona especial entre en tu corazón, pasito a pasito, viendo si encaja o no, y no tendrás prisa. Y no tener prisa es lo mejor que te puede pasar para empezar una relación madura.

Por lo cual, como esta etapa que vas a empezar a vivir ahora de apego a tu soltería, a tu soledad, a ti mismo, va a durar tan poco, te recomiendo que la disfrutes mucho, todo lo que puedas, que valores tu tiempo, porque este tiempo acabará. Y en un día no lejano vas a verte compartiendo tu vida otra vez, y quizá vendrán otra vez las noches en que pienses cómo te gustaría tener un poco más de tiempo para ti. El ser humano está programado para ser un eterno insatisfecho, siempre cubriendo necesidades y deseando lo que no tiene. Sé bien consciente de esa noria que no para nunca y aprende a disfrutar todo el tiempo que recorras en ella subido en la atracción.

CAPITULO VIII

Redefiniendo tu futuro

Legando ya juntos al final de este camino, y como coaches que somos, no podíamos dejar pasar la oportunidad de hablar un poco más acerca del futuro. Como hemos visto, una crisis vital nos da la oportunidad de replantearnos muchos hechos en los que antes quizá ni pensábamos.

Aprovechando la coyuntura, para finalizar, te invitamos a transitar por el camino del héroe, a despojarte de algunas convenciones sociales y culturales que quizá no te están siendo de utilidad, y a asomarte dentro de ti para encontrar cuál es tu verdadera esencia.

— 42 —
El camino del héroe

You with the sad eyes
Don't be discouraged
Oh I realize
It's hard to take courage
In a world full of people
You can lose sight of it all
And the darkness inside you
Can make you feel so small

But I see your true colors
Shining through
I see your true colors
And that's why I love you
So don't be afraid to let them show
Your true colors
True colors are beautiful,
Like a rainbow

Show me a smile then,
Don't be unhappy, can't remember
When I last saw you laughing
If this world makes you crazy
And you've taken all you can bear
You call me up
Because you know I'll be there

«True colors» — Cindy Laupen

Me entusiasma (Ángel) el poder de las metáforas en general, y en este caso el de «El viaje del héroe» en particular para colorear, intensificar, dar sentido, belleza y permitir autoidentificarnos con la esencia más pura de cada mensaje y cada historia.

El camino del héroe es una estructura de relato que el antropólogo Joseph Campbell descubrió que aparece una y otra vez desde el inicio de los tiempos en la historia de la humanidad, en casi todas las culturas. Es decir, que pueblos de tradiciones culturales muy distintas, crean sus cuentos y leyendas con un patrón común. Ese patrón está estructurado en etapas sucesivas, que relatan el viaje (real o simbólico) que lleva a cabo el protagonista de la historia, transitando desde la dificultad o la tragedia, hasta la superación y el éxito. Por el camino, a menudo descubrirá que la parte más difícil de ese viaje es hacia su interior, para redescubrirse y encontrarse a sí mismo.

Gran parte de las historias más famosas de todos los tiempos desde Cenicienta al Mago de Oz, pasando por La Guerra de las galaxias o El rey León, se podría decir que encajan muy bien en este modelo. ¿Y por qué? Por qué está basado en la vida misma y es el patrón también de las historias reales, generación tras generación, donde las personas superan con éxito una serie de dificultades, y se convierten en héroes de su propia vida.

Carl Jung defendía que estas coincidencias eran debidas a que cada uno de nosotros tiene por un lado un universo interior personal, y por otro formamos parte a la vez de un inconsciente colectivo que compartimos con los demás seres humanos, y que ha existido en todos los tiempos.

Todos tenemos un héroe en nuestro interior listo para actuar, esperando la llamada. Y una ruptura de pareja, también tiene su propio camino del héroe que puede describir perfectamente los pasos por los que se atraviesa hasta conseguir superarla y hacer de ella el comienzo de una vida mejor.

Veamos cuales son las etapas de la ruptura según el camino del héroe

1. Vida normal. La zona de confort. El protagonista se encuentra cómodo en la vida que lleva, sea buena o no. Vive en pareja, tiene sus rutinas, sus noches, sus do-

mingos, sus vacaciones, sus comidas, sus, «yo me ducho mientras tú preparas el desayuno». La normalidad.

2. La llamada a la aventura. Llega el problema, el reto, la dificultad o incluso a veces la desgracia. Mi relación de pareja va de mal en peor, o, me dejan, o le dejo, o hay que tomar una decisión, etc.

3. Rechazo de la llamada. El héroe no quiere enfrentarse al desafío, y le da la espalda, se evade o se escapa. Tiene miedo al cambio, a lo desconocido, a su futuro en blanco, a una historia sin escribir, a abandonar su seguridad, a dejar a su pareja, a no volver a estar en pareja nunca más, a morirse de dolor...

4. Encuentro con un mentor o alguien que le sirve como fuente de apoyo. Aquí, en la ruptura, podría ser el encuentro con tu *coach* ;). El mentor o algún suceso le obliga a reflexionar y a tomar consciencia de alguna clave crucial. En el caso de la ruptura, quizá es el darse cuenta por fin de que la historia terminó o que no tiene sentido seguir con lamentaciones, críticas o resentimientos y que es preciso pasar página y sacar fuerzas para seguir adelante, sin posibilidad de rendirse.

5. Cruce del primer umbral. Es el momento en que el protagonista por fin se enfrenta a la realidad y se compromete con dar un primer paso para conseguir el cambio. El cruce del primer umbral puede ser dejar tu casa, o que se vaya tu pareja, dar el paso de romper, etc.

6. Pruebas, aliados y enemigos. Todas las duras pruebas que hay que pasar durante la ruptura: decírselo a tus amigos, a tu familia, a su familia, las primeras noches de soledad, superar los momentos de tristeza, de angustia, redefinir la relación con tu expareja.

7. Acercamiento a la meta. El héroe se va dando cuenta de que tiene capacidad de hacer frente a las diferentes pruebas que le van saliendo, las va superando con éxito, su autoestima va aumentando y empieza a ver que su zona de confort se expande, no solo se restringía a la vida que tenía, y que hay mundo después de la ruptura.

8. Prueba más difícil o traumática. Suele haber una batalla más difícil que las demás, un paso más complicado que los otros, un último salto antes de lograr tu victoria personal. Es un momento peligroso donde todo lo avanzado se puede venir abajo. En cada ruptura el más duro puede ser un momento diferente, pero habitualmente puede ser el juicio si hay un procedimiento contencioso, o el conflicto a la hora del reparto, o quizá el momento de la firma definitiva.

9. Recompensa. Una vez superado el trauma, el héroe obtiene una recompensa Clarísimamente toda crisis y reto superado reporta muchas ganancias. Premios son el aumento de autoestima y reafirmación personal, el ensanchamiento de la zona de confort, el desarrollo de habilidades, los nuevos amigos, las nuevas relaciones.

10. El camino de vuelta. El estado del héroe deja de ser el estado de excepción para convertirse de nuevo en el estado de normalidad. La persona vuelve al mundo ordinario, todo está ya asumido, todo vuelve a ser seguro.

11. Resurrección del héroe. Llega un momento en que la vida nos pone delante una nueva prueba, en la cual la persona tiene que poner en práctica lo aprendido para poder salir victorioso en esta ocasión. Quizá es empezar a relacionarnos con personas del sexo que nos atrae con intenciones de encontrar pareja empezar a ligar otra vez, o afrontar los nuevos problemas de la siguiente relación de pareja.

12. Regreso con el elixir. El héroe, en su camino, ha obtenido una ventaja respecto de los demás. Puede que haya aprendido lo que otros no saben o se ha hecho experto en unas habilidades que otros no dominan. Sabes que eres más fuerte o sabio que nunca, que nadie podrá contigo, que has sobrevivido, que tienes un futuro fantástico, y te das cuenta de que puedes usar el elixir (tus aprendizajes) para ayudar a los demás. Seguro que antes de tu ruptura, cuando creías que esto no te iba a pasar jamás a ti, si alguien te decía que lo estaba pasando mal por temas de amor, jamás te hubieses parado a ayudarle de la forma en que lo harás ahora. Desde hoy, la gente podrá contar contigo, porque sabes lo que se sufre. Una ruptura de las duras, entre otros muchos beneficios hace que ganes en humildad para siempre, que ganes

capacidad de escucha y empatía, en fortaleza, en comprensión, y en definitiva, que seas mejor persona.

Héroes cotidianos

Hemos puesto algunos ejemplos de cada una de las etapas, pero en cada una de las rupturas las pruebas son distintas, dependiendo de cada uno de nosotros y de nuestras circunstancias particulares.

Por ejemplo, en mi caso (Ángela). Por supuesto no voy a contar detalles referentes a la otra persona; si lo hiciese estaría contradiciendo muchas de las premisas que defiendo, como ser elegante y no hablar mal de los demás.

(1) Vivo en Mallorca y no soy en absoluto feliz en mi relación, pero prefiero lo malo conocido que lo bueno por conocer. **(2)** La ruptura se acerca cada vez más, algunos hechos me abocan directamente a la toma de una decisión inminente. **(3)** Me resisto, no quiero abandonar mi zona de confort, le digo al héroe que se calle y que me deje tranquila, mientras tanto sufro muchísimo porque mi situación es insostenible. **(4)** En mi caso me encontré con dos mentores, Ramón, que hacía lo que en aquellos tiempos se llamaba «supervisión», que es una metodología similar al *coaching*, y Margalida Vara, que me dijo la frase mágica: «El año pasado cuando te conocí, estabas en la misma situación que estás hoy, tú decides si el año que viene quieres seguir estando en esa misma situación». **(5)** Cruce del primer umbral, me fui de la casa que compartíamos a casa de una amiga, y tuve que adaptarme a la nueva situación. **(6)** Comunicárselo a todo el mundo, dar explicaciones, soledad, llantos, angustia, futuro en blanco. **(7)** El peso de mi corazón se iba aligerando poco a poco, me iba sintiendo más valiente, convenciéndome de que había esperanza. **(8)** Decido dejarlo todo, y empezar de nuevo en Londres, donde después de muchos cabezazos encontré trabajo como guía de traslados, hice muchos amigos, tuve mi relación de transición, mi seguridad fue aumentando. **(9)** Mi recompensa fue la felicidad, sentir que tenía alas en los pies, que la vida al fin era un baile al que me habían invitado, renovar mi autoestima, que la que tenía estaba ya muy vieja. **(10)** Una vida nueva que empieza a ser apacible. **(11)** Me llaman de mi antiguo trabajo y me ofrecen uno en Madrid con perspectivas laborales interesantes. Decido empezar de nuevo en Madrid otra vez, a los cuatro meses de mi llegada a Londres. Empiezo de nuevo. La tercera vez en seis meses. **(12)** Mi elixir fue descubrir que tenía muchas cosas que descubrir, que el interior de las personas era un mundo fantástico lleno de recovecos misteriosos y oscuros, y que me gustaba asomarme a ver qué había dentro. Empiezo mi carrera de desarrollo personal, y decido que quiero dedicarme toda mi vida a ayudar a otras personas.

No huyas

Todos tenemos nuestro camino del héroe en muchas situaciones de nuestra vida, seguro que si buscas en tu pasado encuentras y puedes componer fácilmente tu propia historia. Pero recuerda que para recorrer ese camino, tienes que ser un héroe, es decir, tienes que pasar del paso tres, superar el miedo al cambio, y lanzarte, dejándote fluir en tu vida hasta llegar, paso a paso, hasta la etapa 12 con tu elixir.

Otra película alineada con este esquema y que me viene a la cabeza en estos momentos es «En búsqueda de la felicidad» de Will Smith. La película es una historia real, la de Chris Gardner, que invierte todos sus ahorros en unos escáneres de densidad ósea que resultan prácticamente invendibles. Su vida es un desastre, pero afronta todas las intensas dificultades que se le presentan, como quedarse solo con su hijo, perder su casa y quedarse sin dinero, sin mostrar la situación en que se encuentra a nadie. Llega un punto que la situación es crítica, momento en el cual decide cambiar de rumbo y tras muchas vicisitudes termina consiguiendo un puesto de trabajo fantástico que le acabó llevando a crear una multimillonaria empresa de corredores de bolsa. El puesto de trabajo por el que apostó, parecía imposible de lograr para alguien como él, pero lo consiguió. La mayoría de la población ni siquiera lo hubiese intentado. Se hubiesen quedado en los escáneres, o quizás algo peor.

Otra película que nos encanta es «Brave» de la factoría Disney, la película de princesas que sí dejaremos ver a nuestras hijas, porque los valores que trasmite son la búsqueda de ser uno mismo, y no encontrar un príncipe que solucione todos tus problemas. Mérida tiene por destino casarse con el hijo de un jefe del clan contrario, se rebela contra la situación y contra su madre que quiere obligarla a ello. Contacta con una bruja que hace un embrujo a su madre, que posteriormente ella con el tiempo consigue deshacer; convence a su madre de que ese no es su destino y hace que todo vuelva a su lugar. Pues bien, si Mérida no hubiese sacado a su heroína en el paso tres, hubiese terminado casándose y aburriéndose toda la vida con uno de los nada apetecibles pretendientes que le proponían.

Los héroes siempre se encuentran con dificultades, es cierto, pero las dificultades les llevan a conseguir una vida mejor, con un más profundo conocimiento de sí mismos, y terminan contribuyendo a la sociedad con algo. No hace falta librar olímpicas batallas, el mundo está lleno de héroes cotidianos. A veces somos héroes en algunos aspectos de nuestra vida y en otros no. Quizás eres un héroe en los negocios, y un cobarde en el amor, o viceversa. Si quieres triunfar, simplemente sigue el camino del héroe.

Llegar más alto, tener éxito, son conceptos que abordaremos en el apartado siguiente, el de aprender a ser tú mismo.

La palabra dificultad causa diferentes sensaciones dependiendo de quién la escuche, y de sus creencias. A algunos les causa la sensación de «si es difícil no lo hago», a otros les causa el efecto contrario porque les motivan los retos.

No escapes del camino del héroe solo porque tengas que enfrentarte a dificultades. Si no eliges el camino del héroe, si eliges el del avestruz, el de esconder la cabeza debajo de la tierra y pensar «esto no me está pasando a mí», también te vas a encontrar dificultades, porque la vida está llena de ellas. ¿Acaso pensabas librarte escondiéndote y tapándote los ojos para no verlas?

La vida nunca es como la esperamos, pero nosotros sí que podemos ser como queremos y decidir afrontar la vida con valentía, decidir un objetivo, ir superando nuestras limitaciones y seguir nuestro camino del héroe hasta llegar al momento mágico de hacernos con el elixir. Es la mejor elección.

Para poder elegir el camino del héroe tenemos que escuchar «la voz». Pero no la voz de la que hablábamos antes, que nos dice cosas feas; sino la voz que nos indica que no estamos en el lugar correcto, esa emoción que causa la insatisfacción, ese pequeño agujero en el corazón, que cuanto más escuchamos más grande se vuelve.

El camino del héroe es más difícil que el camino del cobarde, porque nos lleva cada vez a sitios mejores, mientras que el camino fácil nos lleva probablemente una y otra vez al mismo sitio, y lo fácil se convierte en difícil y luego insoportable.

Quizás pienses que a ti ya te va bien así, y lo aceptamos con todos los respetos.

El héroe que llevo yo dentro (Angela) entre todas las voces de que dispone, entre todas las creencias, escucha una voz que es la de mi madre, que me dice «No te acobardes, si te caes levántate con la cara alta y sigue andando, sé valiente». Si quieres te la presto, estoy segura de que a ella no le importará.

Resumen

Nada te ahorrará las dificultades de la vida, la diferencia entre ser un héroe o no serlo es terminar en posesión del elixir.

— 43 —
Aprende a ser tú mismo

And now, the end is here
And so I face the final curtain
My friend, I'll say it clear
I'll state my case, of which I'm certain
I've lived a life that's full
I traveled each and every highway
And more, much more than this,
I did it my way

Regrets, I've had a few
But then again, too few to mention
I did what I had to do
And saw it through without exemption
I planned each charted course,
Each careful step along the byway
And more, much more than this,
I did it my way

Yes, there were times, I'm sure you knew
When I bit off more than I could chew,
But through it all, when there was doubt
I ate it up and spit it out, I faced it all
And I stood tall and did it my way

I've loved, I've laughed and cried
I've had my fill, my share of losing
And now, as tears subside, I find it all so amusing

To think I did all that
And may I say, not in a shy way,
«Oh, no, oh, no, not me, I did it my way»

For what is a man, what has he got?
If not himself, then he has naught
To say the things he truly feels
And not the words of one who kneels
The record shows I took the blows
And did it my way!

Yes, it was my way

«My way» — Frank Sinatra

¿Qué es llegar más alto? ¿Qué es tener éxito? En la sociedad en que vivimos existe un patrón social de triunfar y de ser exitoso. Cuanto más dinero tengas, cuántas más casas, más y mejores coches, más alto has llegado. Si tienes un trabajo estable, o un negocio provechoso, puedes irte de viaje una vez o más al año. Hijos y pareja también son elementos que forman parte del concepto de éxito. Si no tienes pareja, no entras dentro de los cánones establecidos de vida exitosa.

Hemos establecido un concepto social de éxito que en realidad no funciona porque no nos satisface. A lo largo de la vida nos damos cuenta que a menudo el concepto de éxito que tiene la sociedad no se corresponde con el nuestro. Esto puede provocar que dentro de nosotros se genere una especie de vacío existencial que muchas veces no sabemos ni de dónde viene.

Hacemos referencia tanto al ámbito de la pareja como al ámbito personal. Respecto a la pareja, quizás te apetezca tener pareja, pero no vivir con nadie y seguir manteniendo tu hogar como tu templo de paz y soledad. O quizás a ti no te apetece en absoluto compartir tu vida con alguien y no quieres deberte a nadie. O puede que no creas en la monogamia y sientas que el verdadero amor es libre y sin ataduras.

Respecto al trabajo, quizás un trabajo estable te lleve al aburrimiento más absoluto, quizás tengas la necesidad de llevar adelante tus proyectos y dejar de depender de la falsa seguridad de un trabajo seguro. Quizás estudiaste dirección y administración de empresas, tienes dos máster porque es lo que tocaba, pero realmente lo que te apetece un montón es sembrar calabacines. Quizás es todo lo contrario, y tu objetivo es ser funcionario. O sacerdote, ya puestos a decir un trabajo seguro.

Olvídate de la sociedad y aprende a ser tú mismo y a preguntarte qué es lo que realmente quieres.

Dicen los expertos que sobre los cuarenta, tenemos una crisis de valores donde nos replanteamos todos estos términos. Para algunos esta crisis empieza mucho antes. Muchos consiguen apaciguar la crisis y seguir con sus confortables y falsamente seguras vidas. Y decimos falsa seguridad, porque hoy en día, la seguridad ha desaparecido. Teniendo en cuenta los cambios que ha habido en los últimos veinte años ¿puedes imaginarte los que va a haber en los próximos veinte, cada vez más vertiginosos? La estabilidad, la seguridad, el trabajo para toda la vida, todo esto ha terminado. El concepto tradicional de familia y de pareja hace tiempo que está también por lo cual lo mejor que puedes hacer es investigar y encontrar cuál es tu propio concepto de éxito e ir a por él. Con esto no quiero decir que tengas que abandonar un trabajo estable si lo tienes, si te gusta, si te satisface la comodidad que te proporciona.

Otros hacen caso a lo que le dicta su fuero interno, y tiran hacia adelante con sus proyectos. Ninguno de ellos se arrepiente, ninguno de ellos volvería a su vida anterior. Cuando encuentras la sintonía entre lo que tú eres y lo que quieres aportar al mundo, algo cambia para siempre, y te das cuenta de que el éxito está en otro lado. Pero lo mejor de todo es que te convences de que es mucho más fácil ir detrás de tu propio éxito, el que tú has definido, que adaptarte al éxito definido por la sociedad.

Las luchas internas se acaban, la palabra trabajo ya no tiene connotaciones negativas, sino buenas, puedes trabajar todas las horas que hagan falta al día, y tienes que acordarte de que hay otras cosas importantes, de que tienes que parar de trabajar. Ya no quieres jubilarte, y a veces deseas que acabe el fin de semana para poder volver a trabajar. El dinero, los bienes materiales, de repente pierden la importancia que tenían, porque tu éxito ya no es «tener», si no «ser» y «hacer». Tu vida ya no se basa en si me toca la lotería conseguiré hacer lo que quiera. Ya estás haciendo lo que quieres, por lo cual ya no necesitas que te toque la lotería; ya no necesitas tener para hacer, sino que al ser haces lo que deseas.

Lo mismo pasa en el amor. Quizá tu estado ideal no es tener pareja, quizás es tener pareja y no vivir con ella, sino, cada uno en su casa; quizá preferirías algo mixto, pero preservar un tiempo para ti solo. La culminación de la pareja no tiene por qué ser vivir juntos, estar juntos todo el tiempo, contárselo todo, no tener secretos, hasta que la muerte os separe. En la vida, en la pareja, en las relaciones, en la amistad, en el sexo…, no existe bueno, ni malo. Solo existe lo que tú decidas. Lo importante es que la otra persona también lo quiera como tú, y lo quiera de verdad, que una vez cubiertas sus necesidades de forma independiente, decida que eso es lo que quiere.

Por lo cual, plantéate, sin tener en cuenta lo que se espera y no se espera de ti, cuál es el modo de vida que te gustaría, y ve a por ello. No te preocupes, puedes cambiar de opinión las veces que quieras, quizá después de haber probado vivir sin pareja algunos años porque esa era tu decisión, de repente un día descubres que quizá sí te gustaría volverla a tener.

Lo mismo en el entorno laboral, el sitio donde vives, puedes cambiar de opinión las veces que quieras, y siempre hay un modo de encontrar el camino que te lleve a tu verdadero éxito personal.

Y como dice Frank Sinatra:«Haz tu camino, y que cuando llegue tu final, te sientas orgulloso de la vida que tuviste y seas consciente de que hiciste tu camino». La vejez es otra etapa evolutiva complicada. Aún no he llegado, aunque cada vez la veo más cerca (Ángel) pero de lo que estoy seguro es que será mucho más feliz y fácil de afrontar si en mi vida consigo ser consecuente y hacer las cosas que realmente quiero. Por ello igual que inviertes en tu jubilación económica, ¿qué te parece invertir también en tu jubilación emocional? Vive la vida que tú quieres.

La felicidad

Si la soledad te enferma el alma,
si el invierno llega a tu ventana,
no te abandones a la calma,
con la herida abierta.

Mejor olvidar y comienza una vida nueva,
y respira el aire puro, sin el vicio de la duda.

Si un día encuentras la alegría de la vida.
Sé feliz, sé feliz, sé feliz, sé feliz…

Con los colores de una mariposa,
vuela entre las luces de la primavera
Si te imaginas que la lluvia te desnuda,
juega los mares que despiertan a la luna.

«Sé feliz» — Luz Casal
(Aunque me encanta la versión de Descember Bueno)

¿Conocéis la fábula del hombre feliz, de Léon Tolstoi? Es una de mis favoritas.

LA CAMISA DEL HOMBRE FELIZ

En las lejanas tierras del norte, hace mucho tiempo, vivió un zar que enfermó gravemente. Reunió a los mejores médicos de todo el imperio, que le aplicaron todos los remedios que conocían y otros nuevos que inventaron sobre la marcha; pero lejos de mejorar, el estado del zar parecía cada vez peor. Le hicieron tomar baños calientes y fríos, ingirió jarabes de eucalipto, menta y plantas exóticas traídas en caravanas de lejanos países.

Le aplicaron ungüentos y bálsamos con los ingredientes más insólitos, pero la salud del zar no mejoraba. Tan desesperado estaba el hombre que prometió la mitad de lo que poseía a quien fuera capaz de curarle.

El anuncio se propagó rápidamente, pues las pertenencias del gobernante eran cuantiosas, y llegaron médicos, magos y curanderos de todas partes del globo para intentar devolver la salud al zar. Sin embargo, fue un trovador quien pronunció:

—Yo sé el remedio: la única medicina para vuestros males, señor. Solo hay que buscar a un hombre feliz. Vestir su camisa es la cura a vuestra enfermedad.

Partieron emisarios del zar hacia todos los confines de la tierra, pero encontrar a un hombre feliz no era tarea fácil: aquel que tenía salud echaba en falta el dinero, quien lo poseía, carecía de amor, y quien lo tenía se quejaba de los hijos.

Mas una tarde, los soldados del zar pasaron junto a una pequeña choza en la que un hombre descansaba sentado junto a la lumbre de la chimenea:

—¡Qué bella es la vida! Con el trabajo realizado, una salud de hierro y afectuosos amigos y familiares. ¿Qué más podría pedir?

Al enterarse en palacio de que, por fin, habían encontrado un hombre feliz, se extendió la alegría.

El hijo mayor del zar ordenó inmediatamente:

—Traed prestamente la camisa de ese hombre.

¡Ofrecedle a cambio lo que pida! En medio de una gran algarabía, comenzaron los preparativos para celebrar la inminente recuperación del gobernante.

Grande era la impaciencia de la gente por ver volver a los emisarios con la camisa que curaría a su gobernante, mas, cuando por fin llegaron, traían las manos vacías:

— ¿Dónde está la camisa del hombre feliz? ¡Es necesario que la vista mi padre!

—Señor —contestaron apenados los mensajeros—, el hombre feliz no tiene camisa

(Recuperado de http://webs.uvigo.es/mpsp/rev02—2/supl1b—02—2.pdf, julio 2013)

¿Qué es la felicidad?

Los estudios indican que una vez cubiertas las necesidades básicas, como son alimento, techo, salud y dinero suficiente para no andar demasiado agobiado, es igual de feliz el que tiene diez millones, que al que le sobran diez euros. Investigaciones constatan que si te toca la lotería, al cabo de un año, y una vez pasada la euforia inicial, eres igual de feliz que lo eras antes de poseer tanto dinero.

Otros estudios indican que la felicidad tiene que ver con los proyectos vitales, con la gente que siente que está realizando un proyecto trascendental, la crianza de los hijos, una propuesta empresarial con sentido, una obra de arte. Busca a un hombre feliz y probablemente lo encontrarás trabajando.

La felicidad es una mezcla de todo. Tener lo suficiente para vivir, tener un entorno social con el que te sientas cómodo, ser tolerante, ser positivo. Ser feliz es encontrar el equilibrio entre todos los aspectos importantes de tu vida, y solo tú decides lo que es importante.

La felicidad es trabajar y vivir en consonancia con nuestras creencias, con nuestros valores, y con nuestros talentos. Respecto al trabajo, puede ser trabajando en un proyecto propio, o trabajando por cuenta ajena, lo importante es que puedas hacerlo en consonancia con tus valores.

La motivación es también un aspecto importante de la felicidad. Quedarnos quietos por lo general no produce felicidad, necesitamos querer siempre un poquito más aunque sea en pequeñas cosas, quizás algún reto deportivo, quizás disfrutar más de nuestra casa, no tienen porqué ser grandes objetivos. Es importante estar motivados por tener cubiertas nuestras necesidades, y que vayan saliendo necesidades de orden superior, una vez que las primeras estén cubiertas.

El famoso psicólogo humanista americano Abraham Maslow (1908 —1970) definió que nuestras necesidades podían clasificarse en cinco categorías, en forma de pirámide, y que una vez que estaban cubiertas las de primer nivel, el ser humano pasaba al nivel siguiente, y no podía satisfacer las del nivel superior, si no estaban cubiertas las más bajas.

Primer nivel.— Las necesidades fisiológicas: alimento, descanso, salud, higiene.

Segundo nivel.— Seguridad, ingresos estables o suficientes, un hogar donde estemos tranquilos.

Tercer nivel.— Necesidades sociales, de pertenencia, amor, amistad, reconocimiento externo, intimidad.

Cuarto nivel.— Autoestima, necesidades basadas en el poseer, reconocimiento personal, estar bien consigo mismo, estar satisfechos de lo que hacemos, necesidades de conocer, de saber, de investigar.

Quinto nivel.— Necesidad de autorrealización, espiritualidad, encontrar un sentido profundo a la vida, salir de lo superficial.

Esto también explica porqué estamos viviendo un tiempo en que el paradigma predominante es el del desarrollo personal, la autorrealización, y la búsqueda de sentido. El motivo es que en los países que superan un nivel de desarrollo medio, la mayoría de población no padece hambre, tiene un techo seguro, un entorno social que da soporte y dispone de acceso al conocimiento. Gracias a esto tenemos la oportunidad de concentrarnos en la parte superior de la pirámide.

También explica por qué cuando perdemos el trabajo, pasamos otra vez al nivel dos, perdemos el interés por las partes superiores, y nos concentramos en obtener otra vez seguridad. Por supuesto lo mismo pasa con la pareja.

Cuando pierdes a tu pareja, también sufres una desestabilización, tu nivel de pertenencia se desestabiliza. Antes tenías una pareja que te pertenecía, tú le pertenecías a alguien, y eso al desaparecer, genera un vacío, por lo cual surge necesidad de incidir en crear un entorno social en el que te sientas cómodo otra vez. También es importante, tal como hemos hablado en capítulos anteriores, no «sustituir» esa necesidad de pertenencia rápidamente por otra persona, puesto que no lo harás de forma consecuente, sino como un parche.

Cuanto mas alto te encuentras en la pirámide de Maslow, mas lejos has llegado en tu «búsqueda de la felicidad», dependiendo de tus motivaciones.Lo que quiero decir con «dependiendo de tus motivaciones» es que las necesidades no están cubiertas para todos al mismo nivel. Quizá para que alguien se sienta seguro necesita disponer de suficiente dinero ahorrado para pasar un año sin tener ingresos, quizás otra persona simplemente necesite tener la seguridad de un ingreso mensual fijo. Quizás alguien más, en su necesidad de poseer, incluya un coche de alta gama, mientras otro pueda conformarse con que ande, gaste poco y tenga aire acondicionado.

Fijémonos en el caso de Vicente.

Vicente comentaba que su matrimonio acabó sin que él se diese cuenta, mientras él estaba preocupado por el calentamiento global o por la prima de riesgo. Cuando su mujer decidió que su relación había terminado, dejó de preocuparse por todo eso para lidiar con tareas de más bajo nivel.

Tuvo que buscar un sitio para vivir (nivel dos, buscar un entorno seguro), seguidamente pasó a construir un nuevo entorno social, llamó a sus conocidos, y les fue informando de que le tuviesen en cuenta en sus planes. Tuvo una rápida respuesta positiva, y en pocas semanas tenía una vida social diferente, pero al fin y al cabo una vida social, (nivel tres de la pirámide).

Al ver que iba superando todas las dificultades, que se comportaba de forma elegante con su exmujer, conforme a sus valores, fue sintiéndose mejor, y adquiriendo un nivel de autoestima superior (nivel cuatro).

Otro ejercicio que podemos recomendarte es el de la rueda de la vida. Elige entre tus prioridades las ocho áreas de la vida más importantes de tu vida que forman la felicidad. Veámoslo también con Vicente. Las áreas más importantes de la vida de Vicente son:

— La relación con sus hijos.

— Hacer deporte.

— Los amigos.

— Sentirse bien en el trabajo.

— Tener una economía saneada.

— Tiempo libre.

— Pareja.

— Hogar cómodo.

Cuando empezamos a trabajar con él, las puntuaciones fueron las siguientes:

— La relación con sus hijos (10)

— Hacer deporte (5)

— Los amigos (5)

— Sentirse bien en el trabajo (4)

— Tener una economía saneada (8)

— Tiempo libre (6)

— Pareja (6)

— Hogar cómodo (1)

Como ves, las puntuaciones no estaban equilibradas. Para encontrar el equilibrio le pedimos que definiese acciones concretas en cada una de las áreas. Las acciones que definió fueron las siguientes:

— La relación con sus hijos.

— Hacer deporte.

— Montar en bicicleta una hora, tres días a la semana.

— El fin de semana que no tiene a los niños, dedicar uno de los días a actividades físicas.

— Los amigos.

— Informar a todos sus contactos de su nueva situación para que le tengan en cuenta en sus planes.

— Establecer como objetivo una cena a la semana con amigos.

— Sentirse bien en el trabajo.

— Definir nuevos proyectos de mejora que le den la oportunidad de ejercer su creatividad.

— Delegar las actividades que no le gustaban.

— Mejorar sus relaciones con las personas que trabajan para él.

— Tener una economía saneada.

— Invertir parte de su dinero en acciones para conseguir más rentabilidad.

— Tiempo libre.

— Salir antes del trabajo.

— Dedicar una tarde a la semana a estar en su casa.

— Pareja.

— Asumir que su pareja no va a volver, para poder sentirse libre, y avanzar en el duelo.

— Hogar cómodo.

— Comprar una vajilla que le guste.

— Comprar flores una vez a la semana.

— Contratar a un empleado del hogar una vez cada dos semanas para limpiar a fondo.

— Conseguir manteles, cuadros y elementos que le hagan la casa más agradable.

Trasformó su insatisfacción en acciones concretas, y lo puso en su agenda como importante. Con todas estas pequeñas acciones consiguió un equilibrio que hizo que se sintiese mucho mejor, y que aumentó su grado de satisfacción y felicidad.

Resumen

La felicidad es un equilibrio entre todas las partes importantes de tu vida. Según Maslow, no puedes ocuparte de un nivel, hasta que no hayas resuelto los niveles inferiores. Ocúpate de eso, y ve subiendo paso a paso.

— 45 —
Atrévete a soñar

No soy un fulano con la lágrima fácil,
de esos que se quejan solo por vicio.
si la vida se queja le meto mano
y si no aun me excita mi oficio,
y como además sale gratis soñar
y no creo en la reencarnación,
con un poco de imaginación partiré de viaje enseguida,
a vivir otras vidas, a probarme otros nombres,
a colarme en el traje y la piel de todos los hombres que nunca seré:

Pero si me dan a elegir entre todas las vidas
yo escojo la del pirata cojo con pata de palo,
con parche en el ojo, con cara de malo,
el viejo truhán, capitán de un barco que tuviera por bandera
un par de tibias y una calavera.

«La del pirata cojo» — Joaquín Sabina

A mí (Ángela) como Sabina, la vida no me basta para vivir todas las vidas que quiero vivir, y tendré que conformarme con algunas. Me quedarán en el tintero algunas como cantante de boleros, buceadora en el Caribe a lo Jacques Cousteau, vendedora en una galería de arte del Soho de Nueva York o bailarina de tangos. Voy a parar aquí.

A la gente de nuestra generación nos han enseñado a ser conformistas y a no soñar. Muchos de nosotros hemos tenido que volver a aprender a soñar.

Como *coaches*, los despidos y los divorcios son grandes momentos. ¿Por qué? Porque la experiencia nos ha enseñado que no hay mejor momento para cambiar tu vida que en los momentos de crisis. Tanto los despidos como los divorcios son momentos de crisis y nos permiten experimentar el placer de ver el cambio que sufren las caras de la gente que vuelve a soñar, y que se levanta de la silla enérgicamente y va a por sus sueños.

Nos encanta como lo explica Erma Bombech, (Bombeck citado en Rubenstein, 2006). Hay gente que pone sus sueños en una cajita y dice «Sí, tengo sueños, allí están, en su cajita». De vez en cuando abre su cajita y sonríe, porque sus sueños siguen estando ahí. Son unos sueños fantásticos, pero nunca los saca de la caja. Se necesitan agallas para sacar tus sueños, y ponerlos en marcha para probar si realmente podrías hacerlos realidad. Ahí es donde entra el valor.

Nadie va a sacar tus sueños de la cajita y te los va a poner en una bandeja. Tienes que hacerlo tú. Solo tú.

Pero la seguridad también está en los trabajos donde uno disfruta, en los proyectos personales.

Atrévete a soñar; los sueños no son imposibles, la mayoría de los sueños con que se encuentra la gente están al alcance de tu mano, y allí está la felicidad. Abre los ojos, o mejor dicho, ciérralos y conecta con lo que tú quieres, con lo que tú querías desde niño. Déjanos que te contemos algunas historias de gente que encontraron su felicidad, conmigo o sin mí.

Minerva llevaba 16 años trabajando en diferentes bancos. Estudió empresariales, porque era una carrera que «convenía». Ni siquiera se preguntó si eso era a lo que quería dedicarse el resto de su vida, como muchos de nosotros. Ahora la han echado del último banco en el que estaba trabajando, y en el año en que estamos, el 2014, como podéis suponer, no hay ningún banco que busque gente para trabajar. Con Minerva estuvimos trabajando tres sesiones para volver a conectar con sus sueños. No había forma. Decía que no tenía ninguna vocación, ni ningún talento, mientras que yo veía en ella un mundo lleno de posibilidades. Al final, después de algunos trabajitos, descubrió que quiere tener un agroturismo, donde la gente pueda ir con sus hijos y mascotas, y ofrecer el servicio de cuidado de ambos para que los mayores puedan descansar. Después de mirar las opciones, ha visto que en Mallorca puede alquilar un agroturismo a un precio que le resulta asequible.

Alejandro llevaba años trabajando de comercial cuando su empresa quebró. No ganaba demasiado, y enseguida se puso a buscar otro trabajo como comercial, o de lo que fuese. Con Alejandro bastaron un par de sesiones para que se diese cuenta de que su deseo más profundo siempre había sido ser locutor de radio. Enseguida se puso manos a la obra, y encontró un máster que se podía permitir, y del cual sale ya con trabajo. Está aprovechando los meses de subsidio de desempleo que tiene para hacer el máster, y en unos meses más ya estará haciendo lo que más le gusta.

Stevie no es un cliente, sino un conocido. Hace tiempo en una comida oí que decía que él ya estaba jubilado, que trabajaba haciendo lo que más le gustaba y que no pensaba jubilarse jamás. Le hice una entrevista para una revista que estamos creando con unas amigas sobre la felicidad. La entrevista fue fantástica. Stevie estudió como ingeniero agrónomo y trabajó como comercial en varias multinacionales, después le despidieron, y creó varios negocios más, una pizzería, un taller mecánico. Dice que su búsqueda no fue un clic, sino un proceso, y que tampoco es que fuese en busca de eso, pero lo encontró. Ahora trabaja como jardinero autónomo. No tiene empleados, sino colaboradores, a los que enseña todo lo que sabe del negocio para que un día sean independientes: todo sobre las plantas, cómo se factura, los aspectos técnicos... Dice que eso le da felicidad. Asegura que muchos días tiene que acordarse de volver a casa, de recordar que es un trabajo y que no puede estar tantas horas, porque si no mira el reloj, puede estar trabajando dieciocho horas seguidas.

¿Realmente creéis que estos son sueños imposibles? No; los sueños están al alcance de tu mano, tu único trabajo es extenderla. Muchas veces, cuando hablamos de sueños creemos que nos referimos a ser Premio Nobel en medicina. La mayoría tenemos sueños asequibles, pero podemos ver casos en la calle de personas que no tenían sueños tan asequibles y también los han alcanzado. Probablemente han llegado mucho más lejos de lo que creían.

A mí (Ángela) me gusta mucho Jorge Ruiz, de Maldita Nerea; lo he escuchado en la radio varias veces y podéis encontrar entrevistas suyas en Internet. Ahora son un grupo de éxito, y han triunfado gracias a su trabajo, y a Internet. Sus sueños se han cumplido y, como comentaba, el camino, una vez iniciado, les ha sido relativamente fácil.

En la actualidad, Internet facilita mucho las cosas, ha quitado barreras, y quien elige es la gente. Desde tu propia mesa te pone herramientas para llegar adonde quieras llegar, como escritores que se hacen famosos en Amazon. Hace poco conocí a la autora de «El secreto de lo prohibido», Maribel Pont, líder de ventas en Amazon, que además de trabajar y ocuparse de su familia se dedica en su tiempo libre a escribir. Tiene ya varios libros de éxito. También me contaron el caso de una chica que sin dejar su trabajo creó una tienda de venta de perfumes online, y que le va genial.

¿Cuál es tu pasión? Haz algo relacionado con la actividad que más te agrade, la música, la escritura, el desarrollo personal, las mascotas, organizar eventos, siempre que esté alineado con tu pasión, con tus sueños. ¿Cuál era tu pasión cuando eras niño? ¿O en tu adolescencia? Mira las estanterías de tu casa ¿de qué están llenas? La nuestra de libros de desarrollo personal, la de Stevie, nuestro amigo el jardinero, de libros de jardinería.

Ken Robinson es un experto en creatividad, podéis encontrar cientos de entrevistas suyas en Internet; sus libros son fantásticos. Asegura que todos tenemos un talento, único, distinto al resto, y que en el proceso de escolarización y de adaptación a la sociedad, perdemos ese kit por el camino. Él lo llama «El elemento». En su libro en español del mismo nombre, cuenta casos de gente que tuvo la posibilidad de ejercer su pasión desde niño, y que hoy en día la ha podido convertir en su profesión habitual. La mayoría es gente famosa. Desarrollar «tu elemento», hace que te sientas más alineado con tu verdadera esencia.

Lo que sea, te aportará a tu vida la sensación de que estás haciendo algo para ti, y no para otros.

Quita el piloto automático.
¿Qué quieres a partir de ahora?
Diseña tu vida ideal

Fácil, solo hay una manera,
la que te quede cerca de la primavera,
aunque tengas que saltar sin tu red.

Desde la nube dejarse caer,
ser solo lluvia que vuelve a llover.

Tu cara es como de contrato,
de hacerlo siempre con los mismos gatos
Que no escuchaste nunca esta ley,
en sí misma, sumar sola,
sigue el sonido de la caracola,
para nunca más dejar de creer.

Y todo es complicado,
de vez en cuando, nos olvidamos de seguir sumando,
y jugar a no dejar de perder.

Fácil, lo contaré deprisa, para que lentamente llegue a tu sonrisa,
y no se pueda perder ni una vez.
Desde la nube dejarse caer,
ser solo lluvia que vuelve a llover.

«Fácil» — Maldita Nerea

¿Aún no te hemos convencido? Hoy es el primer día del resto de tu vida. ¿Seguro que no quieres empezar a mandar tú en tu vida? Tu futuro no está escrito, aún tienes que creártelo. Elige un futuro que te guste, ya que vas a trabajar para conseguirlo; y ya que vas a pasar un día tras otro para llegar a él, elige uno bueno de verdad. Ya que la vida no te va a quitar de dificultades, elijas un futuro bueno o malo, ya que no te queda otra alternativa que superar una dificultad tras otra, hazlo por ti, jugando a tu favor, y no en tu contra. No te olvides de seguir sumando, deja de jugar a perder, y juega esta vez a ganar. Y elige la forma de vida que te haga más feliz, que más te llene.

Deja de esperar que el futuro sea feliz, y empieza a hacer feliz la realidad, a dar los pequeños pasos que necesites en pos de la vida que quieres, y de la pareja que quieres. Y si la pareja no llega, tendrás tu vida; siempre es más fácil enamorarse de un hombre o una mujer felices que de un hombre o una mujer desgraciados. Haz que sea fácil enamorarse de ti, vístete de energía positiva, levántate del sofá, apaga el televisor y mira a tu alrededor.

Tal como hemos visto, la ruptura es una oportunidad para replantearte tu vida, revisar tus creencias y superar esta crisis te permite emerger de las profundidades con nuevos valores, con otro «yo» distinto, mejor; y afrontar la vida de otra forma con una estructura más sólida. Sí, sigo defendiendo que, a pesar de todo, una ruptura es un gran momento.

Cuando ponemos el piloto automático vamos en rumbo fijo. Es tu momento de quitar tu piloto automático y ver hacia dónde quieres dirigirte. No dejes que la vida te lleve, conduce tú hacia el destino que tú elijas.

Elegir cuál es tu futuro define tu presente, y en cada acción que realices tienes que preguntarte: ¿Te acerca esto o te aleja de tu futuro proyectado? ¿Elegir a esta persona como pareja para que me acompañe el resto de mi vida, me aleja o me acerca de lo que yo quiero? ¿Trabajar en lo que lo estoy haciendo, me aleja o me acerca? ¿Rodearme de estos amigos, me aleja o me acerca? ¿Mantener esta creencia, me aleja o me acerca? Elige acciones que te acerquen a lo que tú quieres, al bienestar deseado, a tus valores, a tus sueños.

«Roma no se hizo en un día». Se hizo piedra a piedra, pasito a pasito. Will Smith cuenta cómo su padre cuando era pequeño les pidió a él y a su hermano que construyesen una pared.

Dice que a ellos les pareció algo imposible de realizar, pero que empezaron, piedra a piedra, hasta que consiguieron construir el muro. Así se cumplen los sueños, pasito a pasito, sin cejar en el empeño y preguntándonos si cada ladrillo que ponemos contribuye a que nos vayamos acercando cada vez más a edificar la pared que anhelamos construir.

Agradecimientos

— De Ángela —

Agradecimientos. Tengo que reconocer que esta es la segunda versión que hago de los agradecimientos. La primera no me quedó muy afortunada. Quise agradecer a las personas que me habían ayudado a escribir el libro, pero añadí a parte algo que me habían aportado a mi vida, por lo que quedó un extraño mix, en el que parecía que me dejaba a gente fuera. Espero esta vez hacerlo mejor.

Este libro no habría sido posible sin mis padres, que me están ayudando día a día con mi familia y le están regalando a mis hijos una infancia inmensamente feliz, como la que yo tuve. Además, quiero agradecer a mi madre el haberme enseñado que cada vez que te caes debes levantarte y seguir andando; y a mi padre, por enseñarme a ser honesta, honrada.

Tampoco habría sido posible sin mi marido, Jorge, que se encarga de todo en estos momentos de mi vida, para que yo pueda perseguir (y alcanzar) mis sueños. Cuando lo conocí descubrí lo que era una persona con valores consolidados, y día a día me muestra una sabiduría que no deja de sorprenderme. Él me ha enseñado lo que significa ser compañeros, y estar ahí en lo bueno y en lo malo, en la salud y en la enfermedad.

Tampoco habría sido posible sin Fidel Carrillo, que fue quien encendió la chispa necesaria. Gracias por haberme ayudado tanto en este libro, en la confección, en la corrección. Si no se hubiese divorciado, probablemente, La Buena Ruptura no existiría.

Gracias a Luis Vera y a Juana Porcel, por haber soportado a la "cuenta-palabras", aunque quejándose, claro... No hay dos personas que me gusta mas que me pongan verde que ellos dos juntos. Lucía Jiménez también soportó mi proceso de escritura, estoicamente al otro lado de la línea telefónica.

A Anna Bramona, por la dedicación en la corrección de este libro, y por haber aparecido en mi vida para compartir el largo y hermoso camino que nos espera.

A mi tía Cati, Cati Cobas, la tieta argentina, por prestarme su cuento, por ayudarme a corregir este libro, por enseñarme su sabiduría, por las risas que nos hemos echado, por los llantos que hemos compartido, y por ser mi reflejo.

A Ángel Luis Sánchez, porque aunque he cumplido el objetivo un par de años mas tarde de lo que habíamos hablado, si no hubiese pasado por el proceso de prueba-error antes, jamás lo hubiese conseguido. Y también por haberse sumado al proyecto.

A parte de esto no puedo evitar agradecer a mucha gente el haber estado simplemente ahí.

A mi abuela Joana Aina, por haberme dado tanto, tanto, tanto amor, que creó dentro de mí un pozo de amor infinito, a donde puedo recurrir siempre que necesito un poquito. Por mucho que saque, siempre queda. A mis hijos, Miguel y Carmen, por darme mas vida de la que ya tenía. Aunque yo les di la vida, ellos me la devuelven cada mañana con creces. A mi hermana Joana Aina por haber crecido a mi lado, por haberme enseñado tanto de las relaciones humanas, y lo importantes que son los pequeños detalles. Por prestarme su casa para volver a empezar y por haber acudido siempre con sus libros de neurología cuando me perdía estudiando. A mis tíos, Joana Aina y Joan, y a mis primos Sebastià y Margalida, y a sus parejas, a veces todos ellos juntos, y a veces de uno en uno, han sido mi refugio cuando he sentido que el mundo se hundía a mis pies. Todos ellos forman mi familia, y tengo una suerte inmensa de tenerles. (Y sí, Joana Aina es un nombre tradicional en mi familia, ¿a qué es bonito?).

También quiero agradecer a toda esa buena gente que me ha rodeado todos estos años. A las de la UIB: Gemma Martín, por darle la vuelta a la tortilla siempre conmigo, a Roser Mercadal, porque cuando hago "chas" aparece a mi lado. A Adela Gallego, por muchos años de vivir juntos, y por aportarme la anécdota de los spaghettis, que siempre hace que me vuelva a reír como el primer día. A las de La Rápita: a Isabela Valens, que me exime siempre de cualquier culpa y me aporta paz; a Carme Jaume que aparece de vez en cuando con sus manos mágicas que te alivian el cuerpo y el alma; a Celia Jaume por todas las risas de unos años maravillosos; a Malen Xamena por dejarme enviarle fotos raras de mis hijos en el cuarto de baño. A la del cole, mi querida Silvia Díez Mayans, porque sin ella probablemente jamás habría descubierto que en mi espalda había unas alas, y que servían para volar. A los del trabajo: a María Jesús Lope, por salvarme de un futuro incierto y ayudarme a pisar seguro; y a ella y a Alberto Tarriño por enseñarme una visión distinta que devuelve el amor a mi vida cuando pierdo la perspectiva; a Cristina Sarabia, por saber lo que yo era, antes incluso yo de saberlo, y por la eterna confianza que deposita en mí; a Eva Abad, porque me hace creer, incluso, que soy graciosa, y me hace sentir tan y tan especial; a Carlos Martínez por enseñarme que ser valiente es solo dar un paso tras otro; a José Colomar, por intentar enseñarme que es la tesorería (no, aún no sé calcularlo) y mostrarme el lado práctico de las cosas; a Paula Toural por hacer que pensase que podía escribir. A Margalida Vara, que me hizo una pregunta mágica. A las de Londres: Lucía Jiménez, Raquel Alarcón, Elisa Tanaka y Doriana, por un tiempo fantástico, y por estas citas que vamos teniendo en diferentes zonas de la geografía... También a las que me están regalando la vida ahora, a través de mis hijos, como Margalida Vicens, siempre dispuesta a hacer lo que haga falta. Y como no, a toda mi familia cubana, a mi familia de verdad, que preside en cuestión de lectura mi cuñado favorito del mundo entero mundial, mi querido Julio, y a unos fantásticos amigos, que me enseñaron que la nobleza es algo que se lleva en el corazón: Yaneli, Yram, Francis, y Damaris. ¡Mamá! Que sí, que también va por ti este libro, que mucho lleva de tu sabiduría.

— De Ángel —

Para mí el agradecimiento juega un papel muy decisivo en mi vida. Es una actitud transformadora que poniendo el foco en lo positivo es capaz de mutar la percepción de la peor de las relaciones en un gran aprendizaje e incluso una fuente de alegría.

Nunca acabaría de agradecer. En mi agradecimiento caben todas las personas que he conocido, porque es en las relaciones a lo largo de toda mi vida donde me he ido convirtiendo en quién soy.

Caben también los autores de los libros con quienes he pasado tardes y noches enteras empapándome de su sabiduría.

Cabe en esencia cada persona porque el conocimiento es sistémico y global (dicen que a cualquiera de nosotros solo nos distancian seis personas de enlace o grados de separación entre uno mismo y cualquier otro individuo del planeta) por lo que al final aprendo de las experiencias de todos.

Quiero agradecer especialmente a mis clientes por su confianza y a todas las personas que se sientan mi familia, sin excluir a nadie. Como no, a todas las personas con las que he compartido en algún momento una relación de pareja. Muy en especial a Elena, por todo lo que he aprendido en mi relación con ella, además madre de mi hijo y la cual, más allá de las nuestras diferencias tiene reservado un lugar en mi corazón ya para siempre.

Y por supuesto, a mi pareja actual, Petra, que es el presente y el futuro por delante.

Por último, y quizá más importante, a Ángela Covas, para la que nunca tendré suficientes palabras de agradecimiento por ofrecerme compartir ese hijito suyo que es este libro. Por su inagotable paciencia, ya que este libro ha tardado 30 años de experiencia en gestarse, 3 semanas muy inspiradas e intensas en escribirse y casi 3 vidas en revisarse e incluir mis partes.

— Anexo I —
¿Cómo saber si es el momento de romper con tu pareja?

Me lo dijeron mil veces,
pero nunca quise poner atención.
Cuando llegaron los llantos
ya estabas muy dentro de mi corazón.

Te esperaba hasta muy tarde,
ningún reproche te hacía,
lo más que te preguntaba
era que si me querías.

Y bajo tus besos en la «madrugá»,
sin que tú notaras la cruz de mi angustia
solía cantar:

Te quiero más que a mis ojos,
te quiero más que a mi vida,
más que al aire que respiro
y más que a la Mare mía.

Que se me paren los pulsos
si te dejo de querer,
que las campanas me doblen
si te falto alguna vez.

Eres mi vida y mi muerte,
te lo juro compañera.

No debía de quererte,
no debía de quererte...
y sin embargo, te quiero.

«Y sin embargo te quiero» — Rafael León y Antonio Quintero

Hemos hablado de la ruptura, de todo lo que significa, de que ya que te tienes que enfrentar a ella, qué mejor que tomarlo como una oportunidad. Hemos decidido dejar esta parte como un anexo, porque pensamos que quien cogiese el libro, probablemente ya estaría inmerso de lleno en una ruptura, pero consideramos que también debíamos dedicar al menos unas líneas a los momentos de antes de tomar una decisión, en los cuales nos invaden un mar de dudas y aparece el miedo a romper y dejar a tu pareja.

¿Cuándo es el momento de romper? ¿Cómo saber si hay que marcharse o si es mejor quedarse? ¿Cuál es el camino correcto?

Sentimos decirte que aquí no encontrarás esta respuesta; tampoco en el tarot, en la carta astral, en el horóscopo, en Internet, en las revistas del corazón, ni en las de moda, porque ahí fuera no está la respuesta. La respuesta solo la tienes tú, y sólo tú sabrás que ha llegado el momento, aunque sí te podemos proponer una herramienta, más abajo, que te permita tenerlo un poco más claro.

Algunos intentan solucionar sus problemas una y otra vez, hasta que están totalmente exhaustos, y cuando no pueden más deciden que se acabó. Creemos que esta es la reacción de la gran mayoría. Especialmente si hay hijos la decisión no se toma de un día para otro; creemos que se toma mirando atrás, y dándote cuenta de que hace un año, o quizá dos, estabas igual que hoy, con los mismos problemas, y que solo tú decides si quieres seguir así dentro de un año.

Otra casuística es la de descubrir de repente que tu pareja tiene una aventura. ¿Perdonar y quedarse, o dejarlo? La respuesta es la misma, solo la tienes tú. Al final, que tu pareja haya tenido un desliz tendrá solo la importancia que tú quieras darle, ni más ni menos.

¿Y qué pasa cuando eres tú quien tiene la aventura? Si te has enamorado de otra persona, y piensas dejar a tu pareja actual para formar pareja con tu amante, tenemos que recordarte que eso entraña algunos riesgos. La pasión de los amantes, va junta, es decir, el concepto «pasión», con el concepto «amante». Cuando se regulariza y deja de ser amante, la pasión, tal como la estás viviendo ahora, es probable que se convierta en otra cosa, que es probablemente, lo mismo que tienes con la pareja a la que estás pensando dejar.

También, pasando sin interrupción de la relación con tu expareja a la relación con tu amante, te pierdes ese tiempo de crecimiento que tiene la ruptura cuando estás «a solas», y sin él, es muy alta la probabilidad de arrastrar a la nueva relación los conflictos emocionales y patrones reiterativos que pueden estar causándote los mismos problemas una y otra vez.

Algunos aconsejan que tienes que dejarlo si vas a ser más feliz con tu pareja que sin tu pareja, pero una norma tan simple tampoco nos parece una respuesta adecuada en todos los casos, ya que suele haber muchos más factores involucrados.

Lo único que podemos decirte es que si ya llevas tiempo pensándolo, si sabes qué es lo que tienes que hacer, lo que no puedes permitir es que te detenga el miedo. Cierto es que en algunos momentos sientes que estás saltando al vacío, cierto es que el camino no es fácil, pero durante todas estas páginas te hemos dado muchas claves para que hagas de esa experiencia una gran oportunidad de crecimiento. Si sabes que tienes que dejarlo, hazlo, no te arrepentirás. Todo lo contrario, creemos poder asegurarte que de lo que te arrepentirás es de no haberlo hecho antes.

Toma de decisiones

Si aún no lo tienes claro, hay una herramienta que propongo (Ángel) a menudo a mis clientes.

Parte del conocimiento asumido científicamente de que las decisiones, en contra de lo que mucha gente cree, no se toman de manera racional sino emocionalmente. Los razonamientos y el análisis exhaustivo, dándole vueltas y vueltas a las ventajas e inconvenientes nos influyen y aportan información pero «a pesar de la complejidad y sofisticación de la actividad de la corteza cerebral del ser humano, el resultado de todas sus consideraciones termina por tener que pasar por la aprobación o desaprobación de la amígdala. A ella le corresponde asignar valor afectivo a los estímulos y poner en marcha las respuestas adecuadas al resultado de esa valoración» (V.Simón, 1997). Es decir, que la amígdala, en el sistema límbico, estructura del cerebro responsable de las respuestas emocionales, es la que finalmente considera toda la información disponible y toma una decisión. Además, lo hace de forma muy rápida, casi instantánea, de modo que aunque a veces parece que no queremos ser conscientes, la decisión está tomada desde el principio. La herramienta sirve por tanto para hacernos conscientes de nuestra verdadera decisión.

1. Coge dos papeles y escribe en cada uno, una de las opciones posibles. Por ejemplo: «continuar» y «romper». En vez de papeles también puedes utilizar objetos que simbolicen cada una de esas opciones, como un anillo y una foto tuya en solitario.

2. Sitúa cada papel en un extremo opuesto de la habitación y colócate en medio, equidistante a los dos.

3. Avanza hacia uno de los papeles muy lentamente y deteniéndote a cada paso. Con cada paso imagina que te estás decantando por la elección de la opción hacia la que te estás encaminando e imagina el escenario futuro que crees que te deparará. Hazte consciente de tus sensaciones físicas según te vas acercando y decide el grado de cercanía con el que te sientes mejor respecto de esa opción. También puedes sacar información útil de tus sensaciones cuando vuelves hacia atrás, alejándote de esa opción, dirigiéndote marcha atrás hacia el punto inicial de partida.

4. Haz lo mismo con la otra opción, explorando tus sensaciones, el escenario futuro, el grado de acercamiento con el que te sientes a gusto y tus sentimientos al alejarte de esa opción.

5. ¿Tienes clara tu elección? Si aun así no lo tuvieras claro, trata de romper uno de los 2 papeles simbolizando con ello el rechazar esa opción. Solo puedes quedarte con uno de los papeles y tienes que romper el otro. El que no puedas romper es lo que verdaderamente eliges.

— Anexo II —
Llorar en Randa, por Cati Cobas

«A barajar y dar de nuevo. Sin remedio, niña...» Eso se dijo Ángela la tarde en que firmó la sentencia de divorcio. La boda, con todo el pueblo invitado, las mesas repletas de manjares típicos y el fin de fiesta en pasodoble y, sobre todo, aquel traje que la mamá cosiera sobre el talle fino de la hija, habían quedado definitivamente atrás. Sumergidos en el pueblo de tierra roja y muros de piedras ambarinas. Atrás, junto a los chismorreos malintencionados de las vecinas que, tal vez, en el fondo, disfrutaran que la alegría, pocos años después, terminara en desconsuelo. Atrás, junto al vestido que yacía en su ataúd de cartón con flores blancas en el cuarto de trastos de la casa paterna. Justo al lado de los enseres que se emplearían en la próxima matanza. Ahí, en penitencia, lo había dejado Ángela mientras se deshacía de su vida de casada. Los objetos eran, en ese momento, madera, tela o porcelana que solo servían para rasguñar su pena, su dolor, su desconcierto por el engaño de Pedro. Tanto daba si morían cerquita de la máquina de extraer miel o sobre algunos tomates de racimo que su padre dejara secándose en cañizos.

¡El vestido! Seda. Pura seda natural comprada en Palma. Sí. En Palma. Frente al mar Mediterráneo. En una tienda pequeñita a pocas calles de la plaza Mayor. Ángela recordaba el laberinto del viejo barrio medieval. Y su alegría de entonces, recorriendo, con el preciado tesoro que se convertiría en traje, las callecitas apretadas que apenas permitían vislumbrar un cielo tan azul que mareaba, en aquel mayo. Los faroles acristalados se balanceaban, tiernamente, remedando a las campanas de Sant Julià, que pronto tocarían a fiesta. Y parecía que tras las rejas de los patios solariegos de las casas palmesanas —asomados entre el encaje de piedra de las barandas y pasamanos— los filodendros y las buganvillas se inclinaban a su paso.

Por la puntilla que bordearía el velo de ilusión había subido a Randa. Un pueblito escondido en la sierra, al pie de un antiguo monasterio. Ahí, en Randa, decían que vivía la más primorosa artesana del encaje de bolillos. Justo al lado de las fuentes romanas, a las que las payesas acudían por agua fresca con sus cántaros y en las que lavaban su ropa y sus miserias cuando Mallorca despuntaba hambrunas. En el tiempo en que el turismo no había manchado las callecitas de piedra verdeadas de cipreses. Sí. Definitivamente: a Randa.

Había encontrado a la artesana en el portal de su casa. Al lado de una mesa de piedra, en la que convivían unos extraños recipientes de barro llenos de semillas para recibir a los pajaritos que volaban por ahí. Junto a ellos, la puntilla a medio hacer era una espuma de la que pendían infinidad de bolillos que bailaban en las manos expertas de la mujer. Una anciana tocada por un pañuelo renegrido a la vieja usanza de la isla, que de inmediato simpatizó con la hermosa e ilusionada muchacha de cabellos castaños y mirada clara.

Ángela recordaba ahora su alegría al cerrar trato y su regreso al llano con el preciado tesoro. Recordaba también haber pensado en que era más que lógico que en ese pueblo viviera la mejor encajera de Mallorca, ya que el encaje de bolillos se conoce, universalmente, como «randa». Y se había reído de sí misma por andar haciendo juegos de palabras a tan poco tiempo de amonestaciones y participaciones de boda.

El velo también dormía debajo de una caja de higos secos. Ángela no había tenido miramientos al arrojarlo allí, cerquita de los cerdos, como Pedro tampoco los había tenido para con los juramentos de amor eterno.

Por eso, Ángela no se había preocupado por poner a buen recaudo los deshechos de su vida de casada. Junto al arado y la piedra de afilar estarían más que bien. Ella debía pensar en otras cosas. Llorar el desamor volcado en agua fría sobre sus hombros como una ola inesperada; la vergüenza de sentirse descartada, como las almendras que luego de escogidas se dejan de lado por deformes; los chismorreos del pueblo, cargados de lástima y regocijo. Ángela y Pedro habían sido para todos una hermosa, una hermosísima pareja, y eso suele acarrear más envidias que complacencia cuando los ojos que miran son mezquinos. Ángela sentía que no era momento de cuidar objetos. Necesitaba llorar el sueño de su vida compartida, que se desmoronaba como la sal en las rocas junto al mar cercano a su pueblito. ¿Y qué lugar más adecuado para derramar sus lágrimas que las fuentes romanas de Randa? Quizás la viejecita le daría albergue por unos días y...

Llegó a Randa la misma tarde en que decidió que debía comenzar de cero. Lloviznaba. Todo estaba desierto. En el portal de la casa de la artesana solamente se veían los tiestos para pájaros absolutamente vacíos. Ángela empujó la puerta. La sala, abovedada en crucería de marés, resonaba en abandonos. Ella, que había llegado pensando en pedir cobijo para sus desamores por una semana o dos a la vieja encajera, se encontraba con que la mujer había desaparecido. Quedaban en la habitación una cama torneada a la vieja usanza mallorquina, una rústica mesa de pino y dos sillas de paja. Y junto a la chimenea, un banco largo con un trabajo de encaje de bolillos recién comenzado y una nota, garabateada toscamente, que decía: «la randa te mostrará el camino».

Había leña suficiente y Ángela encendió un fuego que comenzó a chisporrotear mientras ella se ponía a luchar con los bolillos. Se alegró de haberse iniciado, en la escuela, aun cuando fuera en forma muy precaria, en las labores típicas de la isla. Lloraba mientras entrecruzaba los bolillos. De rabia, de desazón, de desconcierto. De miedo por no saber cómo seguiría su vida sin aquel que la había traicionado. Todavía lo amaba. Todavía le dolía.

Se hizo de noche sin que nadie apareciera. El llanto dio paso a un hambre feroz y Ángela buscó en la despensa. Ahí confirmó que el que busca encuentra. Y pudo preparar su cena, agradecida por la previsión de la anciana que continuaba sin dar señales de vida. Finalmente se desmoronó sobre la cama torneada.

Fue más de una semana de fuegos y randa de bolillos y de lágrimas. El dibujo del patrón comenzaba a mostrar una ciudad ya convertida en encaje. Y Ángela decidió salir por primera vez a llenar de semillas los tiestos de los pájaros.

El tordo le pareció amenazante, pero finalmente comenzó a comer de su mano para volar, a continuación, hacia las fuentes.

La muchacha lo siguió y ahí, entre los arcos romanos y los estanques de agua limpia, comenzó a llorar, llorar, llorar. Tantas fueron las lágrimas en Randa que desbordaron las fuentes y un hilito comenzó a bordar de cristal el empedrado.

Hasta que se acabaron las lágrimas de Ángela y pudo regresar a la casa de las casas de los pájaros y los encajes de bolillos.

El bordado mostraba París. Sus catedrales y su torre, sus puentes y su río. Sus parques y sus jardines de simetría abrumadora. París era la respuesta de la randa. Y la niña supo que ya había llorado suficiente. París sería. Ya llegaría tiempo de volver a la isla pero para reír y soñar. Y, tal vez, ¿por qué no? Para encargar una nueva puntilla a la encajera para una nueva boda sin ninguna lágrima. A la viejita que, quizás, regresaría paso a paso por las calles empedradas, a su casa en medio de la sierra, a la vuelta de las fuentes romanas, al pie del santuario rodeado de cipreses. En Randa.

— Anexo III —
LOVE COACHING
— Entrenándonos para el amor de verdad —
Artículo de Ángel Luis Sánchez publicado en la revista cultural «Anoche tuve un sueño»

«Si el amor te hace sufrir, no es amor lo que sientes»
(Hugo Finkelstein)

¿Qué no es amor?

Uno de los sueños más habituales es encontrar el amor y vivirlo en una preciosa relación de pareja. Al mismo tiempo, no hay sentimiento que sirva de excusa a más sufrimiento en vano que el amor mal entendido. Pensemos... ¿por qué sufrimos realmente? A poco que profundicemos en la reflexión nos daremos cuenta que, por ejemplo, los celos, no son amor, sino inseguridad o miedo. La ansiedad por la ausencia del otro, no es amor, sino tristeza por el vacío en tu vida. El resentimiento hacia quien amaste, demuestra que no le amas, sino que más bien le estás juzgando, sin comprenderle lo suficiente. Sentirte culpable por algo que hiciste, no es porque amases locamente a esa persona a quien hiciste daño, sino quizá porque temes perderla o acaso porque ya la perdiste. Seguir en una relación que te hace mal ¿es porque aún le amas, o quizá por adicción o necesidad? No perdonar, ¿es por cuidarte y amarte a ti mismo?, ¿o quizás es ese orgullo que te daña tanto a ti como al otro?

Incluso se habla de crímenes por amor, cuando no se me ocurre qué otros sentimientos sino rabia, ira, odio, frustración, rencor o deseos de venganza pueden verse implicados en un acto así. Cualquiera antes que el amor. El amor es otra cosa y no tiene las manos manchadas con ninguno de esos desatinos.

Es crucial diferenciarlo de todo eso a lo que lo hemos asociado, porque es la única manera de restablecer su credibilidad y apreciar su bondad en esta sociedad nuestra que ha abusado del término «amor» hasta el descrédito desasosegante de la palabra.

Dejemos de achacarle las culpas de esas emociones al amor, que no tiene que ver nada con ellas y más bien son su contrario. Cuando hay verdadero amor nada de eso ocurre sino que experimentamos paz, conexión y felicidad.

Podríamos seguir con mil ejemplos de lo que confundimos con amor. Se podría repensar incluso si en la boda el enlace matrimonial es en esencia por amor... o más bien es la firma de un contrato que tiene mucho más que ver con sentar unas normas o acuerdos, querer establecer un compromiso y con ello lograr una aparente seguridad, que no puro amor. Igualmente cabría reflexionar qué hay detrás realmente de actos como el sacrificarnos por alguien, el altruismo, la exigencia de fidelidad, el romanticismo o el propio sexo... («¿Por qué lo llaman amor cuando quieren decir sexo?», decía el título de cierta película). No es que el matrimonio, la fidelidad o infidelidad, o cualquiera de esos otros conceptos sean algo malo en sí, sino que no son amor. Lo que hay detrás es algo distinto, y si después nos llevan a sufrir, el amor debe quedar libre de sospecha.

En general, confundimos el amor con la búsqueda de la consecución de casi todas las otras variadas necesidades humanas, muy bien descritas, por cierto, en la famosa pirámide de Maslow, y por ello, muchas cosas las hacemos por conseguir placer, seguridad, autoestima, reconocimiento..., y no por amor. Incluso lo equivocamos dándole a ocupar el lugar de la autorrealización personal, erigiendo a veces al amor como el sentido único de nuestra existencia, dejándola por tanto sin sentido y con desconsuelo cuando ese amor, a menudo en realidad fraudulento, desaparece, abocándonos al sufrimiento sin remisión al haberlo hecho el centro de nuestro mundo.

Manual Práctico de Entrenamiento en Amor

Con lo que, siendo prácticos, si pensamos que sufrimos por amor, lo importante es hacerse las siguientes preguntas:

1. ¿Estoy sufriendo de verdad por amor o es otra cosa?

2. Si asumimos que el amor no es el problema, ¿cuál es realmente el problema?, ¿qué hay detrás de mi dolor?

Además, citando a Viktor Frankl: «Nadie te hace sufrir, te rompe el corazón, te daña o te quita la paz. Nadie tiene la capacidad para ello, al menos sin que tú se lo permitas, le abras la puerta y le entregues el control de tu vida. Llegar a pensar con este nivel de conciencia puede ser un gran reto, pero no es tan complicado como parece. Se vuelve mucho más sencillo cuando comprendemos que lo que está en juego es nuestra propia felicidad. Y definitivamente, el peor lugar para colocarla es en la mente del otro, en sus pensamientos, comentarios o decisiones. Cada día estoy más convencido de que el hombre sufre no por lo que le pasa, sino por lo que interpreta». Por tanto:

3. ¿De qué manera estoy colaborando en provocarme ese sufrimiento a mí mismo? A veces somos verdaderos expertos en auto—infligirnos dolor, como si disfrutásemos clavándonos agujas. ¿Qué pensamientos e interpretaciones mías me provocan ese sufrimiento?

Cuanto más conscientes seamos de con qué y de qué manera nos hacemos sufrir, más fácilmente podremos atajar ese hábito.

Y si el amor no es sufrimiento: ¿Qué es el amor?

Desde la comprensión de lo que es, veremos que obtenemos pistas de cómo potenciarlo y entrenarnos en él.

Se puede entender el amor de muchas maneras, y en cada cultura, corriente de pensamiento y época se ha concebido con sus matices y particularidades propias. Si buscamos la esencia común que subyace a todas ellas, quizá podríamos encontrar el deseo de conexión, el aprecio y el cuidado por el bienestar de la persona o ser amado. En definitiva, en la eterna tribulación entre aceptar o seguir el deseo de cambio, el amor está ubicado en el primero de los polos: la aceptación. Aceptación del otro, tal y como es, valorándole, sin pretender cambiarlo, amando y agradeciendo lo que es.

Toda esa definición se puede cumplir sin necesidad del marco de una relación de pareja, la cual puede actuar como envase y contenerlo, pero es importante ver que también la relación de pareja y el amor son dos cosas bien diferentes. La pareja, fríamente, es una especie de acuerdo mutuo entre dos personas, en el seno de cuya relación, ambos disfrutan de unos beneficios mutuos y cubren una serie de necesidades. ¿Sufrir por su final? Las necesidades y las personas cambiamos y por ello las relaciones no tienen por qué ser eternas como a veces se sueña, y su final no es un fracaso, sino una fase más, normal, que tiene su utilidad para nuestro desarrollo y que no tendría que significar ningún drama si no se vive como tal, sino que solamente marcará el cambio o el final de ese acuerdo entre las dos personas. Nos empeñamos en verlo como una tragedia, pero también se puede mirar al revés: acabe o no en ruptura, cualquier tiempo vivido felizmente en la relación es un gran logro, algo a celebrar. Cada día. Y lo negativo no es la ruptura, sino perpetuar eternamente situaciones de insatisfacción. Mirándolo así es más fácil no vivir negativamente la separación. Cualquier ruptura es un final, pero también un inicio que permite que el ciclo siga en movimiento y vuelva a comenzar.

Entrenando en el gimnasio de las relaciones

Ejercicio 1 — Para conseguir una relación feliz por más tiempo, es importante, como en todo intercambio, conseguir que exista equilibrio entre las dos partes en el dar y el recibir. Eso no significa que se necesite intercambiar la misma cosa y en la misma cantidad, ni que se viva de forma calculadora, haciendo cuentas numéricas, sino que de lo que se trata es de que cada una de las dos personas lo viva subjetivamente como un equilibrio, lo sea objetivamente o no. Si los dos miembros sienten que incluso reciben más de lo que dan, la relación tiene una férrea salud. De modo que el primer secreto es el equilibrio. Este ejercicio de igualdad puede parecer sencillo, pero lo más instintivo en un equipo cohesionado o en una pareja es que cuando uno pone poco, el otro ponga más para compensar y complementar. Si la situación se mantiene, poniendo poco siempre el mismo, el desequilibrio se va agradando hasta que la relación se acaba por romper como un muelle del que se estira demasiado.

Ejercicio 2 — ¿Cuál es el secreto, la mejor forma para que me amen? La mejor forma de recibir amor es dar amor. Por eso el amor es una de esas pocas cosas que cuanto más das, más tienes. Pero cuidado, a menudo confundimos «amar» con «querer». «Querer» es disfrutar recibiendo, mientras que «Amar» es, sobre todo, disfrutar dando. Amar, además, es un verbo. A menudo el amor se queda en bonitas palabras sobre deseos para el otro e intensos sentimientos. El amor real no se queda en sentimientos, sino que se ha de reflejar en hechos, en actos en línea con lo que se dice y se siente. Solo así es verdaderamente tangible. Real.

Ejercicio 3 — A partir de la definición que dimos de amor, obtenemos las claves para cultivarlo. Aceptar. Valorar. Respetar. Al otro. Y a uno mismo. Paradójicamente, el principal entrenamiento no sería para la pareja o la relación en sí, sino que la mejor forma de entrenarlo radica precisamente en el propio crecimiento personal y espiritual de cada uno de los miembros. Y es que para ser feliz y estar bien en pareja, primero hay que ser feliz y estar bien uno mismo. Exactamente igual que para conseguir una buena ruptura, el antecedente principal para lograrlo es conseguir primero una buena y sana relación.

Ejercicio 4 — Para crecer personalmente, en el gimnasio del desarrollo personal, una de las mejores máquinas y tabla de ejercicios es andar el camino del agradecimiento. Siempre podemos elegir entre valorar lo que tenemos o clavar nuestro foco en lo que falta o en los defectos. Y en función de nuestra mirada, hacia uno u otro lado, sentiremos vacío y escasez o bien disfrutaremos con plenitud de la relación y de la vida. Es fácil mirar lo positivo al principio de la relación, pero cuando el enamoramiento biológico, hormonal, se va, podemos caer cada vez más fácilmente en recriminar al otro lo que no nos da en vez de amarle y aceptarle tal cual es. Y al final, como casi todo, es una decisión personal el cómo eliges ser y estar en la vida. No siempre es fácil, desde luego, mantenerse en el agradecimiento; por eso el amor, como si de cualquier otro músculo se tratara, requiere entrenamiento.

Por malas experiencias confundiendo el amor verdadero, muchas personas renuncian a él o lo desprecian. O bien se quedan en querer, y no se atreven a amar; o se enganchan en esas emociones y conductas que comentábamos al principio que confunden el amor con otra cosa. Pero el amor es un sentimiento muy real, y existe. Solo hay que decidir encontrarlo, no fuera, sino cultivándolo en nosotros mismos.

— Bibliografía —

Finkelstein, Hugo (1987). *El libro del no amor.* Argentina: Galerna. pp. 128. ISBN 978—950—556—207—7.

Launer, V. & Cannio, S (2008). *Prácticas de coaching.* Madrid: Lid Editorial.

Riquelme, S., & Llamas, C. (2012). *El conflicto en las organizaciones laborales: elementos de comprensión y métodos alternativos de resolución.* Murcia: DM.

Rojas Marcos, L. (1999). *La pareja rota: familia, crisis y superación.* Madrid: Espasa.

Riso, Walter (2011). *Manual para no morir de amor: diez principios de supervivencia afectiva.* Madrid: Planeta.

Rubenstein, L. S. (2006). *Transcending divorce: a guide for personal growth and transformation.* Clarkdale, AZ: The author.

Serrat—Valera, C., & Larrazábal, M. (2008). *¡Adiós, corazón! aprenda a afrontar con éxito y paz interior los distintos retos que el «divorcio» y la «ruptura amorosa» le plantean.* Madrid: Alianza Editorial.

La buena vida. Edición impresa. EL PAÍS. (n.d.). EL PAÍS Edición América: el periódico global en español. Retrieved July 23, 2013, de *http://elpais.com/diario/2008/04/06/eps/1*

— Traducciones canciones —

Capítulo I

5. Conciliar ruptura y trabajo

He estado buscando tanto tiempo tus fotos,
que casi creo que eran reales.
He estado viviendo tanto tiempo con mis fotos de ti
que casi creo que esas fotos son todo lo que puedo sentir

No hay nada en el mundo,
que yo haya querido tanto que sentirte
en lo profundo de mi corazón.
No hay nada en el mundo
que yo haya querido tanto
como nunca sentir la ruptura

«Pictures of you» — The Cure

6. Redefinir la relación con tu expareja

Puedes hacerte adicto a cierta clase de tristeza,
como resignarte al final, siempre el final.
Así que cuando nos dimos cuenta que no teníamos sentido,
bueno, dijiste que todavía podíamos ser amigos,
pero admitiré que me alegré de que se acabara.

Pero no tenías que cortar todos los lazos conmigo,
hacer como que nunca ha pasado, que no fuimos nada.
Ni siquiera necesito tu amor,
pero me tratas como a un extraño, y eso resulta tan duro.
No, no tenías que caer tan bajo,
hacer que tus amigos recogieran tus discos y luego cambiar tu número de teléfono,
aunque supongo que no lo necesito, (pienso),
ahora eres solo alguien a quien solía conocer.

«Somebody that i used to know» — Gotye

Capítulo II

9. Llorar

Cuánto tiempo, cuánto tiempo resbalaré
Separando mi cara, yo no
Yo no creo que sea malo
Cortar mi garganta
Es todo lo que siempre…

Oí tu voz a través de una fotografía
Lo pensé y lo traje del pasado
Una vez que sabes que nunca podras volver
Tengo que llevarlo al otro lado

Siglos son lo que significó para mí
El cementerio donde me casé con el mar
Las cosas más extrañas nunca podrian cambiar mi mente

Tengo que llevarlo al otro lado
Llevarlo al otro lado
Llevarlo…
Llevarlo.

«Otherside» — Red Hot Chili Peppers
(Aunque recomiendo la versión de Dover)

Capítulo IV

23. Aspectos importantes a la hora de negociar

Tú y yo
Solíamos estar juntos
Todos los días juntos, siempre

Siento que estoy perdiendo a mi mejor amigo
No puedo creer que esta sea el final
Parece como si lo quisieses dejar
Y si esto es real, no quiero saberlo

No hables, sé perfectamente lo que estás diciendo
Por favor, no me des explicaciones
No me lo cuentes porque me duele

«Don´t speak» — No Doubt

Capítulo V

30. Tu exfamilia política

Voy a decir adiós al amor
nadie se preocupó de si debo vivir o morir
Una y otra vez la suerte del amor
ha pasado de largo
Y todo lo que sé del amor
es como vivir sin él
simplemente no puede encontrarlo

Así que me he hecho a la idea de que debo vivir
mi vida solo
Y aunque no es el camino más fácil
Supongo que siempre he sabido
que diría adiós al amor.

No hay mañanas para este corazón mío
Seguramente el tiempo perderá estos amargos recuerdos

Y encontraré que hay alguien en quien creer
Y vivir por algo por lo que pudiera vivir.

Todos los años de búsqueda inútil
han llegado por fin a un final
Soledad y días vacíos serán
mi único amigo
Desde este día el amor se olvida
Seguiré como mejor pueda.

Lo que me depare el futuro
es un misterio para todos nosotros

Nadie puede predecir la rueda de la fortuna
a medida que cae
Puede llegar un momento en que yo vea
que me he equivocado
Pero por ahora esta es mi canción

Y es adiós al amor

Voy a decir adiós al amor

«Goodbye to love» — The Carpenters

Capítulo VI

31. Aprende a vivir solo

La luz del día me despertó
Debo haber estado durmiendo varios días
Y moviendo los labios para susurrar su nombre.

Abrí mis ojos
Y me encontré solo, solo, solo
Sobre el mar embravecido
Que me robó la única chica a la que amé

Y la ahogué en lo más profundo de mi.
Tú, suave y única
Tú, perdida y solitaria
Tú, igual que el cielo

«Just like heaven» — The Cure

33. Salir y resacas

En la tierra mojada escribo
Nena estoy loco por ti
Me paso los días esperando la noche

Como te puedo querer
Si estás tan lejos de mi
Servil y acabado, loco por ti

Sé muy bien que desde este bar
Yo no puedo llegar a dónde estás tú
Pero dentro de mi copa veo reflejada tu luz
Me la beberé
Servil y acabado, loco por ti

Cuando no estés en la mañana
Las lágrimas se perderán entre la lluvia que caerá hoy
Me quedaré atrapado ebrio de esta luz
Servil y acabado, loco por ti

«Boig per tu» — Sau

34. Cuida tu cuerpo

Ayer todos mis problemas parecían tan lejos
ahora es como si estuvieran aquí para quedarse
oh, creo en el ayer

De pronto, no soy ni la mitad del hombre que solía ser
hay una sombra que se cierne sobre mí

oh, ven pronto

¿Por qué tuvo que irse?,
no lo sé no me lo dijo
dije algo que no debía

Ahora anhelo el ayer
Ayer el amor era un juego tan fácil
ahora necesito un lugar donde esconderme
oh, creo en el ayer

«Yesterday» — The Beatles

Capítulo VII

40. Las parejas no caen del cielo

Algún día, cuando este terriblemente decaído
Cuando el mundo sea frío
Sentiré calor solo con pensar en ti
Y en la manera en que te vez esta noche

Si, eres tan adorable, con tu sonrisa tan cálida
Y tus mejillas tan suaves
No hay nada que hacer para mi, más que amarte
Y la manera en que te ves esta noche

Con cada palabra, tu dulzura crece
Alejando mi miedo…
Y esa risa que arruga tu nariz
Toca mi tonto corazón

Adorable… nunca jamás cambies

«The way you look tonight» — Frank Sinatra

Capítulo VIII

42. El camino del héroe

Tú, con los ojos tristes
No te desalientes
Oh me doy cuenta
Es difícil tomar valor
En un mundo lleno de gente
Puedes perderlo todo de vista
Y la oscuridad dentro de ti
Puede hacerte sentir tan pequeño

Pero yo veo tus auténticos colores
Brillando a tu través
Veo tus auténticos colores
Y es por eso que te quiero
Así que no temas mostrar
Tus auténticos colores
Los auténticos colores son hermosos
Como un arco iris

Muéstrame entonces una sonrisa,
No estés triste, no puedo recordar
Cuando fue la última vez que te vi reír
Si este mundo te vuelve loco

Y ya no puedes más soportar
Llámame
Porque tú sabes que ahí estaré

«True colors» — Cindy Lauper

43. Aprende a ser tú mismo

Y ahora, el final está aquí,
Y me enfrento al último telón.
Mi amigo, lo diré sin rodeos,
Hablaré de mi caso, del cual estoy seguro.
He vivido una vida plena,
Viajé por todos y cada uno de los caminos.
Y más, mucho más que esto,
Lo hice a mi manera
Arrepentimientos, he tenido unos pocos
Pero igualmente, muy pocos como para mencionarlos.
Hice lo que debía hacer
Y me alcanzó sin deber nada a nadie.
Planeé cada programa de acción,
Cada cuidadoso paso a lo largo del camino.
Y más, mucho más que esto,
Lo hice a mi manera
Sí, hubo veces, seguro que lo sabías,
Cuando mordí más de lo que podía masticar.
Pero después de todo, cuando hubo duda,
Me lo tragué todo y luego lo dije sin miedo.
Lo enfrenté todo y estuve orgulloso, y lo hice a mi manera
He amado, he reído y llorado.
Tuve malas experiencias, me tocó perder.

Y ahora, que las lágrimas ceden, encuentro tan divertido
Pensar que hice todo eso.
Y permítanme decir, sin timidez,
'Oh, no, oh, no, a mí no, yo sí lo hice a mi manera'.

Pues que es un hombre, ¿qué es lo que ha conseguido?
Si no es a sí mismo, entonces no tiene nada.
Decir las cosas que realmente siente
Y no las palabras de alguien que se arrodilla.
Mi historia muestra que asumí los golpes
¡Y lo hice a mi manera!
Sí, lo hice a mi manera

«My way» — Frank Sinatra

www.ingramcontent.com/pod-product-compliance
Lightning Source LLC
Chambersburg PA
CBHW081147090426
42736CB00017B/3219